甘肃省一流学科建设项目资助成果

教育部人文社会科学重点研究基地西北师范大学西北少数民族教育发展研究中心资助成果

西师教育论丛

主编 万明钢

# 西北地区中小学教师课程取向研究

王 娟 著

Xibei Diqu Zhongxiaoxue Jiaoshi

Kecheng Quxiang Yanjiu

中国社会科学出版社

图书在版编目（CIP）数据

西北地区中小学教师课程取向研究/王娟著 . —北京：中国
社会科学出版社，2018.2
ISBN 978 - 7 - 5203 - 1799 - 3

Ⅰ. ①西… Ⅱ. ①王… Ⅲ. ①课程—教学研究—中小学
Ⅳ. ①G632.3

中国版本图书馆 CIP 数据核字（2017）第 324780 号

出 版 人　赵剑英
责任编辑　周晓慧
责任校对　无　介
责任印制　戴　宽

出　　版　中国社会科学出版社
社　　址　北京鼓楼西大街甲 158 号
邮　　编　100720
网　　址　http://www.csspw.cn
发 行 部　010 - 84083685
门 市 部　010 - 84029450
经　　销　新华书店及其他书店

印　　刷　北京明恒达印务有限公司
装　　订　廊坊市广阳区广增装订厂
版　　次　2018 年 2 月第 1 版
印　　次　2018 年 2 月第 1 次印刷

开　　本　710×1000　1/16
印　　张　14.75
插　　页　2
字　　数　210 千字
定　　价　59.00 元

# 总　序

　　正如学校的发展一样，办学历史越久，文化底蕴越厚重。同样，一门学科的发展水平，离不开对优良学术传统的坚守、继承与发展。西北师范大学教育学的发展，也正经历着这样的一条发展之路。回溯历史，西北师范大学前身为国立北平师范大学，发端于1902年建立的京师大学堂师范馆，1912年改为"国立北京高等师范学校"，1923年改为"国立北平师范大学"。1937年"七七"事变后，国立北平师范大学与同时西迁的国立北平大学、北洋工学院共同组成西北联合大学，国立北平师范大学整体改组为西北联合大学下设的教育学院，后改为师范学院。1939年西北联合大学师范学院独立设置，改称国立西北师范学院，1941年迁往兰州。从此，西北师范大学的教育学人扎根于陇原大地，躬耕默拓，薪火相传，为国家培育英才。

　　教育学科是西北师范大学教育学院的传统优势学科，具有悠久的历史和较强的实力。1960年就开始招收研究生，这为20年后的1981年获批国家第一批博士点打下了坚实的基础。当时，西北师范学院教育系的师资来自五湖四海，综合实力很强，有在全国师范教育界影响很大的著名八大教授：胡国钰、刘问岫、李秉德、南国农、萧树滋、王文新、王明昭、杨少松，他们中很多人曾留学海外，很多人迁居兰州，宁把他乡做故乡，扎根于西北这片贫瘠的黄土高原，甘于清贫、淡泊名利、默默奉献，把事业至上、自强不息、爱岗敬业的精神，熔铸在西北师范大学教育学科发展的文化传统之中，对西部教育事业的发展作出了重要贡献。"随风潜入夜，润物细无声。"先生之风，山高水长。为西北师范大学早期教育学科的卓越发展作出重大贡献的先生们，他们身体力行、典型示范，对后辈学者们潜心学术，继承学问产生了重要的、潜移默化的影响，体现了西北师范大学的教育学人扎根本土、潜心学术、面向全国、放眼世界，站在学科发展前沿，培养培训优秀师资，服务地方经济社会发展的教育胸怀与本色。

西北师范大学教育学科历经历史沧桑的洗礼发展走到今天，已形成了相对稳定而有特色的研究领域。尤其是在国家统筹推进世界一流大学和一流学科建设的大背景下，西北师范大学的教育学作为甘肃省《统筹推进高水平大学和一流学科建设实施方案》规划的一流学科建设项目，迎来了学科再繁荣与大发展的历史良机。为此，作为甘肃省一流学科建设项目成果、西北师范大学课程与教学论国家重点（培育）学科建设成果、教育部人文社会科学重点研究基地西北师范大学西北少数民族教育发展研究中心科研成果，我们编撰了"西师教育论丛"，汇聚近年来教育学院教师在课程与教学论、民族教育、农村教育、高等教育以及学前教育等方面的学术成果。这些成果大多数是在中青年学者的博士学位论文，科研项目以及扎根教学实践的基础上进一步凝练的结晶。他们深入民族地区和农村地区的村落、学校，深入大学与中小学的课堂实践，通过详查细看，对语文、数学、英语、物理、化学、研究性学习等学科课程教育教学的问题研究，对教育基本理论问题的思考，对教育发展前沿问题的探索……这些成果是不断构建和完善高水平的现代教育科学理论体系，大力提高教育科学理论研究水平和教育科学实践创新能力，进一步发挥教育理论研究高地、教育人才培养重镇、教育政策咨询智库作用的一定体现，更是教育学学科继承与发展的重要过程。

筚路蓝缕，以启山林。目前付梓出版的这些著作不仅是教师自我专业成长的一个集中体现，也是西北师范大学教育学院教育学科发展与建设的新起点。当然，需要澄明的是，"西师教育论丛"仅仅是西北师范大学教育学研究者们在某一领域的阶段性成果，是研究者个人对教育问题的见解与思考，其必然存在一定的不足，还期待同行多提宝贵意见，以促进我们的学科建设和发展。

万明钢

2017 年 9 月

# 目 录

# 前　　言

　　对教师课程取向的研究是基于我国新一轮基础教育课程改革实施近十年的时代背景下展开的。始于上世纪末、本世纪初的新课程改革，提出了我国中小学课程应从学科本位、知识本位转向关注每一位学生的发展，要求教师的角色从原来的知识传授者，转为课程的开发者、教学的研究者、学生学习的组织者、促进者和引导者等。对教师而言，成为课程的开发者，就需要掌握国家的课程标准、熟悉学科内容和学生发展规律，在此基础上开发和组织相应的教学内容并实施教学。这对习惯于按照全国统一的教科书进行教学的一线教师是一大挑战。

　　国家和各级教育行政部门在基础教育课程改革过程中组织了各类教师培训，以帮助教师学习新课程理念并在教学中进行实践。因此，在课程改革走过近十年的时间节点，有必要对教师的课程意识、课程理念和实际的课程行为进行研究。这对了解我国新课程实施状况，反思和分析影响新课程实施成效的主要因素，进而有针对性地解决新课程实施中面临的实际问题，以及深化基础教育课程改革均具有重要的意义。西北地区由于历史、自然、传统等原因，教育发展水平与全国其他地区相比仍然存在较大的差距，加强西北地区新课程改革研究，是提高西北地区中小学教育教学质量的重要途径，对提高全国基础教育发展水平具有积极的作用。

　　教师课程取向是指教师对课程的认识与理解，包括教师对课程理念、学科课程目标、课程内容、教学方法以及课程评价等问题的认识和理解。目前学术界采用较多的是学术理性、社会重建、科技发展、认知过程以及人文主义五种类型的课程取向。教师课程取向不仅体现教师在观念层面对课程诸多要素的认识,教师在课堂教学中的教学态度、教学方式与手段以及教学评价等也是教师课程取向的重要组成部分,是其观念在实践层面的现实表现。

本书主要从三个方面展开论述,教师课程取向研究的问题、相关理论基础,以及对教师课程取向进行研究的设想、过程和结果。

本研究试图回答的问题包括:西北地区中小学教师具有怎样的课程取向?特点如何?教师的课程取向与其教学之间的关系如何?以及教师的课程取向与新课程理念之间有怎样的关系?

相关理论基础部分主要对课程、课程取向、以及课程实施三个概念的内涵进行了梳理和分析。对课程的不同定义及组成要素的梳理,是开展教师课程取向研究的前提。不论在哪一层面讨论课程问题,都不可避免地要涉及到课程的本体(包括课程目标、课程内容以及课程组织)和课程的应用(包括课程实施和课程评估)两个方面,因此对教师课程取向进行研究,不仅是探讨教师观念层面的价值取向问题,同时也是对教师如何实施新课程的研究,结合这两部分才能准确地反映中小学教师的课程取向。因此,作者对课程取向和课程实施均作了较为细致的论述。

研究设计结合宣称理论和使用理论两种行动理论,主要从教师的观念层面和实践层面对教师课程取向进行研究。教师宣称的课程取向主要通过问卷法进行研究。问卷修订自香港中文大学张善培教授的教师课程取向问卷。而教师实际使用的课程取向主要通过访谈和课堂观察的方法进行研究。研究采用分层整群抽样的方法,主要在甘肃省兰州市和临夏回族自治州选取了35所中小学的940名教师进行了问卷调查,并按照方便原则,分别选取了城市和农村的小学和初中各两所,选择了12名教师(含校长)进行课堂观察及访谈。

数据分析表明,西北地区中小学教师对新课程所倡导的理念的认同度还是很高的，教师对不同类型课程取向的认同度从高到低分别是认知过程取向、人文主义取向、科技发展取向、学术理性取向和社会重建取向，教师对学术理性取向和社会重建取向的认同度较低。在认知过程、人文主义、社会重建、科技发展四类取向中，与强调学生思维和探究能力发展、个性全面发展、学习与生活密切联系、培养学生的信息素养等与新课程理念一致的题项上，西北地区中小学教师的得分较高，这表明教师在观念层面的课程取向与新课程理念一致。而学术理性取向偏重强调学生对学科知识的掌握，教师的得分偏低。但在教师实际使用的课程取向中，学术理性取向占有明显的优势。教师观念层面的课程取向与实际使用的课程取向之间存在矛盾，本书对这方面的探讨主要从学校文化层面展开，校本教研、教学管理以及教学评价是造成教师以学术理性取向为其实际使用课程取向的重要原因。如农村学校与城市学校在校本教研的制度完善、活动理念、数量以及质量方面均存在明显的差异；而教学管理的方式较为单一、量化，造成了教师疲于应付学校和教育行政部门的检查与考核，教师缺乏更多的时间、精力和热情投入到新课程的教学研究中去；对教师教学的评价仍然以学生的考试成绩为主要依据。

本书还对教师课程取向理论本身进行了探讨。教师课程取向中的社会取向应对社会重建和社会适应取向进行调试。科技发展取向主要倡导技术的运用以实现学生的学习目标，这类课程取向不同于其他教师课程取向倾向于社会、人文、学术或者认知的目标，并没有具体的学生学习目标的倾向性，因此科技发展取向与其他四类课程取向不在同一个分类标准下，需要做进一步的研究。

基础教育课程改革是一个复杂的过程，对某一地域的一项研究不可能反映改革的全貌，希望通过本书的阅读，读者能够从教师课程取向的视角对新课程在西北地区实施的现状有所了解。本书的写作得到了很多师长和同行的支持。在这里，首先要感谢我读硕士和博士期间的导师，西北师范大学的王嘉毅教授。每当研究或写作中遇到困难的时候，跟老师的交谈总是能够给我启发和信心，这不仅帮助和支持我完成了书稿，同时也影响了我未来的学术之路。感谢西北师范大学教育学院的王鉴教授，王鉴老师在课堂教学中的旁征博引又不失幽默，令人印象深刻、收获良多，本书的写作得到了王鉴老师诸多有益的建议。感谢香港中文大学的张善培教授，为本研究的工具修订以及教师课程取向的相关研究提供了宝贵的参考资料和指导。还要感谢西北师范大学教育学院的孙明符教授、李瑾瑜教授、傅敏教授、赵明仁教授，对研究的选题和书稿的写作都给予了中肯和有建设性的意见。在实地调研的过程中，感谢教育学院副院长胡勇、兰州市榆中县恩玲中学校长魏永胜、临夏回族自治州东乡县东乡师范学校书记汪益淬的大力支持，向他们表示感谢。同时要特别感谢个案研究学校的校长和老师们的理解、帮助与支持，在这里不能写出他们的名字，但我心里永远珍藏着与老师们的情谊。感谢家人的无私奉献和陪伴，心中有安宁，身后有依靠，惟愿长相伴！

最后，我衷心感谢西北师范大学教育学院的资助，感谢本书的责任编辑，中国社会科学出版社周晓慧老师，对书稿提出了宝贵的意见。

限于本人学识和能力，本书在内容方面一定还有不妥和再完善的地方，敬请专家和同行不吝赐教。

王　娟

2017 年末于美国纽约

# 第一章

# 课程取向研究的背景及问题

新世纪初我国正式启动基础教育课程改革,从课程的目标、结构、内容、实施、评价以及管理六个方面提出了改革的具体要求。这次课程改革特别强调在各科课程标准的基础上,教师不再是课程的简单执行者,而是课程的创生者。这对实践领域的教育教学人员提出了更高的要求。

## 第一节　新课程呼唤教师的课程意识

21世纪是以知识创新和应用为重要特征的知识经济时代,具有高度科学文化素养和人文素养的人,对于21世纪人类的发展具有关键意义。而具有高度科学文化素养和人文素养的人,必须具备两个条件:一是要掌握基本的学习工具,即阅读、书写、口头表达、计算和问题解决;二是要具备基本的知识、技能以及正确的价值观和态度。[①]学校教育是有目的、有组织、有计划地培养人的科学文化素养和人文素养的重要途径,在应对社会发展对人的素质要求不断提高和变化的进程中,世界各国都进行了不同程度的课程与教学改革。

我国新一轮基础教育课程改革自2001年6月国务院颁布《基础

---

① 朱慕菊:《走进新课程——与课程实施者对话》,北京师范大学出版社2002年版,第5页。

教育课程改革纲要（试行）》起正式实施，到 2012 年秋季，全国绝大部分小学、初中和高中的起始年级都全面实施新课程。"整个改革涉及培养目标的变化、课程结构的改革、国家课程标准的制定、课程实施与教学改革、教材改革、课程资源的开发、评价体系的建立和师资培训以及保障支撑系统等，是一个由课程改革所牵动的整个基础教育的全面改革，是一项意义重大、影响深远、任务复杂、艰巨的系统工程。"①

基础教育课程目标强调学生形成积极主动的学习态度，在获得基础知识和基本技能的过程中学会学习和形成正确的价值观；课程结构强调整体设置九年一贯制的课程门类和课时比例，设置综合课程，体现课程结构的均衡性、综合性和选择性；课程内容强调与学生生活以及现代社会和科技发展相联系，关注学生的学习兴趣和经验；课程实施倡导学生主动参与、乐于探究、勤于动手，以培养学生分析和解决问题的能力以及交流与合作的能力；课程评价应发挥促进学生发展、提高和改进教师教学实践的功能；课程管理实行国家、地方、学校三级管理，增强课程对地方、学校及学生的适应性。②

从上述课程改革目标的表述中，可以明确地看到新一轮基础教育课程改革的价值取向，既重视学生获得基础知识和基本技能，又重视学生作为"人"的发展，学生完整人格的发展，终身学习的态度和能力建设以及创新精神和实践能力的展现。我国基础教育长期以来过分重视学生对已有知识的机械学习，为高等院校输送合格人才、为国家的经济建设做出贡献的使命，而这种使命已经不符合当代社会发展的现实需求。当前的知识经济时代，需要有创新精神、积极的学习态度和自主学习能力的新一代劳动者。

有学者对中华人民共和国成立以来基础教育课程改革的价值取向进行了回顾与反思，梳理了四个阶段：50 年代为重双基阶段，六七

---

① 钟启泉、崔允漷、张华主编：《为了中华民族的复兴，为了每位学生的发展——基础教育课程改革纲要（试行）解读》，华东师范大学出版社 2001 年版，第 8 页。

② 同上书，第 3—4 页。

十年代为培养智力和能力阶段，80年代强调非智力因素的培养，90年代至今的课程改革，注重学生的主体性品质、创新精神和实践能力的培养。① 新课程改革将实现我国中小学课程从学科本位、知识本位向关注每一个学生发展的历史性转变。②

　　然而，不论国家对基础教育课程改革进行了怎样的顶层设计，最终改革的成效还在于实践领域的贯彻实施是否符合顶层设计的理念。根据课程改革的总体部署，各级各类教育培训项目，承担了传递新课程理念的任务，教育管理者和一线教师正是通过参加培训和自身的教育教学实践，了解、理解和内化着新课程的理念。本次课程改革要求教师的角色从原来的知识传授者转为课程的开发者、教学的研究者、学生学习的组织者、促进者和引导者等。

　　教师作为课程的开发者，对教师而言是一个巨大的挑战。这意味着教师要从过去完全按照全国统一的教科书进行教学，转为按照国家课程标准的要求，开发和组织相应的教学内容，在此基础上进行教学。教师不仅仅要设计和实施教学，重要的是教师设计和实施教学的依据是什么？这些是否符合国家课程改革的宗旨？这对一线教师提出了更高的要求，教师不仅要熟悉课程改革的理念，熟悉国家课程标准，还要在学科范围内开发组织课程内容，进行课程实施和评价，因此，新课程呼唤教师的课程意识，教师只有具有课程的意识和观念，才能更好地实践新课程理念。

## 第二节　教师课程取向：教师课程意识的集中体现

　　"课程取向是人们对课程的总的看法和认识，教师的课程取向是教师在进行课程设计、选用具体的教学方法和策略时表现出的某种倾

---

　　① 汪东、谢飞：《建国以来基础教育课程改革价值取向的回顾与反思》，http：// www. sne. snnu. edu. cn/xsjt/jsjy/jxhd/lunwen/se062/062 - 11. htm。

　　② 朱慕菊主编：《走进新课程——与课程实施者对话》，北京师范大学出版社2002年版，第1页。

向性，是由教师个人的历史与社会文化背景、个人的信仰和哲学观念、个人对社会的认识、对儿童发展的认识和理解以及个人的知识水平等因素决定的。"① 教师的课程取向是决定教师教育教学行为的一个重要因素，也是教师知识的重要组成部分。关于课程取向的分类，最为大家熟知的是艾斯纳（Eisner）和瓦纳斯（Vallance）（1974）关于课程取向的研究。他们将课程取向分为五类：学术理性主义（academic rationalism）、认知过程（cognitive processes）、社会重建（social reconstruction）、自我实现（self-actualization）和技术取向（technology）。这五类课程取向代表的课程目的分别为：让学生获得学科知识、发展学生的认知能力、培养学生批判性地分析社会问题的能力以及进行社会改革的能力、促进学生主体的全面发展，技术取向强调课程设计应当注重运用技术实现课程目标。教师的课程取向决定着教师如何理解学生的发展，以及什么知识最重要，进而决定着教师的教学方式、手段和教学评价。

新课程改革在课程的结构、内容、管理诸多方面都发生了变化，教师只有具备一定的课程意识，从课程的视角理解课程改革，才能在教学实践中更好地落实课程改革。世界各国的课程改革研究也表明，课程实施的"忠实取向"正在被"相互调适取向"与"课程创生取向"所超越。② 教师在课堂教学实践中的调适与创生，依赖于其对课程的清晰、明确的认识与理解，否则教学的惯性与认识的局限，使教师在课堂教学中很难发生实质性的改变。教师课程取向是决定教师教育教学实践行为的重要因素，教师如何理解课程，反映了教师可能怎样去调适课程、创生课程、实施课程以及评价课程，教师课程取向是教师教学设计、教学行为的先导变量。

教师持有怎样的课程取向，是研究教师课程实施行为的本原性问

---

① 马云鹏：《国外关于课程取向的研究及对我们的启示》，《外国教育研究》1998 年第 3 期。

② 钟启泉、张华主编：《世界课程改革趋势研究》（上），北京师范大学出版社 2001 年版。

题。因此，本书试图以教师课程取向为核心议题，来分析教师在课程实施过程中所采取的策略及其行为背后所隐含的课程意义。

## 第三节 加强西北地区教师课程取向研究

我国幅员辽阔，地区间、城乡间的社会发展、教育发展差异较大。近年来，国家采取了多项措施在教育财政投入、学校办学条件、师资队伍建设等方面发展西部教育，以促进基础教育的均衡发展，如西部地区中小学危房改造工程、西部地区"两基"攻坚计划、西部教育信息化工程、西部地区农村中小学"两免一补"政策、大学生志愿服务西部计划、东部地区学校对口支援西部贫困地区学校工程、部属师范大学免费师范生教育等。这些工程、计划的实施，极大地促进了西北地区基础教育的发展。

新一轮基础教育课程改革实施以来，不同地区的中小学所面临的挑战不同，采取的应对措施不同，课程改革所带来的变革也不同。西北地区是我国社会、经济发展水平较低的地区，也是我国教育发展最为落后的地区。由于历史、自然、传统等原因，西北地区的教育发展与全国其他地区的发展存在较大的差距。[①] 基础教育课程改革要求学校和教师转变观念、改进实践，以更好地促进学生的全面发展和教师的专业发展。西北地区中小学实施新课程的效果怎样？还存在哪些问题和困难？学者对此进行了较为丰富的研究。

关于西北地区中小学新课程实施研究的内容主要涉及课程、教学、教师、学生学习、管理等多方面，具体如人教版新数学教材在西北贫困地区特别是农村贫困地区还是显得偏重、偏深和偏难[②]；新课程理念已经被教师接受和认可，但在具体操作中会受到客观条件的限

---

① 王嘉毅、常宝宁、王慧：《西北地区农村基础教育课程改革研究》，教育科学出版社 2009 年版，第 2 页。

② 张维忠：《西北贫困地区中小学数学课程改革研究》，《教育研究》2001 年第 9 期。

制，部分农村由于信息渠道不畅，对新课程了解还不够①；西部地区农村学校师资队伍薄弱，对新课程不适应，观念陈旧、知识老化、教法陈旧、教学能力较差、创新能力和操作能力也不足②；重建学校文化，在理念上应坚持从应试教育的学校文化转向素质教育的文化校园，把单一机械的学校文化转变成丰富而有创造性的学校文化，把成人化的学校文化转向符合青少年身心发展的学校文化③；新数学课程实施中存在着教师对学生的课堂参与机会分配不公、课堂教学存在形式化、对数学探究教学产生误解、教师对教科书的认识不到位等问题。④

关于西北地区课程实施的研究表明，西北地区中小学教师对新课程理念有了一定的了解和认识，在教师的教育教学实践层面也有所体现，但西北地区基础教育质量还有待进一步提高。在新课程实施过程中，有学者就如何切实提高新课程实施成效，提高教师的教育教学能力，提出了应加强对教师的课程意识和课程能力的研究："在21世纪的现代基础教育中，教师参与课程发展的好坏将直接影响到课程改革的成败。"⑤ "教师作为课程实践变革的重要参与主体，无论是理论层面、政策层面，还是实践层面，加强其课程意识问题的研究都显得尤为重要。"⑥ "课程意识指导着教师的课程实践，映射着教师职业的专业化程度。"⑦ 研究教师的课程意识及其相应的课程开发能力，才是

① 陈富：《新课程在西北地区适应性之调查研究》，《现代中小学教育》2008年第12期。

② 王嘉毅、王利：《西部地区农村基础教育课程改革面临的问题与对策》，《西北师范大学学报》（社会科学版）2007年第2期。

③ 王鉴：《从"应试教育校园文化"到"素质教育文化校园"——论当前学校文化的特点与转型》，《教育理论与实践》2010年第3期。

④ 宋晓平：《西北地区新数学课程实验跟踪调查研究》，《数学教育学报》2003年第3期。

⑤ 靳玉乐、张丽：《教师参与课程发展：问题与对策》，《教师教育研究》2008年第1期。

⑥ 李茂森：《课堂教学中教师课程意识觉醒的价值诉求》，《江苏教育研究》（理论版）2008年第1期。

⑦ 赵炳辉、熊梅：《教师课程意识与专业成长》，《外国教育研究》1998年第3期。

提高教师教育教学能力的根本所在。课程取向反映了教师对课程的认识与理解，应加强对西北地区中小学教师课程取向的研究。

# 第四节 研究的问题

教师是课程实施的主体之一，教师课程取向是介于理想课程、文件课程和学生经验课程之间，决定课程实施过程、水平和最终成效的关键因素。因此，本书试图从教师层面展开研究，重点关注西北地区中小学教师具有怎样的课程取向，以及教师课程取向与教师教学行为之间的关系，进而探讨教师课程取向对新课程实施所产生的影响。

西北地区受到自然、历史、经济等因素的制约，基础教育发展比较落后，尤其在农村中小学校，基础教育课程改革受到观念、资源、人员素质、评价等因素的影响，还存在不少的问题与困难。西部基础教育的发展是我国教育改革与发展的重点与难点，农村基础教育课程改革是我国新课程改革成败的关键，加大对西北地区中小学校新课程的实施研究，对促进我国整体基础教育均衡发展具有重要意义。因此，本书以西北地区中小学校为研究场域，以这些学校中的教师为主要研究对象，以教师在理念层面的课程取向和在实践层面的教学行为为主要研究内容，通过对教师课程取向的研究，来分析教师具有怎样的课程意识与观念；又通过研究教师如何制定课程教学目标、选择课程资源、教学策略，如何进行课堂教学等，来了解教师具体是如何实施新课程的；教师理念层面的知识如何影响教师的课程实施行为，以此反映西北地区中小学教师在基础教育课程改革过程中所形成的课程观念，以及在实践层面新课程的实施状况如何，并对此进行一定的分析与探讨。

综上所述，研究的问题主要如下：

➤ 西北地区中小学教师具有怎样的课程取向？

➤ 西北地区中小学教师课程取向的特点是什么？

➤ 西北地区中小学教师的课程取向与新课程理念之间的关系

如何？

➤ 西北地区中小学教师的课程取向与教师教学之间是什么关系？为什么？

# 第五节　研究的目的及意义

## 一　研究的目的

我国新一轮基础教育课程改革启动至今，教育实践层面发生了很多丰富的、可喜的变化，也遇到了很多阻力与困难，这些困难与变化，既有观念层面的，也有制度层面和实践层面的。教师关于课程的知识与观念是本次新课程改革实施过程中，对教育决策部门、教育理论研究者以及课程实施者提出的一个重要的问题，从观念层面和实践层面研究西北地区中小学教师的课程取向，首先可以回答新课程理念是否得到了西北地区中小学教师的了解与认同，其次可以了解西北地区中小学校新课程实施的过程及成效、存在的困难与问题，对客观、准确地认识我国西北地区基础教育发展的现状具有积极的实践价值，教师课程取向的研究对促进课程理论的发展具有一定的理论价值，对进一步深化我国的基础教育课程改革具有重要的意义。本书期望达到以下目的。

（一）了解西北地区中小学教师的课程取向及其特点

本书将主要从认知过程取向、科技发展取向、人文主义取向、社会重建取向和学术理性取向五种课程取向类型，了解西北地区义务教育阶段中小学教师具有怎样的课程取向，并分初中和小学两个学段、城市学校和农村学校两个部分，对数据进行不同性别、学科、学历、教龄等方面的差异性检验，在了解西北地区中小学教师整体上具有怎样的课程取向的基础上，进一步深入分析西北地区中小学教师课程取向的特点，以更好地理解西北地区中小学教师所持有的课程价值取向。

（二）分析西北地区中小学教师课程取向与新课程理念之间的关系

基础教育课程改革在重视基础知识、基本技能的同时，更关注学生学习过程中所获得的情感态度体验以及具有怎样的价值观，学生是否获得了终身学习的能力与方法，新课程提倡"以人为本"的理念。基础教育课程改革还提倡在关注学生已有知识经验的基础上，密切联系社会与学生学习内容之间的关系，既注重学生对所学知识的应用，又培养学生关注社会现实问题的兴趣与能力，新课程也具有显著的社会发展取向。因此，本书将在了解西北地区中小学教师具有怎样的课程取向的基础上，探讨教师的课程取向与新课程所倡导的理念之间的关系，具体地说明西北地区中小学教师对新课程理念的了解与认可程度。

（三）探讨教师课程取向与教师教育教学之间的关系

基础教育课程改革最终要落实在学校层面，落实在教师的教学中，落实到学生的学业成绩和综合素质方面。对西北地区中小学教师课程取向的研究，不仅需要了解教师在观念层面的课程信念，也应当落实到教师的实践层面，即教师的教育教学层面，教师在实践中所认同的课程目标、课程内容与组织、采用的教学方法及教学评价。通过分析教师课程取向与课程实施之间的关系，探讨影响教师教育教学行为的重要因素，解释教师课程取向对教师教育教学行为的影响。

（四）重新理解教师课程取向的内涵及分类

取向是有关人的观念、思想方面的概念，课程取向是人们对课程的认识与理解，而教师的课程取向反映的应当是学校层面教师对课程的认识与理解，但对教师课程取向的考察，如果仅仅停留在观念的层面，就显得太简单和单一了，教师的课程取向只有落实到其教育教学行为中，才具有实际的意义。

在课程取向的分类框架中，学术理性取向、认知过程取向、人文主义取向、社会重建取向和科技发展取向是最被广泛采用的分类模式，每一取向又分为课程目标、课程内容、课程组织、教学方法和课程评价五个维度，这一分类模式在西北地区中小学里是否具有很好的适用性，中小学教师对课程的普遍理解与现有的理论框架之间是否一致，都成为本书关于课程取向理论发展需要探讨的问题。

## 二 研究的意义

本书在理论和实践两方面具有如下意义。

（一）理论意义

本书以教师课程取向为核心主题，重点研究教师具有怎样的课程取向，以及教师课程取向在实践层面的具体表现。通过对所获得的资料进行综合分析，检验教师课程取向理论在实践中的适用性和科学性，进一步梳理教师课程取向的内涵及分类，从理论上更好地理解教师课程取向，并发展出相关的理论架构及其含义，对丰富相关的课程理论具有一定的意义。

（二）实践意义

本书不仅从观念层面和实践层面探讨教师课程取向问题，还分析了西北地区中小学教师课程取向与新课程理念之间的关系，以及影响教师课程实施行为的关键因素。在此基础上，提出进一步深化新课程理念的对策建议，期望能提高学校、教师对课程取向的重视程度，有助于进一步提升中小学校的教育教学质量。

# 第二章

# 课程取向理论

对教师课程取向进行研究，首先应了解课程这个概念的内涵，包括课程的定义、类型和组成要素，只有在理解课程内涵的基础上才能很好地理解教师课程取向的概念、结构和意义。

## 第一节　理解课程的含义

### 一　课程的定义

课程的定义与课程取向存在着直接的关系，持有不同课程取向的专家和人员，通常会接受某一种课程的定义。[①] 教师所具有的不同课程取向，决定着他们对课程的不同理解，也决定了教师会采用不同的课程设计，即教师对课程目标、课程内容、教学目标、教学内容以及教学手段与方法的不同选择，因此，有必要澄清课程的含义。

不论是课程实施还是课程取向，课程本身都是一个需要明确的重要概念。但各类教育著作对课程的界定都是见仁见智，很难达成共识。课程的定义因研究者或实践者在其课程思考和工作中对概念的使用而有所不同，因此，还没有给予特定的具体的界定。

---

① 李子建、黄显华：《课程：范式、取向和设计》，中文大学出版社 1996 年版，第 8 页。

　　1991 年出版的《简明国际教育百科全书》列举了九种课程定义：[①]

　　· 为了训练集体中的儿童和青年的思维与行动方式所建立的一系列可能的经验。这套经验被看作课程。（Smith et al.，1957）

　　· 学生在学校指导下所获得的全部经验。（Foshay，1969）

　　· 课程是一般性的整体内容计划或特定的教材，学校应该提供给学生，以便他们能取得毕业资格、获得证书或进入专门职业领域。（Good，1959）

　　· 课程是一种方法论的探索，它要探明被看作学科要素的各个方面，即教师、学生、科目以及社会环境。（Westbury and Steimer，1971）

　　· 课程是学校的生活与计划……一种有指导的生活事业；课程成为承担人类生活的奔腾不息的活动长河。（Rugg，1947）

　　· 课程是一种学习计划。（Taba，1962）

　　· 为了在学校帮助下使学生的个人和社会能力获得不断的、有意义的发展，通过知识和经验的重建而形成的，有计划和有指导性的学习经验以及预期的学习结果。（Tanners，1975）

　　· 课程基本上必须包括五大领域的严格学习：（a）掌握母语并系统学习语法、文学和写作；（b）数学；（c）科学；（d）历史；（e）外语。（Bester，1955）

　　· 课程被认为是有关人类经验的日益广泛的可能的思维方式——不是结论，而是结论产生的方式以及形成这些结论即所谓真理并使之发挥效用的背景。（Belth，1965）

　　以上只是对课程定义的简单罗列，综合来看，课程被看作科目的总和、学校或教育者的计划、学习者学习的经验、内容、认知过程及能力等。"相对于课程是一种教育者的计划，课程是学习者的学习经

---

　　① 江山野编：《简明国际教育百科全书：课程》，教育科学出版社 1991 年版，第 65 页。

验的定义，已经将课程的中心，从教育者、社会与文化等转到学习者，这是一项观念性的改变。"① 课程是"学习者的经验"，其中"经验"一词的范围却一直发生着改变。20 世纪初，"经验"指学习者在学习的过程中所经历的全部过程和结果，不论这些经历是在计划中或非计划中产生的，课程都是"学习者所获得的经验"。而"为了训练集体中的儿童和青年的思维与行动方式所建立的一系列可能的经验。这套经验被看作课程"。这一概念所提到的"课程是经验"，更多地强调课程是预设的、既定的经验，即强调课程内容的设计。

李子建和黄显华认为，课程的定义主要可分为五大类：课程是学科、学程和教材，课程可以是一个科目、几个科目或所有的科目，课程也会被视作学科的内容或教材；课程是计划，用以引导教学的计划；课程是目标，在计划中通常会包括目的和一些达到目的的策略，因此有些学者认为课程是目标；课程是经验，学校课程包括儿童在教师指导下的所有经验；课程是"文化再生产""社会重建的议程""课程经验"等。②

我国学者黄甫全对课程的概念进行了梳理，认为比较有代表性的观点主要有三种：其一，课程是"学校提供给学生的教学内容或特殊材料的一种综合性的总计划"；其二，课程是"学习者在学校指导下获得的一切经验"；其三，课程是"一种预期学习结果的结构化序列"。③

课程的定义主要有以下两个视角：手段—目的的角度，存在性—个人性的角度。从手段—目的的角度定义课程，课程可以被看作学习者预期的学习结果，也意味着教材的选择要反映这些结果，如获得经验或者认知能力的提升等；反之，课程也可以被看作达到目的的手

---

① 简楚瑛：《课程发展理论与实践》，教育科学出版社 2010 年版，第 5 页。
② 李子建、黄显华：《课程：范式、取向和设计》，中文大学出版社 1996 年版，第 1—8 页。
③ 黄甫全：《大课程论初探——兼论课程（论）与教学（论）的关系》，《课程·教材·教法》2000 年第 5 期。

段，如通过周详的计划、特定的内容或者具体的学科达到目的。课程计划问题是以预期学习结果定义的课程概念的中心，而课程评价问题则是以手段定义的课程概念的中心。从存在性—个人性的角度定义课程，课程的定义取决于是强调学习者要学的东西还是学生的学习。当课程按照存在性来定义时，它指的是课本和教材以及它们的内容，如概念、理论和事实等，教学方法等问题更为突出。反之，课程可以是指学生的经验，而不是指学生所处教学环境中的东西。强调这种定义就出现了一种"意义"的问题，课程内容变成了教学情境对学生所具有的意义。当课程以个人的方式进行定义时，就需要了解学生的经验水平和具体研究课程对于学生的意义。

蔡斯（Zais）指出[1]，分析不同阶段的课程活动，会采用不同的课程定义。例如在课程的设计阶段，以课程为计划目标及学科定义会较有实际意义；在评价阶段，以课程为经验的定义会更有用等。

课程的定义在不同的历史时期、不同的层面会有不同的侧重点，但总体体现着一定的社会需求、教育理念、知识以及结果。既然"要得出一个精确的并为大家所认同的课程定义，既不现实也不可能"[2]，理解课程这一概念，不能不考虑当前的社会经济发展以及主流的教育思想和学生学习的现实需求，课程不论是目的还是手段，都要反映现实的需求。当前我国社会经济的发展，更加需要具有综合知识、问题解决能力以及创新精神的人才，更加注重以人为本的思想观念，因此，课程也更多地被赋予了以人为本和人的全面发展的理念。

课程的概念如此复杂，站在不同层面，以不同的视角来理解课程都有其可取的一面，也都有一定的局限性。课程的范围可以很窄，如某一门科目的课程目标，也可以很宽，只要是在学校规划范围内的，学生所得到的一切学习经验，都可以被看作课程。在我国新课程改革中，各门学科的课程标准都在强调掌握"基础知识"和"基本技能"

---

① Robert S. Zais, *Curriculum: Principles and Foundations*, New York: Harper Collins Publishers, 1976.

② 施良方：《课程理论——课程的基础、原理与问题》，教育科学出版社1996年版。

的基础上，新增加了重视"基本态度"（情感、态度和价值观），重视"基本方法"（过程与方法），重视"科学探究"，重视"科学、技术和社会"的关系，其目的在于使学生的综合素质能得到和谐发展，学会认知，学会做事，学会共同生活，学会做人。新课程改革应是综合的价值取向。[①]

## 二　课程的分类

美国学者古德莱德（Goodlad）认为存在着五种不同的课程[②]：（1）理想的课程（ideological curriculum），即指由一些研究机构、学术团体和课程专家提出应该开设的课程。这种课程的影响取决于是否被官方所采纳。如我国《基础教育课程改革指导纲要》提出的课程，就属于理想课程。（2）正式的课程（formal curriculum），也称文件课程，即指由教育行政部门规定的课程计划、课程标准和教材，也就是列入学校课程表的课程。主要指我国现有的国家课程，包括各科的课程标准，各种不同版本的教材。（3）领悟的课程（perceived curriculum），也称理解课程，即指任课教师所领会的课程。不同的教师限于所持有的课程取向不同，对理想课程以及正式课程的理解有所不同。（4）运作的课程（operational curriculum），也称实施课程，即指在课堂上实际实施的课程。因为教师对正式课程的理解不同，也因为教师所面对的学生个体不同，所以，教师在课堂教学中所实际实施的课程也会具有一定的随机性。（5）经验的课程（experiential curriculum），即指学生实际体验到的东西。

从古德莱德对课程的分类中，我们可以清晰地看到课程这个概念在国家层面、行政部门、学校、教师以及学生层面各自的重点所在，是一个从整体规划表述到逐渐细化落实的过程。我国各区域间的经济、文化存在较大的差异，国家层面的课程规定了教育发展的方向，它不

---

① 查有梁：《课程改革的辨与立》，重庆大学出版社 2009 年版，第 94—96 页。

② John I. Goodlad, *Associates Curriculum Inquiry: The Study of Curriculum Practice*, New York: McGraw-Hill, 1979.

可能提供非常细致、具体的规定和内容，因此，落实到地方层面和学校层面时，学校如何实施课程？教师如何进行教学？对学生的学习产生的作用如何？在当前我国全面实施基础教育课程改革，并且改革不断深入的背景下，应当对这些问题开展多样化的、多区域的研究。

　　课程的分类还包括五种同时存在的课程，根据课程的性质分为官方课程、实际课程、隐性课程、空白课程和课外课程。[①] 官方课程，或书面课程，是以文本的形式规定的范围和序列图表、课程纲要、课程指南、内容纲要、标准和诸多教学目标。类似于古德莱德的课程分类中，由政府采纳的理想课程所演变来的正式课程。官方课程的目的是为一线教师的教学提供实际授课和评价学生的基础，为管理者提供监督教师和使教师对教学实践和教学结果负责的基础。实际课程类似于古德莱德的课程分类中的运作课程和经验课程，实际课程主要包括教师实际教学的内容和学生实际学到的内容，这里提到的内容包括知识、技能和具体的经验等。隐性课程与官方课程或实际课程相比，通常并不被学校官员所承认，但可能对学生有着更深远和更持久的影响。学校作为一种公共机构，所体现的一系列的规范和价值，涉及性别、阶层、权威、学校知识等，会通过行为、态度、氛围等隐性课程传递给学生，对学生的人格、情感、行为等产生影响。空白课程由那些没有被教授的事物组成，对空白课程的研究致力于回答为什么这些知识会被忽略，如心理学、法律、舞蹈、教养等是典型的被忽略的知识，而且无法与语、数、外等课程相提并论。课外课程包括所有在学校科目外的那些有计划的实践。与学校里正式的实际课程相比，课外课程是为了满足学生多样化的需求而开设的，并非为了体现官方课程的意志，另外，课外课程不同于隐性课程的是，它是被公开承认的学校经验，虽然课外课程不是学校内部主流的课程设置，也不是用于评价学校教育教学质量的重要内容，但课外课程可能是学校发展学生综

---

① ［美］乔治·J.波斯纳：《课程分析》，仇光鹏、韩苗苗、张现荣译，华东师范大学出版社2007年版，第13—15页。

合素质的重要阵地，甚至可能是体现学校特色的非常重要的学校经验。

荷兰国家课程研究所所长艾克教授（Jan van den Akker），按照课程在国际层面、国家系统层面、学校和机构层面、教师和课堂层面以及学生个体层面对课程进行了分类①（具体见表 2.1）。

表 2.1　　　　　　　　　　课程层次与课程产品

| 层次（Level） | 描述说明（Description） | 举例（Example） |
| --- | --- | --- |
| 超宏观 | 国际的 | 有关语言的欧洲共同参照标准 |
| 宏观 | 国家的、系统的 | 核心目标、评价体系 |
| 中观 | 学校、机构 | 学校计划、教育计划 |
| 微观 | 课堂、教师 | 教学计划、教学资源模式、课程教科书 |
| 超微观 | 学生、个体 | 个人学习计划、学习的个别化课程 |

上述几种课程的分类为我们提供了一些理解课程概念的视角，也有一些共同之处。艾克将课程放置于全球的范围来理解，而不仅局限于某一国家内部，但它们都是从大的区域、宏观的课程开始逐步落实到具体的实践层面，落实到教师的教学和学生的学习上。从这个意义上看，课程与教学实在是无法分离的一对概念，研究课程如果不涉及教学，则对课程的研究是不完整的；而如果研究教学，却不探讨课程的意义，则研究也很难深入本质。本书将从理念和实践两方面探讨教师的课程取向，即从课程和教学两方面理解教师的课程取向。课程的概念是复杂的，并具有层级性、动态性和过程性，本书主要关注教师是如何理解不同层面课程的？如何理解国家课程、学科课程以及教科书？在实践中又是如何实施课程的？

_____

① SLO（Netherlands Institute for Curriculum Development），*Curriculum in Development*，SLO，2009，p. 9.

### 三　课程的组成要素

有"课程之父"之称的泰勒（R. Tyler）于 1949 年提出了课程基本理论，指出课程有四个基本问题[1]：

· 学校应该追求哪些教育目标？

· 提供什么样的教育经验才能达到这些教育目标？

· 这些教育经验如何有效地组织？

· 我们如何才能判定这些教育目标可以达成？

从泰勒关于课程的四个著名的基本问题中，我们可以看到，目标、经验、组织和评估构成了课程的基本要素。施瓦布（Schwab）指出，课程有四个共同要素，就是教师、学生、学科内容和环境。[2] 共同要素所处的领域不单具有同等重要的地位，它们也互相影响，结合彼此之间的实践力量。[3] 综合来看，课程不仅与学科相关，而且与学校中的人员有关，学校中的教师只有对学生有充分的认识，对自身所处环境有明确的了解，熟知国家的课程文件，才能据此选择并制定出适当的课程目标，结合学科内容和学生经验，按照一定的模式组织内容、组织教学和活动，最终对课程进行评估。

通常来看，课程的核心是关注学习的目标和学习的内容，这一核心的改变也预示着学习者学习的方方面面的改变，艾克用课程蛛网理论来阐释学习的目标、内容、时间、地点、教师角色、学习活动、评估等内容之间的关系[4]（具体见图 2.1）。

在图 2.1 中我们看到，这个蛛网是以一个核心和九条蛛网线组成的，每一条都关注了学生学习计划的某个方面。其核心是关于整个课

---

① Ralph W. Tyler, *Basic Principles of Curriculum and Instruction*, Chicago：University of Chicago Press, 1949, p. 1.

② Joseph J. Schwab, "The Practical 3：Translation into Curriculum," *School Review*, No. 4, 1973, pp. 501 – 522.

③ 林智中、陈建生、张爽：《课程组织》，教育科学出版社 2006 年版，第 3 页。

④ 闫益佳、王杉杉：《新课程：当前社会的一面镜子——专访荷兰国家课程研究所所长 Jan van den Akker》，《基础教育课程》2010 年第 8 期。

程的理念，或者是教育的理念——"学生为什么学习？"从这一理念出发，生发出有关学生学习的九个问题，分别是"学生学习的目标是什么？""学生学习什么？""学生如何学习？""教师如何促进学生学习？""学生学习可以利用哪些资源？""学生和谁一起学习？""学生在哪里学习？""学生什么时候学习？"以及"如何测评学生的学习进度？"这九个问题以及课程的核心理念构成了蛛网模型。

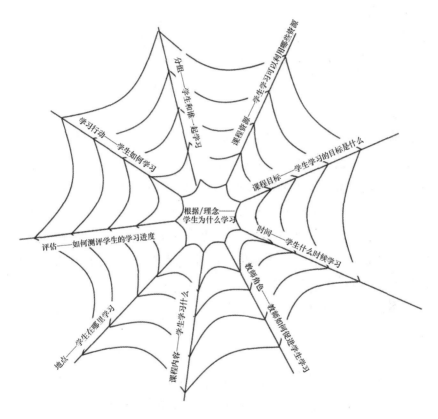

图 2.1 课程蛛网模型

对这九个问题进行进一步概括，可以分为目标、内容、教学和评估四个方面。课程的理念以及具体学科的课程目标可以看作目的或目标方面，它要回答学生为什么学习以及学习所要达到的目标；课程内容和资源为内容层面，反映了学生具体要学习什么和通过什么媒介学习；教师的角色、学生学习的活动、时间、地点和人员反映了教学的状态，教师通过何种方式促进学生的学习，学生学习过程中的行为、环境如何；最后是评估，对课程与教学的评估，主要是通过对学生的学习进度进行考察来获得，对学生的学习状况进行考察，不仅反映了教师的教学质量，包括教师在教学过程中所采用的教学方法是否恰当，是否起到了促进学生发挥主体作用开展学习的作用，学生的学习是否开展了恰当的活动等。对上述问题的回答，也在一定程度上反映了课程内容和资源是否得当，这些内容和资源是否以恰当的方式组织并呈现出来，进而反映课程的目标是否达到。

在理想状态中，所有这些要素通过相互的连接形成网络的一致性和连贯性。而蛛网这一隐喻也强调了课程脆弱性的特点，蛛网是有弹性的，但当某一条线受到了频繁而且强大的拉力时，整个网络容易被扯破。也就是说，在以某一种课程理念为核心的蛛网体系中，围绕着这种课程理念所生发出来的课程目标、课程内容和资源、教学方法、学习评估等内容之间应具有某种一致性和连贯性，这种一致性体现在课程目标与课程理念的实现上，若其中的某条（或几条）蛛线因为各种原因而很难与核心理念保持一致时，课程目标与课程理念的实现就面临着挑战，甚至很难达到。

对于课程发展来说，一个重要的挑战就是如何维持构成课程基本要素之间关系的平衡与稳定。[①] 课程的基本要素包括三方面的内容，即课程内容、课程目标和学习的组织，在教师和课堂层面学习的组织，又包括了教师选择的教学方法，学生进行何种活动，学习的时间、地点以及对学生的学习进行评估等，教师选用什么样的教学方法以及学生进行什么样的学习活动，不仅与课程目标和内容有关，还与课程内容和资源的组织方式有关，用恰当的方式组织课程内容，有利于教师选用合适的教学方法施教，以更好地达到课程目标。因此，结

---

① 闫益佳、王杉杉：《新课程：当前社会的一面镜子——专访荷兰国家课程研究所所长 Jan van den Akker》，《基础教育课程》2010 年第 8 期。

合课程蛛网理论以及泰勒和施瓦布对课程的理解，课程的基本要素主要包括课程目标、课程内容和资源、内容与资源的组织方式、教学方法以及课程评估五个方面。

综合上述课程的定义、课程的分类以及课程的组成要素，的确无法用一种概念的表述对课程进行清晰的界定，但是通过课程的组成要素——课程目标、课程内容和资源、内容与资源的组织方式、教学方法以及课程评估，我们大致可以了解，课程目标、课程内容与资源以及内容与资源的组织方式属于课程的本体，而教学方法以及课程评估属于课程的应用，课程发展和课程研究处于国家、地方行政部门、学校、课堂等不同层面的课程视角，都会产生出不同的课程本体及课程应用。

在教师和课堂层面，结合我国新课程改革的理念，以及课程多元化、持续变化与发展的特性，"课程即经验"的定义更符合现在教育场域上所需的概念。[①] 新课程在保证学生获得基础知识基本技能之上，更注重学生在学习过程中的体验与经验，课程不仅是由国家以及地方行政部门制定和确定的文本，而且是学校、教师对课程的理解及应用，并最终体现为学生所获得的经验。

对课程进行研究，尤其是研究学校层面所理解并实施的课程，应当反映课程的本体以及课程的应用，即课程的目标、内容、组织以及教学与评估。课程与教学在学校层面是一个整体的两部分，相互有一定的交集。因此，教师课程取向须包括对课程本体及应用的研究。

## 第二节　课程取向的概念

### 一　什么是课程取向

课程取向（curriculum orientation）是人们对课程的总的看法和认

---

① 简楚瑛：《课程发展理论与实践》，教育科学出版社 2010 年版，第 6 页。

识，人们在哲学思想、价值观、方法论、文化背景以及对个体的心理发展等方面认识上的差异，导致对课程的不同看法，这些不同看法就形成了课程取向。①

课程取向是关于学校应该做什么以及学生应该怎么学的一些不同的信念。课程取向因为个人的背景、经验、文化以及学校的政治主张不同而表现出不同的特点。不同的课程取向反映了不同的学校目标，以及教和学应该如何发生的不同信念，因此，课程取向是我们的价值观、态度以及观念的产物。②

课程取向，亦称为课程设计的意识形态、构想、价值取向或观点。课程设计者的课程取向是一组信念（beliefs），影响课程目标、内容、教学法和评估的设计。③

从上面关于课程取向的定义中可以看出，对课程取向这个概念的解释要么是笼统地界定为对课程的认识与理解，要么是以课程目标、内容、教学法和评估为具体的内容来反映课程取向的组成要素。米勒（Miller）认为，在课程取向中有两个问题最重要：一是学校应该教什么？二是学生应该怎么学？这两个问题反映了"学校希望培养什么样的人"的教育理念，在学校培养目标的统领下，校长和教师才能决定教什么和怎么教，教师的教学必然影响学生的学习，体现于学生怎么学和学习的结果上。因此，课程取向是人们的教育观念在课程领域的反映与表现，具体体现在课程目标的确定、课程内容的选择、内容的组织方式、教学方法的选取以及课程评价等方面。

课程以教育哲学、学科知识、学生的兴趣和能力、社会文化需求等不同取向的理论为基础，不同的课程取向关系到对课程的不同诠释。课程取向这个概念首先反映的是个体对课程的认识与理解，包括

---

① 马云鹏：《国外关于课程取向的研究及对我们的启示》，《外国教育研究》1998 年第 3 期。

② John P. Miller, *The Education Spectrum：Orientations to Curriculum*，New York：Longman，1983.

③ 张善培：《课程取向的再概念化》，第六届海峡两岸和内地、香港、澳门课程理论研讨会，台湾教材研究发展学会编印，2004 年，第 30 页。

对课程的目标、内容及组织、教学方法以及评估的一整套设想，个体的课程取向会受到个体自身的观念、知识、经验以及个体所处情境的影响；其次，课程取向会随着个体的身份、所代表的利益阶层以及个体作用的对象不同而产生不同的特点，结合古德莱德将课程划分为理想课程、文件课程、理解课程、实施课程和经验课程五种形态，课程决策者、课程专家和编制人员、校长、教师以及学生所具有的课程取向会具有一定的共性与差异。上述人员在课程取向方面所具有的共性应当反映一定时期的国家课程意志是否在实践中得到了很好的贯彻，而由于教育教学情境的多样性和复杂性，不同人员所面临的对象、期望达到的目标又受到多方面因素的影响，因而具有不同的课程取向。如有学者认为，课程取向是研究者对"课程"研究的观点，它涉及如何定义课程？课程的理论基础为何？课程的范围为何？课程中的师生关系为何？"教"与"学"的关系如何？如何进行课程？等等。①在这个表述中，课程取向这个名词反映的是课程研究人员，即课程专家对课程，甚至是教育的整体观点。

　　课程取向既是人们在观念层面对课程的认识与理解，又必然反映在人们的实践领域，对课程目标、课程内容及组织、教学法和课程评估产生影响。但现实对不同话语体系的人们有着不同的要求，因此他们对课程取向的理解以及实践也不同。对课程取向的研究，首先应当明确研究的对象是谁，然后才能依据研究对象所处的实际情境来考察其课程取向的理念及现实表现。

## 二　课程取向的功能

　　米勒（Miller）认为，课程取向的概念至少有四个方面的作用。②

---

① 胡春光：《课程取向：一个后现代的检视》，《武汉商业服务学院学报》2007 年第 4 期。

② John P. Miller, *The Education Spectrum：Orientations to Curriculum*, New York：Longman, 1983.

（一）帮助教师澄清他（她）们的教学方法

课程取向是一种潜在的力量，引导学习目标的建立、学习内容以及教学方法的选择、评价策略的设计等。例如，一位教师认可社会重建的课程取向，他（她）就可能会选择一些关于环境污染、贪污、失业等方面的内容来帮助学生理解社会上的一些问题。

（二）区分课程文件的概念基础

课程取向的概念有助于判断课程材料是否适合一些特殊的学习内容，教师在这种评判的过程中会变得更有责任心。艾斯纳和瓦纳斯、米勒等人的研究都证实了这一点。教师的课程取向与课程编制人员的理念是否一致，反映在教师对课程与教材的取舍方面，教师能清醒地意识到自己的课程取向，有助于教师更好地理解与使用新课程教材。

（三）教师发展的手段之一

教师的课程取向反映了学校内不同的文化倾向，艾内斯（Ennis）和霍珀 Hooper（1988）指出，教师在职培训或者课程改革对教师的潜在影响都有可能受到这些教师自身的价值观的影响，也会受到教师所在单位领导的价值观的影响。因此，关注教师的课程取向问题，是促进教师专业发展的一种手段。

（四）为课程的发展提供了一种指导框架

课程取向不仅会影响课程设计，而且影响课程实施以及课程评价。例如，艾内斯、穆勒（Mueller）和霍珀（1990）发现，具有较弱学科掌握取向（disciplinary-mastery orientation）或者较强社会重建取向（social-reconstruction orientation）的体育教师，都倾向于更多地创造机会与学生分享作出决定的过程。教师的教学行为，实际上是教师课程取向的一种外在表现，我们需要探寻教师外在行为背后的意义与理念。

前面提到，课程取向因人员的不同而具有不同的特点，上面所述主要反映的是课程取向这个概念对教师具有的作用。对课程取向这个概念的意识与理解，能够帮助教师思考一些有关教育本质的问题，对"为什么而教"这类问题的思考，有助于教师在国家课程与自身及学生所处的环境之间进行适度的调适，从这个意义上看，教师的专业性得到了提升，课程本身也获得了发展。

我国由于长期实行中央集权制的课程管理模式，课程计划、课程标准的制定以及教材的编写与审定都是在课程决策者决定后由课程专家进行的，忽视了教师的参与，广大的一线中小学教师只是专家编制的课程文本的"传递者"与"实施者"，这不利于教师对课程的正确认识和理解。从教师专业发展以及教师职业的专业化来看，"教师的工作仍旧受制于学校组织的科层管理，在决定和选择教学内容、教学方式和教学评价等方面自主权有限"。"教师更多的是根据所谓的专家指导被动地吸收各项改革的动议，执行改革的措施。实际上教师的工作仍然面临'去专业化'的挑战。"[①] 因此，研究教师对课程的认识与思考，具有怎样的课程取向，对促进教师专业发展以及课程改革的有效实施均具有重要的意义。

### 三　课程取向与课程意识、课程观

本书的核心主题是中小学教师的课程取向，但我国内地有关教师对课程认识、理解方面的研究，具有课程取向、课程意识、课程观等不同的名词表达。如吴刚平认为，仅仅站在教学的立场上谋划教学改革，往往看不出问题的实质，难以找到有意义的突破口和生长点，迫切需要有一个更开阔的视野。这就是教学改革需要强化课程意识。[②] 新课程改革的实施，教师的角色和专业自主能力越来越受到教育研究人员的关注，教师自身也越来越多地感受到这种挑战。长期以来，受各种因素的制约，中小学教师在课程实施中始终处于被动地位，处于"忠实执行"的层面，教师考虑最多的是如何忠实地传递教材内容，较少从课程的角度思考教学问题，因而，教师对课程的观念问题突显出来。"由于教师在课程目标、课程类型、课程内容以及课程实践等

① 卢乃桂、王晓莉：《析教师专业发展理论之"专业"维度》，《教师教育研究》2008 年第 6 期。

② 吴刚平：《教学改革需要强化课程意识》，《人民教育》2002 年第 11 期。

方面的认知和行为缺陷,导致了教师课程观的诸多局限,从而阻碍了教师的专业成长。"① 下面将对这些概念做一辨析。

(一) 课程取向的概念

课程取向的含义前面已经做了详细的讨论,总体来看,它是人们对课程的总的看法和认识。课程取向偏重于从课程的总体层面反映一定的价值观,如认知过程取向、学术理性取向、社会取向、自我实现取向、技术取向等。教师具有不同的课程取向,会直接决定其关于课程、教材的观念和相应的教学理念。

从米勒对课程取向概念的作用分析来看,教师的课程取向不仅可以帮助他们澄清其教学的方法、理解课程编制人员的设计理念,还是促进教师专业发展的手段之一。因此,教师的课程取向是教师在价值观层面关于课程的理念,同时,这种理念也是直接指导教师课程实施行为的直接因素之一。

李子建、黄显华 (1996) 认为,学校教育最关注的基本问题是课程,而课程设计的核心问题,总离不开教什么和学什么,然而不同的课程论者,以至前线的教育工作者,对以上的问题却会有不同的见解及不同的意见,甚至互相冲突,引起不同的争论。课程论者把这些不同的意见诠释成为课程角度 (curriculum perspectives)、课程概念 (curriculum conceptions)、课程取向 (curriculum orientations)、课程的意识形态 (curriculum ideologies) 等。这些不同的课程取向可说是课程设计的主导思想,对课程的目的、内容和组织的安排有不同的影响。②

可以看出,课程取向的概念只是学者对人们关于课程的理解和认识的一种表述,虽然大家所用的名词有差异,但总体是趋向一致的。我国学者使用最多的是课程意识的概念。另外,也有学者使用课程观、教师信念中关于课程的信念等词,总体来看,都是人们关于课程的认识与理解。

---

① 段冰:《教师课程观的局限与突破》,《教育发展研究》2009 年第 6 期。
② 李子建、黄显华:《课程:范式、取向和设计》,中文大学出版社 1996 年版,第 52 页。

（二）课程意识的概念

关于课程意识的表述有以下几种：

课程意识（curriculum sense），简单地讲，就是人们在考虑教育教学问题时对课程意义的敏感性和自觉性程度。[①] 长期以来，我国中小学教师只需要按部就班地执行课程，被大家关注的只是教学意识，而非课程意识。"教学意识与课程意识的区别，如果要用一句话来讲就是，教学意识更多地关注教学的技术问题，而课程意识则更多地关注教学的价值问题，即关注人本身，关注教学究竟是为了什么的问题。有课程意识很重要，但课程意识只有转化为课程行为时才有实际的意义，而且，课程意识并不能自然地转化为课程行为。教师必须有相应的课程能力和课程权利，课程意识才能转化为其课程行为。"[②]

李茂森认为，课程意识是一种以课程观为核心的内隐性观念形态。在课堂教学中，教师的课程意识主要指向教学观念，它直接影响着教师的教学过程和行为方式，并决定着教学的价值取向。[③] 心理学研究中将意识的存在状态划分为可控制的意识状态、自动的意识状态、模糊状态和睡眠状态，李茂森将教师课程意识的存在状态分为觉醒状态、迷失状态和睡眠状态。教师课程意识的存在状态与其课堂教学行为存在着密切的关系，教师的课程意识与课堂教学行为可能保持一致性，也可能存在差异性。教师的课程意识与课堂教学行为保持一致时，又可以分为两种水平，即低水平、不合理的（即睡眠状态的）课程意识支配下的教学行为，高水平、科学合理的（即觉醒状态的）课程意识支配下的教学行为。

肖川认为，促使教师确立课程意识，需要考虑的还不是如何有效地教学，而是应该带给学生什么样的教育经验，包括什么样的知识最

---

① 吴刚平：《教学改革需要强化课程意识》，《人民教育》2002 年第 11 期。

② 吴刚平：《课程意识及其向课程行为的转化》，《教育理论与实践》2003 年第 9 期。

③ 李茂森：《课堂教学中教师课程意识觉醒的价值诉求》，《江苏教育研究》（理论版）2008 年第 1 期。

有价值，什么样的主题最值得探索。① 课程意识是教师对课程系统的一种整体把握和基本反映，是对课程理念的存储、积累和深化，是连接课程理念与课程行为的桥梁。②

　　沈建民认为，教师的课程意识（curriculum awareness）是指教师在对课程目标和价值认同的基础上，在教学设计中自觉地根据抽象的课程目标来制定具体的教学目标，并优化设计教学内容，主动搜寻课程资源，且在教学过程中能敏感地觉察教学目标的合理性，根据教育情境的变化恰当地选择教学方法和教学手段，捕捉并利用课堂即时生成的有价值的课程资源实施教学，同时觉察实施过程的教育意义，并科学地评价课程实施的效果，从而真正走向课程实践中对于课程意义的敏感性和自觉性。就其构成要素而言，在课程实施中，教师的课程意识主要由目标意识、资源意识、过程意识和评价意识四个方面构成。③

　　郭元祥认为，课程意识是教师的一种基本专业意识，属于教师在教育领域的社会意识范畴。作为一种特定形态的社会意识，课程意识是教师对课程系统的基本认识，是对课程设计与实施的基本反映。它包括教师对课程本质、课程结构与功能、特定课程的性质与价值、课程目标、课程内容、课程的学习活动方式、课程评价，以及课程设计与课程实施等方面的基本看法、核心理念以及在课程实施中的指导思想。教师的课程意识是教师对教育活动体系中课程系统的一种整体认识，是课程实施过程中的课程观和方法论。教师的课程意识主要包括主体意识、生成意识和资源意识。④ 主体意识是指在课程实施过程中，学生和教师都是课程的主体，课程的动态性和过程性表明，课程是在课程实施的过程中，由教师和学生共同生成的，这也说明了教师应具

---

　　① 肖川：《培植教师的课程意识》，《北京教育》2003 年第 7—8 期。
　　② 王长江、王恩军、李新乡：《课程意识的涵义、价值与生成》，《现代教育论丛》2007 年第 2 期。
　　③ 沈建民：《试论课程意识缺失的课堂表现及其培植策略》，《教育理论与实践》2009年第 2 期。
　　④ 郭元祥：《教师的课程意识及其生成》，《教育研究》2003 年第 6 期。

有课程生成意识，在课程生成的过程中，教材只是教师和学生可以利用的教学资源之一，学生的学习生活经验以及师生所处的环境都可以成为课程资源。教师课程意识的强弱，往往集中表现在教师对待教材的态度与处理教材的方式上。

上述对课程意识的概念表述，主要可以分为三类：一是试图区分课程意识与教学意识，即课程意识主要反映在课程的理念、内容的选择及其组织方面，无须涉及教学的内容；二是认同课程意识反映了教师观念层面对课程的认识，但强调教师观念层面的课程意识对其教学行为的支配，课程意识主要指向教师的教学观念和教学行为；三是倾向于从完整的课程系统的视角表述课程意识，即课程意识不仅关涉课程的价值取向、内容及组织，还应当反映课程实施以及课程评价内容。课程意识在内涵方面有些差别。如果从课程与教学的关系来看，第一种倾向于将课程与教学区分开，第二种倾向于课程与教学是相互独立又彼此有一定交叉的模式，而第三种则倾向于课程包含教学的模式。

（三）课程观的概念

郭元祥认为，课程定义的多样性，反映了课程观的多样性。课程观是人们对课程的基本看法，具体来说，课程观需要回答课程的本质、课程的价值、课程的要素与结构、课程中人的地位等基本问题。课程观支配着课程设计、课程实施，影响着学生的发展。[1]

课程观就是不同的主体在一定的课程实践中对课程所形成的基本认识和看法。[2] 课程涉及一系列的问题，比如，课程的目的、本质、价值和功能，对这些问题的不同回答就构成了课程的目的观、本质观、价值观和功能观等课程观的核心层面。在这些核心观念的指导下，如何确定课程目标，如何选择课程内容，如何对待课程实施，如何进行课程评价等，构成了课程目标观、内容观、实施观和评价观，

---

[1]　郭元祥：《课程观的转向》，《课程·教材·教法》2001 年第 6 期。
[2]　黄敏：《教师个人课程观的形成——一位小学语文女教师的叙事研究》，硕士学位论文，河南大学，2007 年。

因此，课程观涉及课程的方方面面，它是由课程不同问题组成的观念群，不仅包含了对课程各方面的认识与看法，还反映了课程观不同的存在形态。

张翠平认为，人们对课程本质的看法，就是其课程观。三种典型的课程本质观分别为："知识或学科本位的课程观，自然主义经验的课程观，概念重建主义的课程观"①。

黄甫全从哲学认识论的视角，对影响美国课程理论的主要认识论流派及其所产生的不同的八种课程观作了探讨分析：自由主义课程观、超个人主义课程观、人本主义课程观、社会改造主义课程观、行为主义课程观、技术主义课程观、社会适应论课程观以及科学理性主义课程观。②

关于课程观比较典型的分类还是学科中心课程观，人本主义课程观以及社会再造主义课程观。

课程观也是人们对课程的基本认识和看法，相比较课程取向和课程意识而言，课程观更多的是从教育哲学的层面探讨课程的本质、价值与功能，当然，"哲学层面"的课程观也强调对课程实践领域的指导。李志厚和李如密认为，可持续发展教育的课程观主要表现在以发展为本的课程理念上，具有审美特征的课程设计，关注价值和联系的课程内容，问题引领的课程组织，可选易行的课程实施原则以及强调收获与生成的课程评价等。③

（四）三个名词的比较

可以看出，课程取向、课程意识和课程观的概念都在观念层面探讨了人们对课程的认识，是学者对这一问题的不同表述方式，同时这三个概念也都与实践有一定的关联，这三个概念与实践层面的联系有所差异。从上述概念的表述中，我们很难严格区分课程取向与课程意

① 张翠平：《论实践的课程观》，硕士学位论文，华中师范大学，2007 年。
② 黄甫全：《美国多元课程观的认识论基础探析》，《比较教育研究》1999 年第 2 期。
③ 李志厚、李如密：《论可持续发展教育的课程观》，《课程·教材·教法》2004 年第 1 期。

识在内涵上的不同，这两个概念都在强调课程观念的基础上，关注其对教学及评价的指导。课程观似乎涵盖了前面所论述的课程取向以及后设课程取向关于课程功能的界定，从较高层次的概括来看，知识本位、自然经验主义以及概念重建主义类似于后设取向的分类，而对课程观的理解也包含了经典的五种课程取向。

关于"课程取向""课程意识"和"课程观"的词语表达，还是反映出一定差异的。"取向"和"观念"主要指涉价值与本质，但"取向"更强调对现实的指导，而"观念"则主要反映人们对事物的看法与认识；意识是人的头脑中主观观念的形式和客观实在的内容的对立统一，观念既是意识的内容（对象）又是意识的结果。"课程意识作为对课程存在的反映，其基本形式是观念层面的，它在本质上就是教师教育行为中或明确或隐含的'课程哲学'。教师的课程意识是以课程观为核心形成的，是对教育活动体系中课程系统的一种整体认识，是教师的'课程哲学'，是课程实施过程中的课程观与方法论。"① 从概念涵盖范围的广度来讲，课程意识要大于课程观，而且课程意识包含着课程观；意识是观念的应用，它能摧毁旧观念，也能产生新观念，它更强调一种决策，因此，课程意识具有动态的特点，而课程观相对而言具有静态的特点。②

因此，课程观可以看作意识形态的"课程哲学"，它是课程取向和课程意识中的核心内容；课程意识一方面反映了教师是否具有课程的意识，这里主要强调课程区别于教学的意识，即课程本质、课程内容及其组织的课程本体意识；另一方面也反映了教师具有怎样的课程意识，这里更关注整体的课程系统；课程取向则反映人们对完整课程体系的认识和理解以及在教育教学实践中的行为表现。

课程取向、课程意识以及课程观在概念的内涵方面主要表现出同质的特点，也有一点明显的区别，反映在学者们的研究中，那就是课

① 郭元祥：《教师的课程意识及其生成》，《教育研究》2003 年第 6 期。
② 陈曙光：《论教师的课程意识及其生成》，硕士学位论文，安徽师范大学，2007 年。

程取向反映的主要是人们对课程认识与理解的实然状况，即实际具有的课程取向及其对实践的作用，而课程意识反映的却主要是人们对课程认识与理解的应然状况，这一点从中外学者在课程取向和课程意识的研究方法及成果方面的差异中也可以看出。对课程取向的研究主要集中在其不同的分类框架以及相应的实证研究方面，即教师具有怎样的课程取向；而关于课程意识的研究，目前还处于理论探讨阶段，相关的研究成果很少，主要集中在课程意识的意义与价值、含义等方面。对课程观的研究也以理论思辨为主。本书选取课程取向的表述，来探讨教师在观念层面对课程的理解和认识的实然状况，及其对新课程实施的影响。

## 第三节　课程取向的分类及其内涵

### 一　课程取向的分类

课程取向有不同的分类方式，其中最有名的分类框架是艾斯纳和瓦纳斯关于课程取向的研究，他们将课程取向分为五类：学术理性主义（academic rationalism）、认知过程（cognitive processes）、社会重建（social reconstruction）、自我实现（self-actualization）和技术取向（technology）。[①]

艾内斯和朱（Zhu）将课程取向分为五类，分别是学习过程（learning process）、自我实现（self-actualization）、学科知识掌握（disciplinary mastery）、生态综合（ecological integration）和社会重建（social reconstruction）[②]。麦克尼尔（McNeil，1996）提出四种分类的课程取向，即学术（academic）、社会重建（social reconstruction）、人

---

① 靳玉乐、罗生全：《中小学教师的课程取向及其特点》，《课程·教材·教法》2007年第4期。

② Catherine D. Ennis, Weimo Zhu, "Value Orientations: A Description of Teachers' Goals for Students Learning," *Research Quarterly for Exercise and Sport*, Vol. 62, No. 1, 1991, pp. 33 – 40.

文主义（humanistic）和技术（technological）①。后来，麦克尼尔（2009）对课程取向的分类有所改变，分为人文主义取向、社会重建取向、系统取向（systemic）和学术取向②。米勒提出的课程取向大致可以分为七类，分别是行为取向（behavioral）、学科取向（subject/disciplines）、社会取向（social）、发展取向（developmental）、认知过程取向（cognitive）、人文取向（humanistic）和超越个人取向（trans-personal）③。

波斯纳（Posner）则根据课程设计流程的重点内容将课程取向分为程序性的课程取向、描述性的课程取向、概念性的课程取向以及批判性的课程取向。④ 程序性的课程取向主要以泰勒的目标模式来进行课程设计，依次为选择与界定目标、选择与创造学习经验、组织学习经验和评价学习经验效能；描述性的课程取向认为课程设计应包含三个成分，从开始的立场，经过慎思的过程，当课程发展成员对前述的立场有了共识之后，最终进行实际的课程设计；概念性的课程取向主要关注课程如何设计、课程如何被决策以及课程如何以最有效率的方式发展，主张课程设计包括三个不同层次，分别为教学层次、机构层次以及社会层次，每个层次都包括课程设计、课程实施以及课程评价；批判性的课程取向主张课程应强调社会的需要、社会改革并承担社会发展的责任。

在上述课程取向的分类中，波斯纳关于课程取向的分类最不同于其他各位，他主要站在课程设计的方法论层面来理解课程取向，而其他学者关于课程取向的分类，主要从课程本体的价值取向不同来划分。我们可以看出，关于课程本体的价值取向，学者们至少都认同三

---

① John D. McNeil, *Curriculum: A Comprehensive Introduction* (5th ed.), New York: Harper Collins, 1996.

② John D. McNeil, *Contemporary Curriculum: In Thought and Action* (7th ed.), New York: John Wiley & Sons, 2009.

③ John P. Miller, *The Education Spectrum: Orientations to Curriculum*, New York: Longman, 1983.

④ 参见简楚瑛《课程发展理论与实践》，教育科学出版社 2010 年版，第 102 页。

种课程取向，即学术的、人文的和社会的课程取向，除此之外，他们各自还有一些不同的观点。如艾斯纳、瓦纳斯与米勒认为还应包括认知过程取向，艾斯纳、瓦纳斯与麦克尼尔还认同科技发展取向，艾内斯提出了生态综合取向，米勒关于课程取向的分类标准也不同于其他学者。

其中艾内斯提出的生态综合取向，以杜威的"教育与生活，应建基于人类社会与非人类的生物自然环境的相互合作"为其理论基础，强调教育对个人的作用应当体现在个体与环境、社会的和谐关系方面，即教育的共同目标为个人发展、适应环境及社会互动，人类社会中的个体是在与自然环境和谐相处中获得发展的。生态综合取向试图将课程的三大来源，即学科内容、学习者的需要及社会的需要兼收并蓄①，具有一定的创新性，课程的目标在于人与自然和谐、人与人和谐，这对我国的教育发展具有重要的启示作用。艾内斯提出的生态综合取向与学术理性、认知过程、人文主义等课程取向最大的不同在于，生态综合取向最终的目的不仅仅落实在学习者个体是否获得了知识技能、认知能力是否得到了发展或者学习者是否按照自我理想得到了最大发展等方面，而在于接受教育的个体最终是否能社会和谐。应当看到，生态综合取向在课程促进教育与生活的关系方面具有一定的前瞻性，但其不足也是显而易见的，生态综合取向在理论构建方面还比较模糊，在具体实践中的可操作性还有待进一步的研究论证。

米勒的课程取向分类标准是以课程对学习者内在和外在的影响为其分类的两极，行为取向处于外在的一端，而超越个人的取向处于内在的一端，其余取向则介于中间各点上，从外在影响到内在影响，课程取向分别为行为取向、学科取向、社会取向、发展取向、认知过程取向、人文取向和超越个人的取向，其中，发展取向强调外在影响与内在影响的互动。虽然米勒的分类标准与其他学者有所不同，但在实

① 李子建、黄显华：《课程：范式、取向和设计》，中文大学出版社 1996 年版，第 75 页。

质内容上还是有共通之处的，仍然强调课程对学习者在学术知识、认知能力、社会能力、人本发展等方面的作用。

综上所述，我们可以看到，目前对课程取向比较一致的分类是按照课程希望达到的目标在学习者个体方面的体现来划分的，主要包括学术、认知、社会和人文。我国课程研究者综合了国外对课程取向分类的研究，较倾向于将课程取向分为五类，即学术理性主义、认知过程、社会重建、人文主义和科技发展。①

### 二　不同类别课程取向的内涵

张善培将课程取向分为第一层次课程取向和第二层次课程取向。第一层次课程取向是元课程取向（curriculum meta-orientation），代表教师实际具有的综合课程取向；第二层次课程取向即是艾斯纳和瓦纳斯所提出的五类具体的课程取向，即学术理性取向、科技发展取向、社会重建取向、认知过程取向和人文主义取向。下面将分别论述不同类别课程取向的内涵。

（一）学术理性的课程取向

翁斯坦（Ornstein）在《课程对比》一文中，将课程理论分成两大派：一是学科中心课程（the subject-centered curriculum）；二是学生中心课程（the student-centered curriculum）。他认为，学科中心课程的主张主要基于以下四个观念：②

· 学科采取逻辑方法组织学习及阐释学习。

· 这种方式使学生易于记忆未来可使用的资料（知识）。

· 教师被训练成学科专家（至少中学是这样的）。

· 教科书和其他教学材料，通常依照学科来组织。

可以看到，翁斯坦论述的课程设计的学科取向，其课程目标是使

---

① 靳玉乐、罗生全：《中小学教师的课程取向及其特点》，《课程·教材·教法》2007年第4期。

② Allan C. Ornstein, "Curriculum Contrasts: A Historical Overview," *The Phi Delta Kappan*, Vol. 63, No. 6, February 1982, pp. 404–408.

学生获得知识，获得学科知识，而学科知识的获得对学习者未来的生活会产生重要的影响。"真理的追求与传播，有两个层面，一个是心智（intellect），另一个是知识。学科中心的理念，认定人的本质在于心智能力，即思考、理解、推理、记忆、怀疑等，运用这些心智能力，人类便可以追求事物的意义，获得其中的真理。"[①] 在翁斯坦的观念里面，学科取向的课程目标包括学习者心智的提高和知识的获得，即学校所关注的就是学习者心智的发展和知识的追求，这里的"心智"主要是指认知能力的发展，心智的发展也是为了更快更好地获得知识。因此，对比艾斯纳和瓦纳斯对课程取向的分类，应该说，翁斯坦的学科取向包含了艾纳斯与瓦纳斯提出的学术理性取向和认知过程取向，课程的目标包括学生在学习过程中所发展的认知能力与通过学习所获得的知识内容两方面。学术理性取向的课程目标落实到学生所获得的学科知识上。

学术理性取向所关注的，是使青年人获得继承西方文化传统的工具，同时使青年人学习前人创造的伟大思想和事物。在这些学者看来，要成为有教养的人就必须能理解各种重要学科的著作，以及古代的文化遗产。他们主张设置传统学科，使学习者获得具有力量的、精确的和普遍性思想。[②] 学术理性取向的课程是知识本位的课程，"这种课程的目的是培养学者，培养在数学、科学、文学、历史、化学、物理、生物等方面拥有丰富知识的学者"[③]，这样才能使学习者理解各种重要的著作。

当前，学术理性取向的课程研究主要有两种类型：一种关注"知识结构"，另一种关注"学科结构"，"知识结构"更强调学校应当开设哪些课程，对学生而言是最有价值的，而"学科结构"则强调学

---

① 黄政杰：《课程设计》，台湾东华书局股份有限公司1991年版，第106页。
② 李子建、黄显华：《课程：范式、取向和设计》，中文大学出版社1996年版，第67页。
③ 张文军：《课程取向与学生发展——美国艾利斯教授访谈》，《全球教育展望》2005年第2期。

校所开设的课程应当以何种结构进行组织，才更有利于学生的学习。在"知识结构"的研究方面，"学术理性取向的学者认为像艺术及科学此类基本学科，显示了人类的理性能力，且可以借此进一步训练理性能力，当然应成为课程的一部分。这方面最具代表性的人物是赫钦斯（R. M. Hutchins），他担任芝加哥大学校长期间，所设计的大学课程，便采用人类的伟大著作作为基本教材。课程不但要包含艺术和科学的主要学科，也要选取每一学科内的精粹，作为学习内容"。①

在"学科结构"的研究方面，最具代表性的人物是布鲁纳（Bruner）。布鲁纳早期的课程思想深受皮亚杰等人的影响，在吸取了前人研究成果的基础上，结合自己的认知探索，提出了结构论思想。布鲁纳认为，过去的教学只注重知识数量的传授，而忽视了所传授知识的结构，结果学生难以举一反三，难以适应信息迅猛增长的现代生活。"学生对所学材料的接受，必然是有限的。怎样能使这种接受在他们以后一生的思想中有价值？对这个问题的回答，在已经从事于新课程的准备和教学的人们中间，占优势的观点是：不论我们选教什么学科，务必使学生理解该学科的基本结构。"② 学生掌握了学科的基本结构，才能更好地解决课堂中和课堂外所面临的问题和事件。所谓结构，是指学科的基本结构，即学科的基本概念和原理之间那种具有内在联系并起普遍作用的知识体系。布鲁纳所主张的"结构课程"以及"螺旋式课程"，对现今的课程设计有着深远的影响。

不论是"知识结构"还是"学科结构"，在课程内容的选择上，都倾向于选择某一学科领域中最好、最重要、最精华的内容，然后以学科领域所特有的逻辑结构加以组织。

学术理性的课程取向主张学校课程的主要功能是通过最有价值的学科的教学使个体获得知识，学科结构是课程内容组织的基础，在教

---

① 黄政杰：《课程设计》，台湾东华书局股份有限公司1991年版，第111页。
② ［美］杰罗姆·S. 布鲁纳：《教育过程》，邵瑞珍译，文化教育出版社1982年版，第31页。

学法的选择方面，较倾向于以教师为中心对学生进行讲授，强调学生对课程内容的获得和知识结构的掌握。虽然布鲁纳提倡"发现法"，但美国结构主义教育改革的经验表明，过分强调发现法，忽视了儿童的认知特点、个别差异和年龄差异。发现和探究只有在科学的思想与方法的指导下，才能达到获得知识、发展能力的目的。

对课程的评价必然会涉及课程目标、课程组织、课程设计、课程实施等方面的评价，但本书关注的是教师课程取向问题中的评价，因此更多地关注教师教育教学的评价。学术理性取向的目标是希望学生获得有价值的知识，因此，在这一取向指导下的评价主要关心学生是否获得了学科知识以及获得了哪些学科知识。

学术理性的课程取向，值得探讨的问题如下：

第一，学术理性的课程设计强调以学科的知识为核心基础，重视学科内容的课程与教学，忽视了学习者心理的发展，忽视了社会、环境、政治、经济等因素对课程的影响。

第二，学术理性的课程取向，强调各学科本身，而学科之间的相互独立，造成学科整合与沟通十分困难，学生所学知识有所偏颇和狭隘。

第三，学术理性的课程取向，倾向于培养各学科的专家，而儿童天生的差别与环境的差异决定了，只有少数人有能力、有机会顺利地通过学术课程的学习而实现自我价值，大多数儿童最终则会放弃学术的选择，因此，学术理性的课程取向对大多数能够在社会其他领域里获得自我实现的儿童而言缺乏关怀。

（二）认知过程的课程取向

认知过程的课程取向强调学校的课程与教学，应促进学生认知过程的发展，教导他们学会如何学习，为学生精炼各种心智官能（intel-lectual faculties）提供机会。[①]

认知过程取向不同于学术理性取向——希望学生获得最有价值和

--------

① 黄政杰：《课程设计》，台湾东华书局股份有限公司1991年版，第109页。

意义的学科知识，以促进个体与社会的发展以及知识本身的创新，持认知过程取向的学者认为，"授之以鱼，不如授之以渔"，学习者未来要面对的社会情境以及要解决的问题，并非学校所学知识能够涵盖的，与其期望学生在学校学习全部的、完整的知识，事实上也是不可能的，不如教给学生分析问题、解决问题的思维方法，在掌握方法的基础上，提升他们解决问题、获得发展的能力。因此，认知过程的课程取向，其课程目标主要有两点：一是丰富学习者的认知结构，发展学习者的各种认知能力，诸如感知觉、记忆、思维、判断、推理能力的提升；二是学习者已有认知能力的迁移，即注重培养学生发现问题、分析问题、解决问题的能力。

在课程内容的选择方面，由于认知过程取向强调学生学会学习的技能和过程，而不是课程的内容本身，倾向于把课程内容看作发展学生认知过程和智力的工具，因此，认知过程取向的课程内容的选择标准，重点在于所选题材和活动的经济性，或者说更强调题材和活动的效益，即学生通过这些题材和活动的练习后，在某一方面的认知能力是否得到了强化，并且认知能力是否有恰当的机会进行迁移。而课程内容的组织也以能够有效地促进学生认知能力的发展为基准，"关注学习者与学习材料之间的互动关系"[1]，学习者在学习过程中，需要采取更多的活动方式来发展学生的认知能力，并促使其有效迁移。

在认知过程取向的课程设计中，教学法的选择开始有了一定的转变，即从学术理性取向中以教师的教授为主要教学方式转向以更好地促进学生认知能力提升的情境创设、引导学生思考、得出一定结论的教学方法，在这个过程中，引起学生的思考、引导学生进行科学探究是其重要的教学指导思想，采用以学生为中心和以教师为中心相结合的教学策略，教师的讲授与学生的发现应当有机地结合起来，而教师

---

[1] 李子建、黄显华：《课程：范式、取向和设计》，中文大学出版社1996年版，第60页。

的讲授也是为了学生更好地思考与探究。

认知过程课程取向指导下的课程评价，重点考查学生的思维方式和水平，学生探究知识的能力以及分析问题、解决问题的能力。

关于认知过程的课程取向，值得探讨的问题如下：

第一，通过学校课程的学习，以及学习者在环境中成长，学习者的认知能力必然会获得提升，这也为学校课程在促进学习者认知能力的发展方面提出了一定的挑战，学校教育应当培养学习者理性地思考问题、分析问题进而解决问题的能力，因此，借助于对学科知识的讲解以及对社会问题的分析等，引发学生的思考成为要义。在当前我国基础教育课程改革的过程中，这一观点符合课程改革注重学生学习的方法与过程的理念，但对教师的要求甚高，它不同于教师习惯了的"注入式讲授"，师资的提高值得重视。

第二，学生认知能力的培养需要花费更多的时间，让学生自己去思考、去探究，在信息高速发展的现代社会里，对方法的重视有时可能需要付出效益的代价。

（三）社会重建的课程取向

社会重建论者强调社会需要更胜于个人的兴趣。① 社会重建的课程取向更关心学校课程与社会的政治、经济发展之间的关系。比较乐观的社会重建取向者，相信教育能够影响社会的变革。而持悲观论调的人们，则怀疑课程具有改变现存社会结构的功能，但他们希望课程可以成为改进社会缺陷的工具。②

上述两种论调在有关社会的课程取向中有两个分支：一个支派是强调适应当前的社会需要，另一个支派则主张进行社会改革、创造未来。两者都源于社会心理模式，认为个人发展和社会脉络的质素是互

---

① John D. McNeil, *Curriculum: A Comprehensive Introduction* (5th ed.), New York: Harper Collins, 1996, p. 1.

② John D. McNeil, *Contemporary Curriculum: In Thought and Action* (7th ed.), New York: John Wiley & Sons, 2009, p. 27.

相依赖的,这两个支派都试图使个人与社会配合得更好。① 但是正如艾斯纳所指出的那样,社会适应及社会重建的观点基本上是对立的,前者重视技能的学习,后者强调对社会问题的批判。② 因此,艾斯纳(1985)提出将课程取向分为六类,分别是技术(technology)、个人适合(personal relevance)、社会重建(也称批判意识)(social reconstruction or critical consciousness)、社会适应(social adaptation)、认知过程(cognitive processing)和学术理性(academic rationalism)。相比较社会适应的课程取向,社会重建的课程取向显得比较激进和理想化。

社会适应取向的课程目标重在培养学习者适应社会的技能。持这一取向的人在本质上认为,"现存社会大体上是合理的、美好的,它的存在值得维护"③。学校教育主张依照社会存在的需要,教育学生,使之成为对社会有用的人。学生该学些什么,该如何教育,是由社会决定的,教育的产品只有符合社会需要,才能延续社会现有的功能,而且学生未来的成人生活才更具意义。但这里需要指出的是,对现有社会的适应并非绝对的,社会本身也处在不断发展变化中,处在不断完善中,因此,社会适应取向的课程目标一方面是培养学生更好地适应社会,以保护现存社会机构和价值,另一方面也重视培养学习者改进社会的责任,只是这种"改进"是进行局部的调整,而不是推翻现有社会结构,建立一个新社会。

社会适应取向的课程,比较有代表性的是1957年苏联卫星领先于美国升空,由此引发的美国教育界的改革,最重要的内容之一就是课程的革新,学校课程,尤其是科学和数学课程受到批评,原因就在于学校原先的课程不能满足社会发展的需求,因此,为了维护美国科

---

① 李子建、黄显华:《课程:范式、取向和设计》,中文大学出版社1996年版,第65页。

② 参见李子建、黄显华《课程:范式、取向和设计》,中文大学出版社1996年版,第96页。

③ 黄政杰:《课程设计》,台湾东华书局股份有限公司1991年版,第125页。

技领先的地位，全美科学基金会（the National Science Foundation）支持科学和数学课程的发展，并进行师资培训。由此可见，社会在发展的过程中难免会产生问题，因此，学校应当承担起维护现存社会并促进社会完善的责任，在学校建立起相应的课程方案，培养学生的社会意识与社会责任感，使学生成为对社会有用的人。尽力培养学生，使之"成为对社会有用的人"这一论调，比较符合我国学校教育价值的表述方式，我国注重和谐、发展的中庸的文化传统也比较倾向于温和的社会适应取向，但是，在我国现有的基础教育阶段课程体系中，课程的内容仍然离社会现实较远，而评价体系还是比较偏向于考察学生对某一学科基础知识和基本技能的获得，因此，学生的社会适应能力和社会责任感还有待进一步提高，还需要加强学校课程与社会现实的联系。

社会重建观旨在建立新社会，而非适应旧社会。它所指向的是社会基本结构的根本改变，故属于激进的教育观。社会重建观的假定有三：第一，现存社会是不健全的，其严重程度已到了威胁社会生存的地步，传统的方法已无法解决社会问题和冲突。第二，处于存亡危机之秋的社会，并非无可救药，只要能建立新的社会观，且将它付诸行动，社会仍可重建。第三，教育是社会重建的工具，透过课程的中介，可教育所有大众了解社会病态，发展新社会的美景，从而采取行动建立新社会。[①]

社会重建取向的课程目标主要是让学习者能够正视人类所面对的很多严重问题，社会重建论者相信这些严重问题不仅仅是"社会研究"所关注的内容，而是涉及很多方面，如经济学、美学、化学和数学等。他们认为，这些危机是全球化的，而且这些普遍存在的危机必须成为学校课程的重点。社会重建取向的课程目标重在培养学习者对现存社会问题分析、批判的意识与能力，而且在教育教学的过程中还需要发展学习者改革的能力，"社会重建论者认为需要兼顾三个准则：

---

① 黄政杰：《课程设计》，台湾东华书局股份有限公司1991年版，第127—128页。

真实、行动取向和价值教育"①。

社会重建取向强调学校教育在社会改造中的作用，重点强调发展及提高学生的批判意识，使他们觉察社会上的不公平事情，因此，课程内容会较多涉及具有争议性的课题，如环境问题、食品安全问题、宗教价值问题、民族团结问题等，以社会的需要和问题作为组织课程内容的中心，主张让学生参与社会事务，了解和批判各种社会问题，并付诸实践，以尽个人责任，形成美满社会。

不论是社会适应取向还是社会重建取向，在课程内容的选择和组织方面，都强调问题和活动，而且社会适应取向重视进行社会活动的实际能力，社会重建取向则重视对社会问题的解决能力，两者的共同之处在于都强调学习者获得行动的能力。在知识与实践的关系方面，"知识的价值需由社会行动加以证实，凡实用者才有价值；而且知识的地位，不可凌驾于社会行动之上，知识的学习需依社会行动的需要加以选择"。②

在教学法的选择方面，社会适应取向和社会重建取向的课程设计都倾向于选择活动教学法、合作教学法、探究式教学法等能够引起学生参与、思考并进行实践的方法，所不同的在于教师的角色。在社会适应取向中，教师扮演着学生学习的管理者、引导者和评价者角色，教师规范着学生学习的过程和结果，并据此对其进行评价，而在社会重建取向中，教师更多地扮演着学生学习的合作者角色，在教学的过程中，教师不仅需要引导学生思考现存社会问题，而且要激发学生参与社会行动的热情，让他们在批判社会现实的基础上，发展出理想的社会以及实施策略，并付诸实践。

在课程评价方面，社会适应取向和社会重建取向都涉及学生对社会现实问题的态度和观点，对态度和观点的测量与评价可以采用客观的评价工具来进行，但对学生社会适应行为或者社会重建行为方面的

---

① 李子建、黄显华：《课程：范式、取向和设计》，中文大学出版社 1996 年版，第 65 页。

② 黄政杰：《课程设计》，台湾东华书局股份有限公司 1991 年版，第 131—132 页。

测量，对于学校传统的评价方式与手段而言，却显得比较乏力。

社会重建取向的课程设计，值得探讨的问题如下：

第一，从理论上看，社会适应取向与社会重建取向都有各自明确的目标、内容选择以及教学法，但在实际操作中，社会适应取向因其维护现有社会、进行温和微调的主张，容易被大多数人所接受；而社会重建取向对现存社会问题激烈的批判及试图改变社会结构、建立一个新的理想社会的主张，不易被大多数人所接受，尤其是不同年龄阶段的学生，对自身所处社会的认识和理解以及期望都大不相同，且其肩负的社会责任也不同，因此，社会重建的课程取向还需要针对一定的对象来进行设计。

第二，社会适应取向也面临着如何处理社会不良问题这一课题，如果一味地强调学生的社会适应，可能造成学生对社会的负面状况视而不见，或缺乏社会责任感的结果。

第三，社会重建取向在最终考虑建立一个新的理想社会时，面临着严重的价值选择和判断危机，一方面是指能否构建一个具有充分民主、平等的对话交流平台，供教师、学生甚至社会人员进行讨论，另一方面指如何判断"新的社会"是合理的，由谁来作出评判，这些问题都较难处理。

（四）人文主义的课程取向

人文主义的课程取向又被称为"学生取向"或者"学生中心取向"等，相比较社会和学术的课程取向关注社会的需要以及知识的获得，人文主义的课程取向关注"人"，即教育教学的对象——学生，学生的特点、学生的兴趣以及学生的发展。杜威强调经验的重要性，认为经验是实现教育的唯一途径——"教育的目标不是获得知识，而是实现自我意识的发展"。[1] 人文主义的课程取向强调学生个人的意义创造，让课程适应学生，而非让学生适应课程。[2]

---

[1] 参见［英］阿尔伯特·凯利《课程理论与实践》，吕敏霞译，中国轻工业出版社2007年版，第93页。

[2] 黄政杰：《课程设计》，台湾东华书局股份有限公司1991年版，第114页。

人文主义者相信课程的功能在于提供给每一位学习者令人满意的经验，以促进学习者个人的解放与发展。在人文主义者看来，教育的目的在于实现个人成长、正直以及自主的理想状态，他们期望透过发展完全经验的课程或人文主义课程，使学习者对自我、同伴及学习本身有较正面的态度。"自我实现"的理想是人文主义课程取向的核心。个体的素质不仅表现在理性的认知能力方面，而且能以美学和道德的方式获得发展，即个体不仅具有很好的做事能力，而且还有很好的人格特征。人本主义者认为自我是需要发现、建立和教导的。①

人文主义的课程取向以人文主义心理学为其主要理论基础，主要源于马斯洛（Maslow）和罗杰斯（Rogers）的著作。人文主义心理学家马斯洛认为，"自我实现"是人发展的最高境界，虽然不是每个人都能达到这个境界，但教育应充分满足个体成长和发展过程中的各种需要，在充分挖掘个体潜能的基础上，朝着"自我实现"的方向积极努力。马斯洛提出了四大原则②：

·人的基本需要是成长和自我实现，这些需要是"存在"的需要（"being" need），学习者不应被视为不足系统（deficit system），而是基本上健康的人，具有无限的成长潜力。

·心理和社会健康依赖"存在"的确认和整合，包括认知的、情感的、社会的、躯体的以及美学的各方面，这包括客观知识和主观知识（如心灵上的）范围。

·成长的基本工具是人际关系，教师与学习者的关系被视为对象与对象的关系。

·较多的学习模式应以个人的经验为主。

人文主义取向的课程目标在于让学习者获得全面的满意的经验，

---

① John D. McNeil, *Contemporary Curriculum: In Thought and Action* (7th ed.), New York: John Wiley & Sons, 2009, p. 5.
② 李子建、黄显华：《课程：范式、取向和设计》，中文大学出版社1996年版，第63—64页。

以有效地促进学习者的成长与发展，最终实现自我价值。学习者的成长与发展应当是全面的，包括认知、社会、生理、情绪等层面。为了实现这一课程目标，人文主义取向的课程内容倾向于选择具有整合特质的内容，即强调情意领域与认知领域课程内容的整合。在课程内容的组织方面，将采取"学习单元"的组织形态，而不是学科的逻辑架构，"学习单元"的内容常常跨越许多学科，是在学生知识、认知、情意等方面进行整合的内容。"学习单元"中的内容多以符合学生兴趣和需要的活动形式加以组织与呈现。人文主义取向认为，应根据学生的兴趣和需要去选择及组织课程内容，重视课程综合和学生的情感、态度、价值观等情意品质的发展。

人文主义取向的教学法，旨在为学生提供一个能够激发其自主学习的环境，而不是一个受控于权威型教师的、机械的记忆和训练的环境，在这个环境中教师能够及时地协助学生从事各种学习活动，帮助他们发现自身的潜能，进而促使其潜能获得成长与发展。因此，教师扮演的角色主要是帮助并促进学生的自主学习，使学生体验学习的过程并获得相关的经验。强调学习环境的设计，关注学生个体的全面发展。

人文主义取向的课程评价，是为了促进学生成长的发展性评价，而不是为了比较他们的高低，以确定的标准测量学生的学业成绩。人文主义取向的课程评价在评价主体、评价内容和方式方面比较多元化，评价主体是教师、家长和学生等，学生经常被鼓励进行自我评价；在评价内容方面，学生学习的过程以及学生在学习过程中的表现被认为是非常重要的、体现学生学习成效的内容，包括知识、认知、技能、情意等方面；评价采用的方法也不同于传统的纸笔测验，而是更多地采用主观、直接的方法，对学生的日常表现应有详细的记录，以便作出准确、客观的评价。

人文主义的课程取向，值得探讨的问题如下：

第一，人文主义的课程取向，并非不重视知识，而是强调在关注学生的兴趣和需要的基础上，鼓励他们获得知识，这个过程需要教师具有很好的平衡和设计能力，既要保证学生有学习的积极性和自主性，又要保证学生最终学到知识，对教师而言具有很大的挑战性，极容易导致以"知识"为中心或者肤浅地以获得学生当时当地的快乐为中心这样两个极端。在我国新课程改革过程中，这也是需要防止的两种倾向。

第二，让学生自主自由地发展，需要成年人积极的引导，最终才能对学生实现自我价值产生积极影响。学生的自主能力是有限度的，他们对社会的认识、对自身的认识都依赖于周围成年人的正面指导与鼓励，发挥学生的自主性，不能等同于放任自流。

第三，关注学生的需要和兴趣，需要教师花费更多的时间和精力，具备更强的教育能力，而且教师还应具有敏锐的判断能力，去应对学生多样化的需要和兴趣，在班级授课制的教学组织形式下，尤其是班额比较大的情况下，对教师的要求和挑战十分巨大，人文主义取向的课程理论与教育教学的实际有一定的距离。

（五）科技发展的课程取向

以科技发展的视角来设计课程，正如认知过程发展的模式一样，重视学习者学习的过程以及如何教的问题。"科技发展取向认为课程的作用在于寻找有效的手段，用以实现一系列事先规定好的目的"[①]，而促使学习者达成学习目标的重点在于，如何利用科学技术的手段来设计一系列学习的流程，如互联网的使用，或者"掌握学习"（mastery learning）的理论，在这个过程中，学习者会被告知明确的学习目标，提供适当的学习训练，最后采用一系列的学习评价方式来为学习者提供一些反馈，以评估学习者是否可以继续下一阶段的学习，或者还需要针对当前的学习内容进行再操练，当然这种学习的过程也间接地培养了学习者运用媒体的意识和技术。

科技发展取向的课程设计更关注课程计划、方法和材料的应用效

---

① 李子建、黄显华：《课程：范式、取向和设计》，中文大学出版社 1996 年版，第 61 页。

率，科技在课程中的应用，主要指各种媒体设备的系统应用。在课程资源和教学体系的发展和评估中，科技的作用具体体现在以下几个方面①。

· 引起学习者的注意。

· 让学习者了解期望他们实现的目标（expected outcome）。

· 使学习者相关的能力活跃起来。

· 提出任务内在固有的刺激。

· 以提示（prompting）引发正确反应。

· 提供反馈。

· 评估表现（performance）。

· 提供学习的迁移（transfer of learning）。

· 保证学习的记忆（retention）。

科技发展取向的课程设计以行为主义心理学为其理论基础之一，行为主义心理学者认为，个体良好行为的获得，是通过外部环境给予适当刺激引起的，因此，为学习者提供怎样的刺激，才能激发学生作出相应的行为表现，以实现最初设定的学习目标，就成为科技发展取向的课程设计者们最关心的话题。加涅（R. M. Gagné）的信息加工理论为科技发展取向的课程设计奠定了基础。加涅采取折中主义兼行为及认知的学习理论，并配合教学实践构建了他的教学理论。

加涅认为，教学是教师教学生学的互动历程，根据教学目标进行教学，学生在知识、技能、态度等方面的学习产生于教学历程之中。传统教学的缺点是教学后才检查学生成绩，这种做法只能评定学生成绩的高低，对教学改进没有大的帮助。针对此，加涅提出了教学的八阶段建议。加涅发展出的学习阶段与教学事件的关系见图2.2所示。②

加涅呈现出的学生学习阶段与教师教学事件之间的关系，为科技

---

① John D. McNeil, *Curriculum: A Comprehensive Introduction* (5<sup>th</sup> ed.), New York: Harper-Collins, 1996, p. 57.

② 全国十二所重点师范大学联合编写：《心理学基础》，教育科学出版社2002年版，第234页。

发展取向的课程设计者提供了非常清晰的思路，对课程开发人员而言，重要的是如何选用恰当的技术来实现这些教学事件，以保证学生的学习能够达到目标。

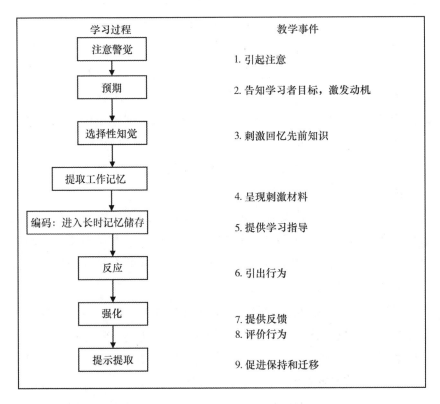

| 学习过程 | 教学事件 |
|---|---|
| 注意警觉 | 1. 引起注意 |
| 预期 | 2. 告知学习者目标，激发动机 |
| 选择性知觉 | 3. 刺激回忆先前知识 |
| 提取工作记忆 | 4. 呈现刺激材料 |
| 编码：进入长时记忆储存 | 5. 提供学习指导 |
| 反应 | 6. 引出行为 |
| 强化 | 7. 提供反馈<br>8. 评价行为 |
| 提示提取 | 9. 促进保持和迁移 |

**图 2.2　学习阶段与教学事件的关系**

在课程内容的选择方面，科技发展取向者较少关注学生学习的某一科目应当选用哪些内容，以及学习者的个体差异，甚至他们的重点也不在于探讨学生学习应达到怎样的目标，而是在有明确的目标和相关学习材料的基础上，重点考虑如何运用技术，将教学所需的材料整理成有效率的课件，然后提供给学习者进行学习。因此，用技术实现教学材料的呈现就成为科技发展取向最重要的课程内容，当然，在这个过程中，将学习目标具体化，并对学习者的学习目标进行进一步分解，选取适合学习者生理心理特点的方式将学习材料逐一呈现，分步骤确定学习者学习的阶段及相应的评价方式也是很重要的。

科技发展取向的课程设计者按照既定的课程目标和学习材料将课程设计好之后，学习者遵照设计好的学习程序进行学习即可。在学习过程中，学习者与程序所提供的学习资源以及练习进行互动，通过设计好的测试题目进行自测，就能够很方便地对自己的学习状况有所了解，进而规划下一步的学习。学习者在学习的过程中享有较高的自主性，较能体现个别化的学习，如有些学生只需进行为数不多的学习活动，就可以达到学习目标，而有些学生学习的速度则比较慢，且必须进行较多的练习，才可能达到学习目标。虽然大家的学习速度不同，但每个学生都需要学习所有的内容，并进行每一步的测试，以进入下一阶段的学习。

从理论上看，科技发展取向的课程设计者最重要的任务在于发展出程序课程本身，一旦课程程序开发出来，那么学习者则拥有较高的自主权利来控制自己学习的步调，但这对学习者的自我管理能力和自我控制能力有较高的要求。

课程评价是科技发展取向课程中非常重要的一环，一方面最终需要了解学习者通过这一课程程序的学习，是否达到了学习目标，或者在多大程度上达到了目标；另一方面，在课程设计中，每一步学习都需要经过严格的测试之后，才能确定学习者是否可以进行下一步的学习，因此，科技发展取向的课程评价是建立在对学生的学习过程进行及时的监控及评价基础上的，最后进行一个整体的评价，它是一个评价的体系。

科技发展取向尊崇教学效率和体系化的课程设计理念，认为学校课程应该致力于寻找有效的手段来达成预设的学习目标，注重培养学生的信息意识和使用信息技术的能力。

科技发展取向的课程设计，值得探讨的问题如下：

第一，科技发展取向的课程设计，较多地关注课程设计者如何设计出一个"完善"的课程，在设计过程中会考虑学生的生理心理特点，所学内容的特点，但是一旦课程设计出来，则所有学生都需要按照既定的程序完成学习，在强调学生个性差异的今天，科技发展取向的设计人员几乎不可能开发出适合所有学生的"完美"课程。

第二，科技发展取向注重课程设计，认为课程设计得比较完善，则学生也会顺理成章地完成学业，但在学生学习的过程中，教师应扮演何种角色，教师与学生及课程之间应如何互动，值得进一步加以实践研究。再者，教师和学生都严格按照设计好的程序展开教学，是否能达到科技发展取向所追求的效率，还有待研究加以证实。

第三，在科技发展取向下设计出的课程，对教学一线的教师而言会产生怎样的影响，教师自身对技术的掌握是否能够与课程本身切合，包括学校是否有相应的硬件条件作为保障，来开设这种程序性的课程，都是科技发展取向课程实施可能面临的限制。

以上分别介绍了五种课程取向的具体含义，可以看到，每种课程取向都有其鲜明的观点及其相应的操作建议，也都有不足之处。这五种课程取向成为实证研究者们普遍采用的分类方式，应用于教师课程取向的研究。表2.2分别罗列了学术理性、认知过程、科技发展、社会重建以及人文主义五种课程取向在课程意图、课程内容、课程组织、教学方法以及课程评价等方面的特征。

中外学者的研究表明，在实际的教育过程中，教师的课程取向是多元的、综合的，不是唯一的，即教师在课程实施中会表现出比较明显的某种课程取向，但并不排斥其他的课程取向。如小学教师可能发现其课程取向趋向于人文主义和学术理性两者的结合，课程实施者需要在不同的课程取向间找到适合自身以及所处环境的某种课程取向，在不同的学科教学中，或在不同的时空情境里，教师有可能表现出不同的课程取向。当然，在不断的教育教学实践中，教师会逐渐形成自己独特的课程取向。教师在理念上对五种课程取向的认同度如何，在教育教学实践中其理念上的课程取向是如何表现的，受到哪些因素的影响，不同学科、性别、教龄的教师在理念和实践层面的课程取向是否存在显著的差异，这些都是本书重点关注的内容。

表 2.2 五种课程取向的比较

| 课程取向 | 课程意图 | 课程内容 | 课程组织 | 教学法 | 课程评价 |
|---|---|---|---|---|---|
| 学术理性取向 | 强调学生获得每一学科的重要知识，以促进学生的智力和理性思维的发展，进而开拓人类的文化遗产 | 重点强调知识、技能和各学科的价值 | 以学科结构作为课程内容的组织基础 | 倾向以教师为中心，重视通过教师讲授向学生传授知识、技能 | 以学生获得基础知识和掌握知识结构的程度为课程评价的标准 |
| 认知过程取向 | 强调学生学会学习的技能和过程，促进学生认知能力的发展 | 重要的是那些能够使人们理性地面对世界和提高解决问题能力的内容 | 课程内容的组织以让学生掌握认知技能为先，然后才是知识的掌握 | 学生中心和教师中心相结合。强调学生探索、小组学习和个别学习，重视师生相互作用的策略 | 评估学生的思考能力和形式、探究知识的能力 |
| 科技发展取向 | 强调运用各种技术来实现预先设定的目标 | 在内容的选择和组织上常常运用其他课程取向的观点 | 以预先设定的学习目标为课程内容的组织基础 | 强调教学效率及学习反馈，例如计算机辅助教学、掌握学习法 | 以是否达到预定的学习目标为评价标准 |
| 社会重建取向 | 强调学校在社会改造中的作用，使学校课程适应社会的需要 | 在课程中表现社会需要、社会问题、现实的理想和未来憧憬 | 以社会现实问题为课程内容的组织中心 | 常用的方法有小组活动、小组讨论和社会调查等 | 评估学生的社会责任感及解决社会问题的能力 |
| 人文主义取向 | 促进学生个人的全面发展，以达到自我实现 | 根据学生的兴趣和需要来选择相应的课程内容 | 学生的兴趣和需要是课程内容组织的基础 | 教师必须提供一个有利的情境，以促进学习者的自我学习。教师是学生学习的辅助支持者 | 强调人的成长，而不是以确定的标准准确地测量学生的学习成就，如观察、谈话、记录等 |

资料来源：马云鹏《国外关于课程取向的研究及对我们的启示》，《外国教育研究》1998 年第 3 期。

（六）元课程取向（curriculum meta-orientation）

关于教师的课程取向，除了上述五种被大家认同较多的课程取向之外，针对教师具有综合课程取向的现实状况，学者们将教师多元化、综合的课程取向，称为元课程取向或后设课程取向（curriculum meta-orientation）。所谓"后设"，是指相同本质但处理更基础问题的较高层学问。[①] 张善培认为，这里所谓的"后设"，类似于研究信念的学者所提到的"群"（clusters）的概念，个体的信念经常是以群的形式存在的，同一群中可以存在几种不同的名词表达，但这些名词具有相同的本质。教师的课程设计理念可能包含几个不同的"后设"或者"群"，这些后设取向都是由基础的课程取向所组成的，在其本质方面具有共同性。

已有的实证研究表明，教师通常同时持有几种不同的课程取向。米勒的研究表明："大多数教师不会只支持一种课程取向，事实上，很多曾与我合作的教师告诉我，他们喜欢运用几种不同的课程取向。在很多案例中，教师们会选用由两到三种课程取向所构成的一个综合取向来指导他们的工作。"[②] 米勒将教师们所报告的由几种具体的课程取向所构成的综合课程取向称为"元课程取向"，或者"后设课程取向"。米勒将后设课程取向分为三类：传统论（traditionalist），探究/决策论（inquiry/decision-making）以及转化论（transformation）。正如前面所述，米勒对课程取向的分类，以课程对学习者内在和外在的影响为其分类的两极，从外在影响到内在影响，他认为，课程取向分别为行为取向、学科取向、社会取向、发展取向、认知过程取向、人文取向和超越个人的取向。在后设课程取向中，传统论后设课程取向包含了科目取向、文化传递取向和能力本位取向；探究/决策论后设课程取向包括认知过程、民主公民权及发展等取向；转化论后设课程取向则采纳了人文主义的、社会变迁和超越个人等取向。

包含文化传递取向、科目取向以及能力本位取向的传统论后设课程取向，注重学习者具备某些必备的能力，如读写的能力，学习被视为是价值灌输的过程，以帮助学生适应学校及社会的期望，在这个过

---

① 参见张善培《课程取向的再概念化》，第六届海峡两岸和内地、香港、澳门课程理论研讨会，台湾教材研究发展学会编印，2004 年，第 36 页。

② John P. Miller, *The Education Spectrum: Orientations to Curriculum*, New York: Longman, 1983, p. 181.

程中不同科目所包含的基础知识和基本技能是最受关注的、用以评价学生学习的重点。进一步分析可以发现，传统论后设课程取向所认同的重要的课程目标都是我们传统教育中所注重的学科基础知识、基本技能、学生应当适应社会要求的取向，虽然与现代教育发展中"以人为本"、促进人的全面发展的理念有一段距离，但这一后设课程取向在提高国民素质、加快社会经济发展的基础阶段，可以说是课程设计的主导思想。

包含认知过程取向、发展性取向以及民主公民取向的探究/决策论后设课程取向，聚焦于引起学生注意的过程，特别是发展学生探究及决策的技能。这一后设课程取向试图改变传统论后设课程取向过于关注学科知识的掌握以及学生对社会的适应与服从，开始转向以学生为中心和注重认知技能的培养。认同这一后设取向的教师会帮助学生辨别问题、选择不同的方案、分析资料和作出决策。当学生在学习涉及民主发展、公民意识等问题时，这一后设课程取向则认为，应当以个案探究、两难问题讨论等方式来发展学生的认知能力、自我发展以及道德判断的更高阶段。可以看出，探究/决策论后设课程取向注重学生自身能力的发展，尤其关注学生认知能力的发展、探究及决策能力的发展。虽然这一后设课程取向已经开始从关注双基的掌握到关注学生认知的发展，但仍有学者批评这一课程取向并未在学校内得到彻底实施。

包含人文主义取向、社会变迁取向和超越个人取向的转化论后设课程取向，注重个人和社会的转变，教育是教师将个人和社会转化所需的技能传授给学生的过程，如学生正面的自我概念和人际交往技能的发展，学生自我超越、直觉思维以及创造性思考的能力发展，学生通过学习所获得的影响环境的能力等。转化论后设课程取向是较为彻底的对学生能力全面发展的重视，学生各种能力的获得既来自学生自我发展的需求，也来自教师外在的鼓励，通过学生亲自参与各种行动计划，发展学生对自我、环境及社会的理解，建构出学生自己的意义，进而改变社会以及学生个体。转化论后设课程取向对学生关于社会、环境、自我的理念以及相应能力全面发展的倾向，相比较学校课程在学科知识、文化传递等方面的职责，这一后设课程取向对学校的影响较前两个后设课程取向要小。

表2.3　　　　　　　　　三种后设课程取向的比较

|  | 传统论后设课程取向（传递立场） | 探究/决策论后设课程取向（互动立场） | 转化论后设课程取向（转化立场） |
|---|---|---|---|
| 课程主要目的 | 基本技能和科目知识的掌握；特定能力的学习；价值灌输 | 发展理性智力；发展复杂问题的解决技能 | 自我实现；自我超越；社会关联与社会变迁 |
| 课程取向 | 科目取向；以能力为本取向；文化传递取向 | 认知过程取向；学科取向；民主公民权取向 | 人文主义取向；超越个人取向；社会变迁取向 |
| 儿童的概念 | 视儿童为非整体的人；重视儿童的共同特质，忽视个别需求 | 视儿童为整体的人；关注学生个别差异 | 儿童发展不能孤立于其情绪、身体及道德和社会环境，尊重儿童的独特性，照顾其需要和忧虑 |
| 知识的概念 | 知识是固定的学习材料，很少追求个人知识；强调公共知识 | 视知识为过程，并不是固定不变的；强调公共知识 | 知识被视作透过个人感观的过滤而建立起来的；着重个人和公共知识 |
| 学习的概念 | 学习是刺激和反应之间的联结；学生以被动接受为主 | 学习是学生与环境之间的对话过程 | 学习需要学生全身心地投入；是意义建构的活动 |
| 教育的概念 | 教育是知识的传承 | 教育是知识的建构活动 | 教育是学生全人的发展 |

资料来源：赵明仁《教学反思与教师专业发展——新课程改革中的案例研究》，北京师范大学出版社2009年版，第3页；李子建、黄显华《课程：范式、取向和设计》，中文大学出版社1996年版，第83—85页。

米勒和塞勒（Miller & Seller）又进一步将后设课程取向概括为三类，分别是传递立场（transmission position）、互动立场（transaction position）和转化立场（transformation position）。在传递立场中，教育的功能在于传递事实、技能和价值给学生，这个立场强调透过传统的教育方法，让学生掌握传统学校科目的知识、技能和价值观。在互动立场中，个人则被视为具有理性和能够运用智力于问题的解决上，可以将教育理解为学生与课程之间的对话，学生透过对话的过程重建知识。转化立场注重个人和社会的转变，学生与课程整体地相互渗透。①具体内容见表 2.3 所示。

　　张善培认为，教师的课程取向可被构思为外围的信念（peripheral beliefs），包括学术取向、认知过程取向、社会取向、人文取向和科技取向，但它们具有整群特性（clustering property），受一个中心信念（central belief）的控制，即后设课程取向。后设课程取向是反映教师对"多元化"的信念，如果某位教师相信"多元化"的真实性和重要性，五种课程取向便可在一群中和谐地共存，否则，它们便不可能形成一群。所以，从心理学层面看，若与学术、认知过程、社会、人文及科技五种课程取向相比，"多元化"的课程设计是一个较强的中心信念。② 研究表明，教师在上述五种课程取向上没有明显的排斥或否定心理，都具有一定的认同度，而且也没有感觉到这五种课程取向是相互矛盾的，因此，不同的课程取向在教师的观念中结合为一个群，教师同时具有这个群中相互矛盾的课程取向，这种现实状况决定了教师在某一课程中会选择不同的主题，在课堂教学中采用截然不同的教学方法，在同一主题中运用多元的评价方式，等等。另外，教师的课程取向与课堂教学行为不一致的现象亦十分普遍的结果表明，教师具有的多元课程取向可能是处于一种教师潜意识中的、会根据不同的现实情境而不断调整的状态。后设课程取向在教师普遍具有综合多元的课程取向的现实情况下，是一个非常有意义的课程取向概念，但学术界对后设课程取向的实证研究却非常缺乏。本书不仅关注教师具有怎样的课程取向，这里所谈到的课程取向包括五种相互独立的课程取向，也尝试包括更高层面、更具概括性的后设课程取向，还关注教师的课程取向在不同的实践情境中具有怎样的表现。

---

　　① 李子建、黄显华：《课程：范式、取向和设计》，中文大学出版社 1996 年版，第76—82 页。
　　② 张善培：《课程取向的再概念化》，第六届海峡两岸和内地、香港、澳门课程理论研讨会，台湾教材研究发展学会编印，2004 年，第 36 页。

（七）小结

课程取向包括两个层次，较高层次为课程后设取向，分别为传统论后设取向、探究/决策论后设取向和转化论后设取向；较低层次为比较有代表性的几种课程取向，如学术理性取向、社会取向、认知过程取向、科技发展取向和人文主义取向。后设取向是由几个具体的课程取向所组成的。课程取向的层次、类型以及内容之间的关系见图2.3所示。

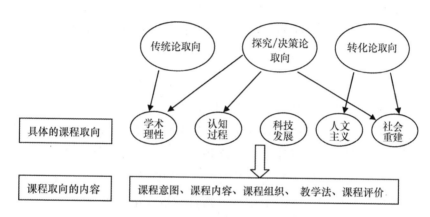

图2.3　课程取向层次、类型及内容关系

从图2.3中我们发现，科技发展取向在与课程后设取向进行匹配时被孤立起来了。从前面关于科技发展取向的论述中我们了解到，这一取向关注的重点是如何利用技术的方式来进行课程设计，期望按部就班地达到预设的课程目标，在课程设计中，也强调内容的选择及其组织应符合学生认知的特点，但对课程目标并没有加以特别的限定，它重视利用技术来有效地达到课程目标。这一课程取向与其他具体的课程取向关注学生获得学科知识、认知能力发展、符合学生实际以及学生积极参与社会的课程目标相比，没有明确的课程目标表述，从分类标准上说，似乎存在标准不一的嫌疑。但科技发展取向的课程设计，在教育行政层面和学校层面仍然具有实际的意义与价值，这为本书提出了问题，即把理论上提出的科技发展取向与其他四种课程取向在一个分类层面上是否合适？教师是如何理解科技发展取向的，以及究竟应当如何理解科技发展取向，包括它的含义、作用及应当放至哪一分类层面比较合适等。

# 第四节　理解教师课程取向

前面关于课程取向的论述给我们的启示之一在于，采用实证的方法对课程取向进行研究，首先需要考虑研究的对象是谁，只有明确了在哪一个层面上对个体的课程取向进行研究，才能有针对性地对课程取向这个概念的内涵和外延进行清晰的界定。结合古德莱德将课程分为国家、教育行政部门、学校、教师以及学生五个不同的层次，对不同主体而言，其所具有的课程取向内涵会有所不同，即人们所关注的侧重点不同，同时他们的课程取向在实践层面的表达方式和表现也不相同。如国家和教育行政层面更侧重于从社会政治的角度规划课程的决策，在我国教育目的的主导下颁布有关的课程目标、组织编写教学用书等给学校使用。课程工作是教师日常生活中不可分割的一部分，在教师层面，由于学科背景、学校类型、学校文化、自身能力、职业特性等各种因素的影响，教师对课程的理解会更多地从教学实际出发，反映在他们对学科课程、教学目标、教学计划、教学风格与方式、评价等方面。

教师的课程设计模式、职业特性及其自身背景等都成为理解教师课程取向的主要内容，下面将从这几个方面分别进行论述。

## 一　教师课程设计模式及特点

课程设计模式有不同的分类，这里采用舒伯特的课程范式分类，分为技术性模式、实用性模式及批判性模式。[①] 技术性模式的主要代

---

[①] 参见李子建、黄显华《课程：范式、取向和设计》，中文大学出版社 1996 年版，第 143 页。

表人物是泰勒，实用性模式的主要代表人物是施瓦布，批判性模式的主要代表人物是巴西教育家保罗·弗莱雷（Paulo Freire）。下面分别介绍这几种课程设计模式。

（一）泰勒的目标模式

到目前为止，最有影响的课程设计理念都跳不出"泰勒原理"（Tyler rationale）。事实上，坦纳夫妇（Daniel Tanner and Laurel Tanner）认为，20世纪的主流课程设计模式都是以泰勒原理为范式的。①

泰勒提出了四个设计任何课程都必须回答的问题，分别涉及课程目标的选择、课程经验的确定、经验的组织以及课程实施的评价四个方面的内容。在泰勒提出的课程设计模式中，首先且最重要的是确定课程目标。泰勒并没有提出学校或者课程设计者应该以什么为目标，他主张每所学校应确定自己的教育目标以及课程目标。课程工作者在确定教育目标时，应当分析学生的兴趣和需要、社会的需要以及学科专家的建议。当课程目标被确定之后，其余的内容选择、经验组织以及课程评价都应当紧紧围绕课程目标来进行，即如何有效地达成课程目标是其余步骤的指导原则。泰勒提出的模式又被称为"目标模式"或"工学模式"或"技术性模式"。

"目标模式"的逻辑严密以及简单又易于理解是显而易见的，这种模式对现实的课程发展产生了深远的影响，尤其是对课程设计方法方面的贡献巨大。继泰勒之后，塔巴（Taba）、塞勒（Saylor）等人都提出了各自的课程设计模式，虽然各自的重点有所不同，如塔巴对目标模式的各步骤进行了内容的扩展，而塞勒等人也提出了具体的课程设计途径，如学科中心、能力本位、社会功能、个体需要和兴趣等，但这些都是对泰勒目标模式的补充。课程研究领域因为长期信奉泰勒的目标模式而难以突破，还有因目标模式过分强调课程目标的先

---

① ［美］戴克·F. 沃克、乔纳斯·F. 索尔蒂斯：《课程与目标》，向蓓莉、王纾、莫蕾钰译，教育科学出版社2009年版，第63—64页。

导作用而缺乏灵活性，与复杂的实践领域存在矛盾，因此目标模式也受到了一定的挑战。施瓦布认为："在其（目标模式）现有的方法和原则下不会有什么突破，对教育进步也不会有多大贡献……（它）因为长期不加检验地、错误地盲从于理论而走进了一条令人不快的死胡同。"①

（二）施瓦布实用而折中的模式

施瓦布认为，课程理论家已经踏上找寻课程设计的普遍理论的迷途，而不再关心日常课程中所发生的具体问题。施瓦布建议我们与其找寻普适的课程理论，倒不如更实际一些，去寻找具体课程的方案或实践案例。② 凯米斯认为，实用性模式的中心理论为：

· 目标和手段同样是值得质疑的（Problematic）。

· 课程决策需要考虑不同的价值。

· 深思和反省行动是需要的，而非仅遵从既定原则、规则和步骤。

· 决策的责任落在行动者身上，而非向上级或权威寻求合理化。③

在施瓦布看来，任何行动都与其目标互为因果，而在泰勒看来，一切行动（手段）都必须根据目的（目标）来加以调整。施瓦布并非否定目标的重要性，而是强调目标也需要根据实际的行动情境加以调整，以更好地适用实践环境，他所认同的实用模式更强调理论在实践中的表现形式，以及应当根据实际状况作出一定的调整，因而，这一理论具有一定的灵活性和辩证性。

同样持实用模式主张的沃克（Decker F. Walker），在研究了一系列实际的课程决策过程之后，构想出一个具体的模式，又被称为自然模式。自然模式共有三个要素，分别为立场（platform）、慎思过程

---

① Joseph J. Schwab, *The Practical: A Language for Curriculum*, Washington, D. C.: National Educational Association, 1970, p. 1.

② ［美］戴克·F. 沃克、乔纳斯·F. 索尔蒂斯：《课程与目标》，向蓓莉、王纡、莫蕾钰译，教育科学出版社 2009 年版，第 69 页。

③ Stephen Kemmis, *Curriculum Theorising: Beyond Reproduction Theory*, Geelong: Deakin University Press, 1986, p. 58.

（deliberation）和设计（design）。立场主要指课程设计人员所具有的先在的观念，包括信念、概念、理论和目的。"课程的立场就像是政党的政纲一样，它是课程设计人员站立的基础，从这里开始去构思所要设计的课程。"① 立场的作用在于为设计决策提供逻辑基础。从"立场"到"设计"，还需要经历一个"慎思过程"。施瓦布认为，手段和目的是彼此互动的，而不是由目的来单向地决定手段，慎思过程包括形成决策、设计决策的路径选择，在课程设计过程中，应当考虑不同的决策和路径，最后选择、确定最合适的决策方式。慎思的过程没有目标模式那样清晰、既定的逻辑，这个过程可能是模糊的，甚至有点混乱，课程设计人员对目标与手段的思考常常是非线性的、不断尝试的过程。经过慎思过程之后，"设计"阶段则集中注意使各种决策成为特定的课程或教材。

施瓦布承认他的理论听起来比较激进，但其"内在"仍与泰勒原理一脉相承。泰勒所关心的问题，课程目标的先在性，在实用模式中同样适用，只是施瓦布的课程设计观与泰勒原理相比，虽然不如前者那么富有条理和全面，但他强调目标与手段的互动，理论服务于实践的特质，以及课程设计来源于实践的思路仍有很强的现实意义。

（三）弗莱雷的批判模式

对于课程建构的程序问题，还有更激进的、与泰勒原理相去甚远的建议②。巴西教育家弗莱雷倡导的课程设计方法，其主要目标是激发和维持人民的批判意识（critical consciousness）。弗莱雷的基本关注点在于解放那些受富人压迫统治和奴役的人民。他认为，不公平的社会现实是由强势群体强加给社会的各种弱势群体的，这使得这些被压迫者无法认识和评价自己的现实状况，使他们相信宿命论、自我贬抑、无助。基于这样的社会现实，弗莱雷认为，教育的首要任务就是帮助这些受压迫者克服负面情绪，改变他们的人格和态度，并培养他

---

① 黄政杰：《课程设计》，台湾东华书局股份有限公司 1991 年版，第 165 页。
② ［美］戴克·F. 沃克、乔纳斯·F. 索尔蒂斯：《课程与目标》，向蓓莉、王纾、莫蕾钰译，教育科学出版社 2009 年版，第 70—71 页。

们具有行动自由和责任感的素质，也就是解放受压迫者，让他们"感到自己在本体上和历史意义上正在成为一个日益完满的人"①。教育的工作就在于提出问题，提出那些反映人与世界关系的问题，在教学过程中，教师与学生需要共同探讨，一起拓展各自对现实的感悟以及对未来的憧憬。这样的课程会使被压迫者学会批判性地看待周围的世界，并逐渐摆脱认命的无意识。

弗莱雷的课程设计程序注重设计人员走进社区，在与社区人员充分合作、沟通，了解社区现实状况的基础上，发展出一些主题，再依据这些主题，由专业的心理学者、社会学者、教育学者以及非专业的志愿者组成共同的课程设计团队，开发出相应的课程材料。

弗莱雷批判模式的重点目标在于唤醒人们的自我意识与责任感，由此引发对课程内容的选择。批判模式的重点在于其解放式目标，而不在于课程设计程序的清晰呈现。虽然我们不能绝对地说，批判模式完全不同于泰勒原理，但是这一模式让我们了解课程的另一种本质，"教育是一种道德、精神事业，而课程是一种批判性实践，即教师、学生、行政人员、社区分子参与理论和实践的辩证，同时，课程、教学、个人在某种程度上存在着不可分割的关系"②。

(四) 教师课程设计模式的特点

一方面，对课程设计模式的论争，部分原因在于处于不同层面的人们对课程设计的理解及需求不同，如课程专家或学科专家、学校和教师以及其他关注社会发展、人类进步的人士。上面三种课程设计模式，都难以逃脱目标模式的影子，只是"目标"在这三种课程设计中的灵活性以及对其他部分的影响力不同而已。教师进行课程设计的模式或者方式，应当不同于泰勒的目标模式，目标模式指出的往往是课程设计的"应然模式"，也不同于激进的"批判模式"，教师不仅担负着学生道德判断、道德教化的责任，也承担着学生获得知识、技能的责任，批判模

---

① Paulo Fireire, *Pedagogy of the Oppressed*, New York: Herder and Herder, 1970, p. 52.
② 李子建、黄显华:《课程:范式、取向和设计》，中文大学出版社 1996 年版，第174 页。

式生发于特定的时代环境中，其解放思想虽然对现代课程设计仍具有意义，但教师的课程取向显然也不能以解放受压迫者为其重点目的。而实用模式的灵活性为教师进行课程设计留下了一定的慎思空间，它注重课程设计的实践取向，是教师进行课程设计的"实然模式"。

另一方面，研究表明，"在研究课程开发小组的实际工作时，发现他们并不遵循泰勒原理的四步骤。事实上，很多课程开发小组甚至从不陈述目标；即便陈述目标，很多人也只是把它放在课程设计快要结束的时候，向教师进行解释，而不是作为其工作的起始基点放在最开始"[①]。由此可见，在教师进行课程设计时，虽然大家都明白课程目标或者教学目标的存在性和重要性，但是严格地限定先在的目标，并据此确定课程的其他内容，并非教师课程设计的可取的实然模式。

因此，教师的课程设计以实用模式为主，即教师对课程的理解并非如"目标模式"那样严格按照逻辑来展开。这也印证了艾克教授提出的课程蛛网模型理论，从蛛网中的任何一条蛛线开始，都是课程运作的过程，而并非只能从课程目标开始，但是不论从哪一条蛛线开始，目标的内容都具有实际的意义。

## 二 教师的职业特性

分析教师的职业特性是希望为教师课程取向的现实表现——教师课程设计研究提供恰当的视角。教师的工作毕竟不同于课程专家的工作，教师是以"教书育人"为其本职的，教师的一切工作都以学生的成长和自身的发展为最终目的，因此，对教师课程设计的研究应当切合教师的职业特性，以恰当的视角和路径展开。

什么是教师呢？"所谓教师，就是学校中承担教育、教学任务，以教书育人为主要职责的教育专业人员（或称专业教育者）。"[②]

"教师职业是一种专门职业，教师是履行教育教学的专业人员，

① ［美］戴克·F. 沃克、乔纳斯·F. 索尔蒂斯：《课程与目标》，向蓓莉、王纾、莫蕾钰译，教育科学出版社2009年版，第69页。
② 胡德海：《教育学原理》，甘肃教育出版社1998年版，第391页。

根据一定的社会要求，有计划、有组织地对学生施以影响，使之成为合格的社会成员。"①

人们要求教师既有技能，又有职业精神和献身精神，这使他们肩负的责任十分重大。教师和学生要建立一种新的关系，从"独奏者"的角色过渡到"伴奏者"的角色，从此不再主要是传授知识，而是要帮助学生发展、组织和管理知识，引导他们而非塑造他们。②

专业化的教师必须具备从事教育教学工作的基本技能和能力，教师的专业技能主要包括"教师的教学技巧和教育教学能力两个方面"③。教师的教学技巧主要侧重于课堂教学的导入、发问、讲授、媒体运用等，而教育教学能力则主要包括教学设计能力、教学实施能力和学生学业检查评价的能力。

综上所言，教师职业首先是一种专门的职业，其次教师的主要工作是从事教育教学，另外，教师的教育教学工作是在与学生的互动中展开的。教师的职业特性从教师的功能作用以及教师应有的品质等方面来看，会得出不同的结果，如教师的功能是"传道、授业、解惑也"，教师的品质为"智如泉源，行可以为仪表者，人之师也"。但我们可以看到，教师最重要的工作就是教育教学，这是教师的主要职业特性之一。在新课程改革中，教师被赋予了"研究者""课程开发者"等不同的角色，但无论什么角色，研究的内容是什么，教师的职业特性都决定了教师的工作是追求教育教学的良好结果。

### 三 教师课程取向的内涵

课程取向这个概念在理论层面的探讨主要是针对课程设计人员所具有的理论取向而言的。当探讨教师的课程取向时，我们不得不结合

---

① 袁振国：《当代教育学》，教育科学出版社1999年版，第79页。
② 联合国教科文组织：《教育——财富蕴藏其中》，教育科学出版社1996年版，第136—137页。
③ 教育部师范教育司：《教师专业化的理论与实践》，人民教育出版社2003年版，第62—63页。

教师的职业特性及其实际所处的情境来思考。我国的中小学教师由于长期执行统一的国家课程，缺乏课程设计的意识和能力，他们在自己的教育教学中考虑更多的是教学的问题，而不是课程的问题。这里讲教师缺乏课程意识、关注更多的是教学问题，并非认为教师完全没有课程思想，没有对课程与教学的认识和理解，只是教师的课程观念是内隐于每一位教师内心的，教师本人可能都没有察觉，当然也缺乏课程视角的教学反思。因此，在谈到教师的课程取向时，我们不能从通常意义上课程设计的角度来探讨课程取向，在课程设计模式中我们看到，以目标为导向的设计模式仍然是主流的思路，这种模式的不足恰恰是缺乏对教育教学实践复杂性的关怀，由于教师工作的内容主要是进行教育教学，工作的场所主要在课堂，教师进行课程设计的出发点是教学，因此，应从教师所进行的教学设计的角度来探讨教师的课程取向，探讨教师日常教学中对课程的理解与设计。

正如英国课程专家斯滕豪斯（Stenhouse）所言："没有教师的发展就没有课程的发展。"[①] 他强调教师的专业成长不仅仅是教学经历和教学经验的累积与丰富，更是教师由被动到主动参与课程决策、课程运作和课程评价，促进课程、教师和学生共同发展的过程。

教师的一切观念和能力的发展都是为了教育教学，也都是在教育教学中得以体现的，因此，对教师课程取向的研究也应从教师实际的教育教学开始，通过研究教师教学的准备、教学的方式、态度及评价来探讨教师的课程取向，即探讨教师教育教学行为背后所隐含的课程意图，教师对课程内容的理解以及教师如何组织课程内容、实施教学等。

吴刚平认为："如果教师在教学过程中，不仅关注教学目标的实现，而且自觉地钻研和思考教学目标本身的合理性以及实现教学目标过程的合理性问题，那么这位教师在教学目标上的课程意识就建立起来了。"[②] 这充分说明了教师课程取向的研究要根植于教师的课堂教

---

① Lawrence Stenhouse, *An Introduction to Curriculum Search and Development*, Heinemann Educational Books Ltd. , 1975, p. 142.

② 吴刚平：《课程意识及其向课程行为的转化》，《教育理论与实践》2003 年第 9 期。

学，而非其他。

另外，教师的学科背景不同，其所具有的课程取向也有所差别。"文科教师一方面开始具有超越'课程即知识'的认识，把课程看作培养'人'的情感等方面的载体，另一方面，他们又非常依赖课程，把课程看作'客观知识的载体'、'处方'、和'圣经'；理科教师更多地把课程看作'思维训练的体操'，特别是把课程看作'教学实施的处方'，即有明确指令和操作规程的'教学方案'，而且是用来'训练学生'的全部内容。"① 因此，对教师课程取向的研究不仅要注重研究教师的教育教学行为，还应当反映不同学科背景、不同教龄等教师的课程取向。

综上所述，本书中所用的教师课程取向的概念，主要指教师对课程的认识与理解，包括教师对课程理念、学科课程目标、课程内容、教学方法以及课程评价等问题的认识和理解。教师课程取向不仅体现了教师在观念层面对课程诸多要素的认识，教师在课堂教学中的教学态度、教学方式与手段以及教学评价等也是教师课程取向的重要组成部分，是其观念在实践层面的现实表现。

对教师课程取向在理论与实践两个层面的探讨有助于我们认识教师课程取向的内涵，以及课程改革在实施过程中的真实状况。教师课程取向的构成要素为课程目标、课程内容、课程组织、课程教学以及课程评价，教师在进行课程设计时，这五个要素之间的关系并非线性的，而是以灵活、多样的方式进行的，但这些要素都会被涉及。教师的职业特性使教师更多地以教学为核心来展开其课程设计。

## 第五节　教师课程取向研究综述

艾内斯（Ennis）、穆勒（Mueller）、霍珀（Hooper）、詹金斯

① 谢翌：《教师信念：学校教育中的"幽灵"——一所普通中学的个案研究》，博士学位论文，东北师范大学，2006年。

（Sharon Billbrug Jenkins）、张善培、黄显华等人通过问卷调查的方法，对职前教师和在职教师的课程取向进行了实证研究。但相对于理论层面对课程取向概念的探讨和发展，有关教师课程取向的实证研究，无论在内容方面还是在方法方面都显得不足。

## 一　教师课程取向研究的内容及结果

课程取向是课程与教学设计的指导思想，"尽管许多研究者在探讨课程设计时或多或少会涉及课程取向的研究，但把课程取向作为独立的研究对象的文献并不多见，而且只有少数研究者对其进行了实证研究"[①]。

艾内斯和霍珀（1988）[②] 开发了一个由 90 道题目组成的课程取向调查问卷，用于研究体育学科教师的五种课程取向。之后，艾内斯、霍珀和穆勒（1990）[③] 又开发了一个由 75 道题目组成的教师课程取向问卷，用以研究职前体育教师和在职教师的课程取向与其课程设计之间的关系。艾内斯的后续研究，以及其他研究者关于教师课程取向的研究都证实，教师在课程内容和教学方法的选择方面有着很强的信念支配。[④] 李（Lee）、安德森（Adamson）和鲁克（Luk）（1995）[⑤] 使用一份有 57 个题项的课程取向问卷对中国香港 28 名师范生进行了测试，发现有 14 位倾向于认知过程取向。

我国对教师课程取向的研究还主要停留在对国外理论研究的介绍

---

① 靳玉乐、罗生全：《中小学教师的课程取向及其特点》，《课程·教材·教法》2007 年第 4 期。

② Catherine D. Ennis, and Linda M. Hooper, "Development of an Instrument for Assessing Educational Value Orientations," *Journal of Curriculum Studies*, Vol. 20, No. 3, 1988, pp. 277 – 280.

③ Catherine D. Ennis, L. K. Mueller, Linda M. Hooper, "The Influence of Teacher Value Orientations on Curriculum Planning within the Parameters of a Theoretical Framework," *Research Quarterly for Exercise and Sport*, Vol. 61, No. 4, 1990, pp. 360 – 368.

④ Sharon Billburg Jenkins, "Measuring Teacher Beliefs about Curriculum Orientations Using the Modified-curriculum Orientations Inventory," *The Curriculum Journal*, Vol. 20, No. 2, June 2009, pp. 103 – 120.

⑤ Chi Kin John Lee, Robert Damian Adamson, and Ching Man Luk, "Curriculum Orientation and Perceptions of English Language Instruction in Pre-service Teachers," paper delivered to the International Teacher Education Conference, Hong Kong, 1995.

阶段，实证研究还非常少。香港学者张善培（Derek Cheung）和黄显华（Hin-wah Wong）（2002）[1] 对 648 名教师进行了问卷调查，研究了五种课程取向之间的相关性，及其与教师性别、教龄、学科专业和学校类别的关系。吴本韩和张善培（2002）[2] 用自编问卷对 437 名职前师训学员的小学科学课程取向进行了调查研究，结果显示，小学科学职前师训学员最认同认知过程取向，但也不排斥其他类型的课程取向，该研究还具体就学员所学课程内容的性质、实践经验等因素对其课程取向的影响进行了分析。黄素兰和张善培（2002）[3] 调查了香港美术科教师的课程取向，结果显示，香港的美术学科教师最认同人文主义课程取向。

我国内地对课程取向的研究主要是马云鹏（1998）[4] 在理论上引进并介绍了国外对课程取向的研究，靳玉乐（2007）[5] 参考黄政杰关于课程取向的调查问卷，对我国西南地区部分中小学教师进行了课程取向的调查研究，结果显示，中小学教师最认同的是认知过程取向，不同教龄、学历和学校类型的教师在各类课程取向上均存在程度不同的差异；路晨（2009）[6] 参考张善培和黄显华 2002 年编制的教师课程取向调查问卷，对幼儿教师的课程取向进行了问卷调查。这两个实证研究部分验证了香港学者张善培关于教师课程取向的研究结果，即教师的课程取向并非唯一的，而是多元交织的；不同课程取向之间是相互联系的；教师通常更支持认知过程取向、科技发展取向和人文主

---

① Derek Cheung, and Hin-wah Wong, "Measuring Teacher Beliefs about Alternative Curriculum Designs," *The Curriculum Journal*, Vol. 13, No. 2, 2002, pp. 225 –248.

② Derek Cheung, Pun-Hon Ng, "Teachers' Beliefs about Curriculum Design: Evidence of a Superordinate Curriculum Meta-orientation Construct," *Curriculum and Teaching*, Vol. 17, No. 2, 2002, pp. 85 –102.

③ 黄素兰、张善培：《香港美术科教师的课程取向》，《教育研究学报》2002 年第 1 期。

④ 马云鹏：《国外关于课程取向的研究及对我们的启示》，《外国教育研究》1998 年第 3 期。

⑤ 靳玉乐、罗生全：《中小学教师的课程取向及其特点》，《课程·教材·教法》2007 年第 4 期。

⑥ 路晨：《幼儿教师课程取向的调查》，《学前教育研究》2009 年第 5 期。

义取向。这些研究分析了不同学历、不同性别、不同学校类型、不同教龄教师在课程取向方面的特点。

吕国光、谢翌等在研究教师信念的过程中，对教师的课程信念进行了研究。课程信念就是教师关于"课程是什么"的认识，往往决定了"教师教什么和怎样教"的问题①，教师课程信念与本书所探讨的教师课程取向一致。吕国光主要采用问卷调查、量化统计的方法从开放和传统两个维度，研究了教师在课程目标、课程内容、课程设计过程等方面的观点和看法。研究结果显示，农村教师信念较城市教师信念更为开放，不同学校类型（高中、初中、小学）的教师之间在课程观方面存在显著差异。② 谢翌通过访谈、观察、文本分析等质化研究方法，发现"教师很可能同时持有两种或两种以上的课程信念，并且它们之间有时甚至是相互对立的关系。哪一种信念起主导作用，取决于具体的情境和条件。新课程背景下，教师们一方面在个人所宣称的信念方面有所改变，另一方面，为了应付考试，多数教师不得不践行另一种信念：'教学即课程即知识的传授'。不同学科的教师对于学科背景的认识有所不同，但同时也存在一些共同点。"③ 这两位研究者对教师课程信念的研究都是作为研究教师信念的一部分进行的，并非专门研究教师课程信念。

上述研究发现，"许多教师同时持有几种在理论上相互矛盾的课程取向"④，如有些教师同时认可"发现"和"死记硬背"两种学习观，学术取向和人文取向同时存在于教师的教育教学中。"大量的理论研究和实践都表明，课程取向呈现综合化的趋势，任何单一的课程设计倾

---

① 谢翌：《教师信念：学校教育中的"幽灵"——一所普通中学的个案研究》，博士学位论文，东北师范大学，2006 年，第 132 页。

② 吕国光：《教师信念及其影响因素研究》，博士学位论文，西北师范大学，2004 年。

③ 谢翌：《教师信念：学校教育中的"幽灵"——一所普通中学的个案研究》，博士学位论文，东北师范大学，2006 年，第 137 页。

④ 张善培：《课程取向的再概念化》，第六届海峡两岸和内地、香港、澳门课程理论研讨会，台湾教材研究发展学会编印，2004 年，第 29 页。

向都不符合课程发展的世界潮流。"① 学校类型、性别、学科、教龄、参加培训次数等方面不同的教师在课程取向上存在不同程度的差异。

加强教师课程取向研究对丰富课程理论以及提高教师课程实施的成效具有重要的意义。

## 二　教师课程取向研究的工具

关于课程取向的研究工具，以张善培开发出来的有 30 个左右题项的自编问卷使用得最为广泛，这套问卷以艾斯纳和瓦纳斯对课程取向的分类为基础，每种取向又分别从课程意图、课程内容、内容组织、教学法和课程评估五个方面设计题目，每种取向都有六道题目。

"张善培进行课程取向的研究之前，关于教师课程信念的研究存在一定的问题。测量课程取向的早期尝试并没有为大家提供令人满意的信度及效度的数据收集方法。"② 艾内斯和他的同事在体育教育领域发展出了一套具体的调查课程取向的方法。艾内斯和霍珀于 1988 年发表了一个由 90 道题目构成的课程取向调查问卷——取向评估问卷 VOI（Value Orientation Inventory），VOI 包含了五种课程取向，问卷题目的设计都是针对体育教育的。VOI 采用的是强迫选择形式（forced-choice format），对教师认同的课程、教学以及评估选择进行排序。艾斯纳和其他学者的研究证实，教师具有很强的课程信念，这些课程信念对其课程内容和教学方法的选择产生了很重要的影响。VOI 主要被用于测量体育教师的课程取向。

然而，由于 VOI 并不能够反映更广泛、更普遍的、没有典型学科特点的课程取向，例如艾斯纳和瓦纳斯、麦克内尔等学者对课程取向的分类，因而，VOI 很难被用于测量其他人员的课程取向。另外，艾

① 靳玉乐、罗生全：《中小学教师的课程取向及其特点》，《课程·教材·教法》2007年第 4 期。

② Sharon Billburg Jenkins，" Measuring Teacher Beliefs about Curriculum Orientations Using the Modified-curriculum Orientations Inventory，" *The Curriculum Journal*，Vol. 20，No. 2，June 2009，pp. 103 – 120.

斯纳、张善培等学者都注意到了课程取向信念与这些信念实施之间的差别。张善培和黄显华认为，相比较用李克特量表的形式而言，艾内斯采用强迫选择格式的量表容易造成信念与实践之间的混淆。

张善培（2000）以麦克内尔关于课程取向的分类为理论基础，按照人文主义、社会重建、科技发展和学术理性四种课程取向，编制了一个由 32 个题项组成的问卷——课程取向问卷 COI（curriculum orientation inventory），每种课程取向有八个题项。[①] 张善培采用分层验证因素分析的方法（HCFA，hierarchical confirmatory factor analysis）对教师的课程取向进行了调查。COI 采用的是八点李克特量表。

张善培的研究表明，麦克内尔所描述的四种课程取向为第一层次因素，另外，第二层次因素被称为元课程取向（或者课程后设取向，meta-orientation），包含了第一层次因素的四种课程取向。进一步的研究对 COI 进行了修订，改为每个课程取向有七个题项以及采用六点李克特量表。张善培等学者的研究都选用 COI 这种工具去测量教师的课程取向，更重要的是，李克特量表的应用提供了一种避免将信念与实践混淆起来的机制。

张善培等学者的研究为工具的制定及其分析过程打下了很好的基础，张善培和黄显华（2002）在他们的研究中，又再次修订了课程取向测量工具 COI，由测量四种课程取向，改为测量五种课程取向，分别是学术理性、认知过程、社会重建、人文主义和科技发展，每种取向有六个题项，采用的是八点李克特量表，1 代表"非常同意"，8 代表"非常不同意"。每一种课程取向的题项都反映了课程意图、内容、组织、教学策略以及教学评估五个方面。他们调查了包括教师性别、学科、教学水平以及教龄等因素在内的教师课程取向。研究表明，教师认同所有五种课程取向，不同学科和不同教龄的教师之间的课程取向差异较大，英语教师比科学教师更认同人文主义取向；学术

---

① Derek Cheung, "Measuring Teachers' Meta-orientations to Curriculum: Application of Hierarchical Confirmatory Factor Analysis," *Journal of Experimental Education*, Vol. 68, No. 2, 2000, pp. 149 – 165.

理性取向与教师教龄呈正相关；教师的课程取向呈现互补多元性，这一特点表明了理论上矛盾的课程取向在教师多元化的相互补充的课程取向中存在很强的正相关。

综上所述，COI 是当前教师课程取向研究方面比较重要的、应用也较为广泛的研究工具。

### 三　教师课程取向研究中的不足

#### （一）教师课程取向研究的内容窄化

已有的教师课程取向研究都倾向于对教师观念层面上的课程取向进行研究，即研究教师认为自己具有怎样的课程取向，在学术理性取向、认知过程取向、科技发展取向、社会重建取向和人文主义取向方面，更认同哪些课程取向。在教师的学科背景方面，涉及了体育、科学、美术等。然而也有研究显示，"教师的课程取向与课堂教学行为不一致的现象亦十分普遍，例如 Smith 和 Neale（1989）利用面谈方法调查了十位科学教师的教学取向，大多数的教师都认同'发现教学法'，但课堂教学的录影记录显示，教师同时使用几种在概念上互相矛盾的教学法"[1]。研究教师课程取向，不仅应了解教师观念上的课程取向，还应了解实践层面教师的行为，并探讨两者之间的关系，如教师理念层面的课程取向对其教学实践产生了怎样的影响？教师教学与其课程取向是怎样的关系？有哪些因素影响教师的课程取向以及教师的教学实践？等等，对这些问题还有待于进一步研究。

教师课程取向研究从理论与实践两个层面来看，应当包括教师观念上的课程取向以及实践中的课程取向；在对教师所具有的课程取向进行解释时，从内在与外在层面来看，不仅应反映教师个体的经验、知识、个性对其课程取向的影响，还应当了解教师所处的环境对其课程取向的影响。

---

[1]　张善培：《课程取向的再概念化》，第六届海峡两岸和内地、香港、澳门课程理论研讨会，台湾教材研究发展学会编印，2004 年，第 30 页。

（二）教师课程取向研究方法单一

在研究方法方面，对教师课程取向的研究以量化研究为主要范式，学者们采用了几种不同的自编问卷，对教师课程取向问题进行研究。国内的研究问卷主要以黄政杰（1991）和张善培（2000）的自编问卷为主，针对科学学科和美术学科教师的问卷，则在张善培自编问卷的基础上进行修改。前述教师课程取向在研究内容方面存在不足，研究方法方面也欠缺质化的田野研究，本书通过课堂观察和深度访谈以及文本分析等方法，对教师的教学实践进行研究，以了解教师教学行为背后的课程意义，教师的课程理念在实践中究竟是怎样表现的，实践中有哪些因素导致教师现实的行为与其课程理念之间的差距。

西北地区中小学教师的课程理念是否与新课程理念符合，本书将从教师课程取向的视角，进一步深入研究在我国基础教育课程改革启动近 10 年的历程中，西北地区中小学教师形成了怎样的课程理念？他们的课程理念在现实中的表现如何？对教育教学产生了怎样的影响？

# 第三章

# 课程实施理论

　　课程取向问题不只是一个理论问题，也是一个十分重要的具有实际意义的问题。[①] 课程取向研究不仅包括课程取向的概念界定、分类等理论探讨，还包括课程取向在实践层面的表现形式。教师课程取向研究一方面了解教师对课程的认识和理解，另一方面需要分析课程取向与教师的课程实施行为之间的关系。因此，研究教师层面的课程取向，需要从课程取向和课程实施两方面展开。

## 第一节　课程实施的内涵

### 一　课程实施的概念

　　关于课程实施（curriculum implementation），主要有以下几种观点：

　　第一，将课程实施等同于教学，认为课程实施同教学具有质的同一性[②]；课程实施是把课程设计投入教学活动之中。具体说来，就是按选定的课程计划（教学计划）和课程标准（教学大纲），利用选定的教材教具，将选定的知识经验传递给学生，让学生在掌握知识经验的过程中促进自身的发展，从而实现预期的教育结果。课程实施把计

---

　　① 马云鹏：《国外关于课程取向的研究及对我们的启示》，《外国教育研究》1998 年第 3 期。

　　② 靳玉乐：《现代课程论》，西南师范大学出版社 1995 年版。

划变为行动是在课堂上进行的，从而把课程领域转变为教学领域。①

第二，课程实施是指把某项课程变革付诸实践的过程。它不同于采用某项改革（决定使用某种新的东西），实施的焦点是实践中发生变革的程度和影响变革程度的那些因素②；一般而言，新的课程计划通常蕴含着对原有课程的一种变革，课程实施就是力图在实践中实现这种变革，或者说，是将变革引入实践③；课程计划与课程实施是理想与现实、预期结果与实现结果的过程之间的关系④，计划是课程改革计划由预期理想变为结果的变化过程。⑤

第三，任何课程变革计划都属于课程现状应如何改变的建议，不管这个建议是全面的还是片面的；所谓实施则是指缩短课程现状与变革理想间的差距⑥；课程实施是将课程计划付诸行动的过程，其目的在于缩短理想、现实间的差距。课程计划与课程实施都有其价值取向，但两者不一定完全符合，结果也就无法单向地预测。课程实施不是课程计划的必然延伸，有许多课程计划由于未被采用和实施，只能停留于计划阶段⑦；课程实施是把通过编制过程创造的课程具体化并使之发生效用的过程。⑧

虽然学者对课程实施的含义从不同的视角进行了研究，但基本上是存大同，别小异。⑨ 综合不同学者对课程实施的表述，我们可以从以下几个方面理解课程实施：首先，大家都认同的一点是，课程实施

---

① 黄甫全：《大课程论初探：兼论课程（论）与教学（论）的关系》，《课程·教材·教法》2000 年第 5 期。

② Michael G. Fullan, "Curriculum Implementation," in Arieh Lewy, *The International Encyclopedia of Curriculum*, Elsevier Science & Technology Books, 1991, pp. 378 – 384.

③ 施良方：《课程理论——课程的基础、原理与问题》，教育科学出版社 1996 年版，第 128 页。

④ 张华：《论课程实施的涵义与基本取向》，《外国教育资料》1999 年第 2 期。

⑤ 夏瑞庆：《课程与教学论》，安徽大学出版社 2002 年版。

⑥ Mary E. Lewis, "Continuation of a Curriculum Innovation: Salient and Alterable Variables," *Journal of Curriculum and Supervision*, Vol. 4, No. 1, 1988, pp. 52 – 64.

⑦ 黄政杰：《课程设计》，台湾东华书局股份有限公司 1991 年版。

⑧ 张廷凯：《国外课程研究的现状及主要理论》，《浙江教育科学》1991 年第 2 期。

⑨ 李定仁、徐继存：《课程论研究二十年》，人民教育出版社 2004 年版。

是发生在实践层面的，是将课程变革计划付诸实践的过程。其次，在课程实施与实践的关系方面，一种观点认为，课程实施等同于教学，而其他的观点则认为，课程实施包含教学，课堂教学是课程实施的主要途径，但不是唯一的，还包括学校层面的课程实施，以及教师对课程标准的理解，对教学计划的安排，对教材教具、教学方法的选择等。再次，关于课程实施的目的，一种观点认为，课程实施的目的是实现预期的教育结果，这种观点十分明显地表明了课程实施的忠实取向；而另外的观点则认为，课程实施的目的在于缩短理想与现实之间的差距，是课程实施的调适取向或缔造取向；还有的关于课程实施的定义，没有明确的价值取向，只是说明课程实施是设计好的课程被付诸实践的过程，对结果应该如何，则没有明确的说明。最后，在课程实施的研究方面，主要关注课程实施的采用，课程实施过程中所发生变革的程度及成效，影响课程实施的主要因素等。

课程实施是把某项改革付诸实践的过程。但在不同的实践层面，课程实施的具体内容、行动都有所不同，关注的重点也不同。这里主要是以不同的课程实施主体为分类的标准，分为地方教育行政部门层面、学校层面、教师层面和学生层面。对地方教育行政部门层面的研究主要关注其作为中介层面，对上级课程政策的调整。对学校层面的研究主要关注课程实施的过程，包括学校制度层、管理层、技术层等的课程实施过程，涉及地方课程、校本课程、模块课程等的实施。[①] 教师层面的研究也重点关注课程实施的过程，主要从观念和行为两方面展开研究，涉及教师阻抗、教师信念、教师教学、反思等具体内容。[②] 对学生层面的研究与教师层面的研究关系紧密，主

---

① 夏雪梅：《课程变革实施过程的研究——学校组织的视角》，博士学位论文，华东师范大学，2008 年。

② 张新海：《新课程实施中的教师阻抗研究》，博士学位论文，西北师范大学，2008年。吕国光：《教师信念及其影响因素研究》，西北师范大学，博士学位论文，2004 年。谢翌：《教师信念：学校教育中的"幽灵"——一所普通中学的个案研究》，博士学位论文，东北师范大学，2006 年。赵明仁：《教学反思与教师专业发展——新课程改革中的案例研究》，北京师范大学出版社 2009 年版。

要围绕着教师与学生的关系，研究学生的课程经历、课程体验以及课程实施成效。

本书所要开展的课程实施研究，重点在教师层面，了解教师是如何实施新课程的，在这个过程中，不可避免地会涉及学校层面的课程实施。对教师层面的课程实施进行研究，研究教师如何进行课堂教学是重点，在此基础上，了解教师是如何进行教学设计和教学评价的，以此反映教师实践层面的课程取向，并与其观念层面的课程取向进行对比分析。

### 二　课程实施的特征

课程实施具有以下三个特征[①]：（1）它是一个过程，涉及课程变革或创新；（2）它是新的实践（或课程/课程纲要）的实际使用情况；（3）它是"课程设计和教学"周期的重要阶段。课程实施的这三个特征，明确说明了课程实施的过程性、实践性（行动性）以及阶段性。只有经过课程实施，教育改革的目标才可能变为现实。

借用古德莱德对课程分类的观点，总体来看，新的课程计划是指理想课程和文件课程，而最终在学校内部被采纳的是教师理解和实施的课程，落实到学生个体身上是经验课程，因此，课程实施可以被看作文件课程是如何转化成为学生所学课程和所得课程的过程。既然是过程，那么这个过程所涉及的不同主体的观念、策略、方法、行为、结果与成效等，都应当成为课程实施研究关注的内容。如果只是关注具体的操作层面，那就显得太狭隘了。

本书重点关注教师层面的课程实施，即教师将课程计划付诸实践的过程，主要指在实际的教学计划安排、教学内容安排以及教学法的选择和教学评价的实施等方面，教师具体是如何做的，教师的这些行为与其观念层面的课程取向有何关系，与新课程理念之间的关系如何

---

① Colin J. Marsh, *Perspectives: Key Concepts for Understanding Curriculum*, London: Falmer Press, 1992.

等。对教师课程实施的研究，应主要体现在教师的教育教学行为层面，而对教师课程实践的理解又应当放至整个课程体系中进行，课程实施是反映课程意图、课程内容及其组织非常重要的环节，这些不同的阶段之间相互影响、彼此联结，甚至相互交叉。

# 第二节　课程实施的取向

课程实施的取向是对课程实施过程本质的不同认识以及支配这些认识的相应的课程价值观。课程实施取向集中表现在对课程变革计划与课程实施关系的不同认识方面。① 关于课程实施的取向，目前主要有两条线索：一是根据美国课程学者辛德尔、波林和扎姆沃特（Snyder, Bolin & Zumwalt）② 的研究成果，主要有三种课程实施取向，即"忠实取向"（fidelity orientation）、"相互调适取向"（mutual adaptation orientation）与"课程创生取向或课程缔造取向"（curriculum enactment orientation）；二是根据侯斯（House）研究将课程实施取向分为技术的、政治的和文化的三种。③ 我国的课程实施取向研究主要以前者为基础。

## 一　经典的课程实施取向

课程实施的忠实取向，指学校和教师层面的课程实施是忠实地执行课程变革计划的过程。衡量课程实施成败的基本标准就是课程实施过程对预期的课程变革计划的实现程度。课程是由课程专家和学科教学法专家等人预先设计好的，教师只是忠实地执行这类课程，课程的实施主要是技术性的工作。因此，这类课程实施研究主要探讨两个问

---

① 张华：《论课程实施的涵义与基本取向》，《外国教育资料》1999 年第 2 期。

② Jon Snyder, Frances, Bolin, and Karen Zumwalt, "Curriculum Implementation," in Philip W. Jackson, *Handbook of Research on Curriculum*, New York：Macmillan, 1992, pp. 402 – 435.

③ Ernest R. House, "Technology versus Craft：A Ten Year Perspective on Innovation," *Journal of Curriculum Study*, Vol. 11, No. 1, 1979, pp. 1 – 15.

题：（1）测量课程实施对预定课程方案的实现程度；（2）确定促进和阻碍课程实施过程的因素。忠实取向下的课程设计应当为教师提供详细的实践说明和指示，课程方案是"防教师"（teacher-proof）的，教师没有也不需要参与课程规划，教师只需忠实于自上而下的课程即可。

相互调适取向起源于 20 世纪 70 年代中期伯曼和麦克劳夫林（Berman & Mclaughlin）主持的兰德变革动因研究。他们发现，成功实施的特征在于它是一个相互调适的过程。[①] 课程变革的实施过程与其说是预定模式的径直实现过程，不如说是一种"讨价还价"的过程。当实践者采用一项课程变革计划之后，在实施过程中总是试图对既定方案加以改变，以适合其自身的目的。[②] 相互调适取向是既定的课程改革计划在现实的学校、教师、学生方面相互调整、改变和适应的过程。一方面，自上而下的课程变革计划需要因不同的学校情境而作出调整，另一方面，实践情境中的学校、教师也需要根据新的课程理念作出改变，以适应课程改革的要求。关于相互调适取向的课程实施，主要研究两个问题[③]：（1）从社会科学中借鉴新的方法和理论以发现那些关于教育问题的详尽的描述性资料；（2）确定促进或阻碍课程计划实施的因素，特别是各种组织变量，以提高变革方案与课程实施之间互动的效果。

课程创生取向认为，真正的课程是教师与学生联合创造的教育经验，课程实施本质上是在具体的教育情境中创生新的教育经验的过程，既有的课程变革计划只是给这个经验创生过程提供所选择的工具而已。课程创生取向研究的主要问题是[④]：（1）创生的经验是什么？教师与学生是如何创造这些经验的？怎样赋予教师和学生权利以创生

---

① 尹弘飚、李子建：《再论课程实施取向》，《高等教育研究》2005 年第 1 期。

② 张华：《论课程实施的涵义与基本取向》，《外国教育资料》1999 年第 2 期。

③ Jon Snyder, Frances Bolin, and Karen Zumwalt, "Curriculum Implementation," in Philip W. Jackson, *Handbook of Research on Curriculum*, New York：Macmillan, 1992, pp. 402–435.

④ Ibid.

这些经验？（2）诸如课程资料、程序化教学策略、各级教育政策、学生和教师的性格特征等外部因素是如何影响课程创生的？（3）实际创生的课程对学生有怎样的影响？隐性课程有何影响？不难看出，这一研究取向与前两种相比，已经发生了很大的变化，研究的重心转移到教育经验的实际创造过程上。在课程创生取向视野中，课程知识不再是一个绝对客观的事物，而是在每个个体不断建构的过程中形成的经验。专家设计的课程只是教师和学生用来创生课程的一个可以利用的资源，其意义只有在教师与学生共同的创生过程中才能发生。因此，富有成效的课程实施需要变革参与人员主观上的理解和认同，也需要对变革实施人员赋权。

这三种课程实施取向实际上代表了三种课程观，分别是预设的、生成的和创造的课程观，即教师对课程的理解是按照课程计划和教科书的预设来忠实传递的；或者既定的课程计划和教科书是教师教学和学生学习的主要依据，但教师需要根据实际的教学情境来进行调适，使课程实施既能符合课程改革的要求，又适应教师的教育教学实际以及学生学习的实际；或者既定的课程计划与教科书只是教师教育教学的参考资料之一，教师和学生在互动的过程中创造出令人满意的课程及教学。

也有学者认为，教师的课程实施应当在"忠实取向"的基础上进行恰当的调适，这里的"忠实""应该是对课程改革精神的忠实，是对课程计划所反映的新课程理念和课程观的忠实"[①]。因此，课程实施首先应当是落实课程计划的手段和方法，即"忠实"于课程计划。其次，在强调对课程计划所提倡的课程理念准确理解的基础上，注重课程实施者个性化的选择和能动作用。不论是机械传递式的"忠实"，还是理解式的"忠实"，鉴于教育教学实践的复杂性，教师的课程实施应反映一定的调适性。

---

　　①　孙宽宁：《课程实施：忠实基础上的理解与选择》，《教育发展研究》2008 年第 15 期。

## 二　侯斯的课程实施取向

侯斯于 20 世纪 70 年代末期，提出从技术的、政治的和文化的三种视角出发分析课程变革，并总结了这三种课程实施观的特征[①]：

技术观（technical perspective）将课程实施视为一种技术，认为实施只是预定计划的线性的执行过程，其成效以目标达成程度为衡量标准。该取向假定人们在变革中拥有共同的价值体系和变革目标，问题只是如何最好地达成这一目标。这种观点主张以理性的系统分析来处理变革的实施问题，因此主要通过改革教材和教学方法，以及引进新的技术来提高教学质量和实施成效。

政治观（political perspective）强调人际互动在教育变革中的关键作用，认为群体之间的利益往往是相互冲突的，对立派别之间为了达到自己的目的必须互相协商。课程实施的政治观涉及权威、权力的运用，以及不同团体之间利益的竞争和妥协。出于自身利益的考虑，不同群体对课程改革的态度不同，有些甚至是相互对立的。但是，课程实施的政治观也认为，尽管团体之间的利益存在冲突，但这种矛盾和冲突可以通过团体内部成员之间的相互协商来得到解决，达成共识。因此，课程实施重视因时制宜，就学校机构的具体情境作出调整，以维持系统的合法性。

文化观（cultural perspective）假定了一个更为支离破碎的社会。在这个社会中有很多亚文化群体，群体内部具有价值共识，但群体之间缺乏一致性。这种差距使群体很难采取共同行动。在课程变革中，外部设计的课程方案所代表的研究者文化和教师群体所代表的实践者文化之间存在很多冲突。这两种文化之间涉及沟通、诠释和融合，以及文化的适应行为。因此，文化观将变革的实施视为文化再生的过程，其目的在于促使学校成员重新思考课程、教学以及学校教育的本质和目的等问题。

---

① 尹弘飚、李子建：《再论课程实施取向》，《高等教育研究》2005 年第 1 期。

分析侯斯的观点，不难发现，所谓技术的、政治的和文化的课程实施取向，其实也隐含着忠实传递、调适以及创生的观点，只是侯斯将其放至更宏大的背景中，而不仅仅局限于学校以及教师的课堂教学中。在多元文化并存的现代社会里，这种观点的意义在于将教育与社会发展、文化发展密切联系起来。

### 三 崔允漷的课程实施取向

崔允漷认为，上述两种课程实施取向的观点在理论上具有广泛的解释力，但与我们课程实施的现实情况还存在一定的距离。一方面，忠实取向的课程实施实际上不可能存在，教学离不开教师和学生的情感、动机和价值观，何况学校与课堂在情境方面又存在着如此大的差异，教师会灵活地处理这种差异；另一方面，忠实取向、相互调适取向和创生取向这三种取向的划分缺乏现实的执行力，如相互调适的依据和标准是什么，关于创生的依据和标准也没有明确的答案，因此，崔允漷从教师教学的层面提出，从历史的角度来看，我国的课程实施或教学主要有三种类型，分别是"基于教师经验的课程实施、基于教科书的课程实施和基于课程标准的课程实施（教学）"[1]。

基于教师经验的课程实施，主要存在于普及教育和教科书（正式的学生课本）出现之前，教师主要依据自身所具备的知识和观念展开教学，教师考虑的是教什么和怎么教，而关于为什么教则不做思考。在基于教师经验的课程实施中，教师往往是高高在上的权威，学生的学习以及发展在很大程度上依赖教师所具有的理念和知识层次。

在基于教科书的课程实施中，教科书主要扮演了统一"教什么"的角色。虽然对学生应该学什么有了统一的规定，但由于"教科书"是所有课程意图、内容及其组织形式的表达结果，在教师教学的过程中，"教科书"又代替了"课程"的角色，被教师奉为唯一的经典，

---

① 崔允漷：《课程实施的新取向：基于课程标准的教学》，《教育研究》2009年第1期。

教科书中的内容成为教师教和学生学的"定论",教师"教教材"是最普遍的教学呈现方式。这种课程实施取向极大地限制了教师对教学资源的理解和教学方法的选择,学生的学习和思维也受到了很大的禁锢。

"课程标准反映了国家对学生学习结果的统一的基本要求,是对学生在校期间应达到的知识与技能、过程与方法、情感态度、价值观的阐述。因此,课程标准限定的是学生的学习结果,而非教学内容。"[1] 教师对课程标准的研读,重点了解学生通过学习,应当在哪些方面获得什么样的成长,在这一目标的指引下,教师会对教学目标、内容组织以及教学方式、评价有自己的理解和呈现。课程标准对教师在教育哲学的观念层面提供了一定的思考方向与空间。因此,教师基于课程标准的课程实施,不仅让教师在促进学生发展层面理解教师的教育教学目标,而且为教师的专业发展提供了一定的自主性。

笔者认为,基于教师经验、教科书和课程标准的课程实施取向,如果站在"取向"的层面来看,似乎有偏向"技术"的嫌疑,即教师有关教学的选择是以经验、教科书或者课程标准中的哪一种为基础,而"取向"应当是观念的,是关于课程、学科、学生的观念。另外,我国当前新课程实施已有十年左右的时间,教师的课程实施也可能处于教科书与课程标准之间,如何进行更清晰的界定,也面临着一定的挑战。当然,教师已有的经验、教科书以及课程标准对教师课程实施所具有的作用及影响,也为研究教师课程实施提供了非常重要的视角。

## 第三节 课程实施的层次

课程实施是一个复杂的过程,那么,有效的课程实施可以从哪些

---

[1] 崔允漷:《课程实施的新取向:基于课程标准的教学》,《教育研究》2009 年第 1 期。

方面着手呢？一般人想到课程实施，便想到换一套教科书或其他教材来使用，这是因为他们对课程的定义太狭隘，而且忽视了实施所涉及的相关因素。富兰和庞弗雷特（Fullan & Pomfret，1977）指出，任何课程实施工作，至少应包括五个层面的改变：教材、组织、角色（行为）、知识和理解、价值内化，课程计划的实施，若未着眼于这五方面的改变，便不能算成功。

第一，教材的改变。

教材改变可以看作课程变革最显著的变化之一，也是课程设计者最关注的内容之一，即变革教师所要传授给学生的内容，或者说学生必须学习的内容的变革，包括内容的范围、顺序、呈现方式，甚至传授的媒介，等等。

第二，组织的改变。

所谓组织改变，包含了学生分班分组的安排、空间与时间的安排、人员的分配及新教材的供应等。这个层面和教材层面一样，不是要求使用新课程者本身的改变，而是要求使用者互动情境的变化。因此，这是课程变革比较容易实施的一部分。

第三，角色或行为的改变。

有些人将角色或行为的改变纳入组织改变层面。课程实施不仅要求教材改变、组织改变，同时也要求人的行为或角色的改变。例如，新课程常常包括新的教学方式、新的教学任务（如课程设计与发展）、新的角色关系（教师与学生、教师与教师、教师与其他教学行政人员）。这些新的角色或行为获得改变，新课程才算是实施了。忠实取向和相互调适取向对于角色或行为的改变，具有不同的看法。忠实取向认为，课程变革计划有其既定的理想角色或行为，作为课程使用者的教师，在实施课程计划时，必须按照计划加以履行。相互调适取向认为，课程计划实施的决定因素在于学生对教师行为的解释，不在教师行为本身。不同的学生对同一教师行为的解释可能不同，为了达到同一结果，教师可能需要表现出不同的行为，扮演不同的角色。所以教师表现出特定的行为或角色不是关键，重要的是他能认识各种变通的行为方式，并依据各种情境的需要，适当地表现出来。相互调适取向注重的是角色关系的改变，而不是单一角色的改变。

第四，知识和理解。

知识和理解，是指课程的实施者认识了课程的各种成分，如它所隐含或明示的哲学与价值，它的基本假定、目标、教材、实施策略、角色关系等。单凭课程使用者的行为改变，作为课程实施的指标，是不够的，因为有些人只是形式化地、肤浅地发生行为改变，并没有确切地理解课程的内涵。新课程实施的过程，一定是行为与观念同时改变的过程，没有观念的指引，行为是无缘之木；而没有行为的表现，观念则没有实际的意义与价值。

第五，价值内化。

价值内化是指使用者重视且致力于执行课程的各组成因素。课程使用者对课程实施的评价和投入（例如学校对某些实践的支持程度，家长对某些实践的支持和理解程度等）。课程改革的理念已经成为课程使用者自觉的价值观，并表现在其一系列课程实施行为当中。

上述五个层面的课程实施，清晰地呈现出了一条课程使用者从外在到内在发生变化的线索，从外在的教材、组织的变化到课程使用者自身行为、观念以及内化的价值，有效的课程实施是多个层面共同发生变化、彼此相互呼应的过程，任何单一层面的变化，都不足以反映新课程的实施。

课程实施层次的概念是霍尔和洛克斯（Hall & Loucks）提出的，他们认为，课程的实施可划分出许多层次。另外，课程实施应当直接观察课程的基本单位——教师，观其所作所为，才最为有效。霍尔和洛克斯的观念基本上属于忠实取向的课程实施，他们所谓的课程实施层次，指使用者的行为符合原先计划的程度。但最后三个层次又涉及了相互调适的课程实施取向（见表 3.1）。①

---

① Gene E. Hall, Susan F. Loucks, "A Developmental Model for Determining Whether the Treatment Is Actually Implemented," *American Educational Research Journal*, Vol. 14, No. 3, 1977, pp. 263–276.

表 3.1                            **课程实施的层次**

| 使用的层次 | 使用的范围 |
|---|---|
| 1. 未使用 | 使用者对于课程变革缺乏了解，或了解甚少，未参与课程变革工作，也未准备参与 |
| 2. 定向 | 使用者已经获取或正在获取课程变革的资料，且已经探讨或正在探讨课程变革的价值取向及其对使用者的要求 |
| 3. 准备 | 使用者正在为第一次使用创新课程而准备 |
| 4. 机械地使用 | 使用者致力于革新的短程使用或日常使用，但是缺乏反省的时间。使用上的改变，旨在符合使用者的需求，而非学生的需求。使用者基本熟练的工作，是使用变革的课程所要求的，结果常是肤浅且不连贯的使用 |
| 5. 例行化 | 课程使用已经成为习惯，如果有改变的话，仅是少数。很少虑及革新方案的修订和革新的效果 |
| 6. 精致化 | 使用者依据短期或长期的结果，修订革新的方案，以增进革新的即时效果 |
| 7. 统整 | 使用者结合自己和同事在革新上的努力，在共同影响的范围内，给予学生集体的影响 |
| 8. 更新 | 使用者再评鉴革新方案的品质，寻找革新的变通方案或重大修正方案，以增进其对学生的影响，检视领域内的新发现，探索自己及整个学校系统的新目标 |

教师因其对课程变革的了解程度、准备程度、使用程度以及反省程度不同，而处于课程实施的不同层次。如果说，新课程实施是教材、组织、行为与观念的共同改变，那么不同层次的课程实施，主要反映教师的观念与行为是否随着外在教材和组织的变化而发生相应的变化。

课程变革是一个系统工程，教师课程实施的效果不仅受到外在教材及组织变化的影响，还受到教师自身、教师群体、学校氛围、学校管理等因素的影响，而教师更容易受到其自身所处的实际情境（校园文化、氛围）的作用。因此，教师处于课程实施的哪个层次，不仅与外在的教材和组织有关，也与学校所营造的文化氛围以及管理评价相关。

## 第四节　影响课程实施的因素分析

富兰认为，影响课程实施的主要因素可分为三大类：创新或变革计划的特征；学校特征或角色；外在因素。富兰这个分类的优点在于全面和容易理解，但显得较为简单。这种分类模糊了不同层面课程实施（如地方教育行政部门、学校、教师、学生，甚至个别教师与学生）之间的界限，容易引起分歧。图 3.1 是霍尔（Hall）对影响课程实施因素的分析，李子建、黄显华添加了脉络的因素，如学校文化的因素。

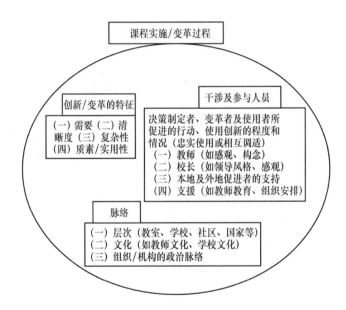

**图 3.1　影响课程实施的因素**

资料来源：Gene E. Hall,"Local Educational Change Process and Policy Implementation,"paper delivered to the Annual Meeting of the American Educational Research Association, Chicago, Illinois, April 1 – 7, 1991. 李子建、黄显华《课程：范式、取向和设计》，中文大学出版社 1996 年版，第 324 页。

教师对课程改革目标及方法的理解程度，课程改革对教师提出的要求及教师实施新课程的难度，课程改革的材料（包括课程标准、教科书等）的实用性等都会影响新课程的实施。教师在新课程实施过程中需要参加必要的培训和观摩，以更好地理解新课程在现实中的表现形式，而教师也由于自身对现有课程某一方面不满意，对与其相应的这一方面的改革措施比较感兴趣；教师对新课程目标的理解程度，反映在其实际的教育教学中，表面上的理解一定不会带来实际的改变；新课程实施的复杂性也反映在教师所面临的实际情境的复杂性上，这些都要求教师的教学要"以学生为本"，但学生之间的较大差异又要求教师在符合新课程改革理念的同时须关照学生的实际情况。另外，新课程理念指导下为教师提供的教育教学材料是不是教师所认同的，并不完全取决于这些材料是否与新课程理念相一致，还在于是否更适合教师的使用。

课程实施在参与人员方面的特征表明，不同层面的课程实施人员对课程实施的影响是不同的，如教师的参与力度、投入感、教师之间的合作方式以及教师对课程改革的信念等都会对教师的新课程实施产生重要的影响，教师是否参与日常的决策，如教科书的选择、教研活动的方式与时间等，都是教师专业工作的重要内容，教师参与决策则相应地会表现出更积极和关注的态度及行为，教师之间的合作是真诚的，有实质性进展的，还是形式化的表面合作等，都会影响教师的新课程实施。"有不少大型研究结果显示，教师的力量是导致成功的课程实施的主要因素之一。"[1] 有效的新课程实施并非教师单打独斗的结果，教师需要来自其所在群体及组织的有力支撑，这些都依赖校长良好的管理和领导风格。"校长的管理风格对教师专业发展的影响，主要是通过学校日常的教学管理和教研管理体现出来的。"[2] 在这个

---

① 李子建、黄显华：《课程：范式、取向和设计》，中文大学出版社 1996 年版，第 326 页。
② 王娟、王嘉毅：《教师专业发展中校长的影响作用——以三个农村小学校长为个案》，《西北师范大学学报》（社会科学版）2008 年第 3 期。

过程中，校长所营造的文化环境、对教师课程实施目标的引导以及为教师提供相应的培训机会，都是教师实施新课程的标杆。除了校长和教师之外，本地及外地的新课程倡导者，可能会在教科书编制的意图及过程方面为教师提供一定的背景支撑，或者本地区的教育行政部门可以安排一定的资金来制定更多的计划和项目，以促进教师的新课程实施。同时，教师教育机构也应承担起新课程培训和对师范生进行与新课程内容相关的教育，以保证课程实施的可持续性。

　　课程实施在脉络方面的特征，主要从层次、文化和组织三个方面来看。在不同脉络层次对课程实施有着不同的影响。如在教室层次，主要指学生的学习，围绕着学生的学习，学校应营造一个有利的气氛，教师为学生布置的学习任务应适合学生的实际情况等。在学校层次，组织的变革（领导的风格、不同群体的参与等）和积极的氛围都很重要，另外，学校以往对教育变革的态度和成效，即学校的传统，也是影响新课程实施的因素。"文化在课程实施的研究范围而言，所关注的主要是学校文化及教师文化"①，前文在校长的管理风格方面也提到学校文化，而这里主要从学校中不同人员及不同群体所使用的语言、态度、行为等方面来反映学校所具有的文化，以及文化对新课程实施的影响。组织运作对课程实施的影响，主要指学校各机构之间如何运作及协调管理，课程变革对教育行政的管理运作模式提出了一定的挑战，新课程的有效实施不仅依赖课程设计、教师观念与行为的变化，也需要学校组织的运作模式进行相应的调整，为新课程实施提供支持。

　　上述对课程实施影响因素的分析为我们提供了丰富、多层面的视角，也充分展示了课程实施的复杂性，从对课程本体的关注转向关注社区、学校、教师在课程改革的大背景下应当作出的反应，以及相互之间的协调配合。任何单一层面的改变都难以达到有效的课程实施

----

① 李子建、黄显华：《课程：范式、取向和设计》，中文大学出版社 1996 年版，第 337 页。

目标。

大规模的课程实施往往发生在多个层面上。富兰认为，课程变革是在国家、校区和学校层面上发生的，每一个层面都会受到来自其他方面的阻力或推动。[1] 此外，教师的个人因素也会对实施过程产生影响。自上而下的课程变革在影响学生之前，至少会经过四个层面即国家、地方、学校和教师的过滤。[2] 因此，影响新课程实施的因素也可以从这四个层面来进行分析。

谢翌、马云鹏在结合相关研究和个人理解的基础上，对课程实施的影响因素进行了归纳和整理。他们认为，课程实施的影响因素主要包括文件课程的特征、政府对于课程改革的整体策略、教师的知识（实践知识、专业知识和理论知识）、教师的信念、学校的文化、教师发展、教学资源、学生以及家长与社会九个方面。[3] 仔细对比可以发现，在霍尔的课程实施影响因素中，已经基本包括了这九个方面，只是两者的划分标准不同，对某些因素的重视程度也不同。如上面提到的教师知识，包括教师的学科教学法知识，在教学过程中所积累的关于学生特点、学生发展以及班级管理等方面的实践知识，教师所教学科的知识以及关于课程的知识，还包括教师所具有的教育哲学方面的知识等，对教师的知识进行了细致的划分。还有政府对课程改革的整体策略，包括实证理性策略，它相信人是理性的；只要显示出改革的合理性，他们就会顺利地加以实施。权力强调策略，利用法定权力和自身权威，通过法律或政策的形式，强迫无权势者顺从。规范再教育策略，当事人积极投身改革方案的设计和自身的发展。上述都是课程实施的主要影响因素。

影响课程实施的因素可以从上述各个层面分析，我国已有的研究

---

① Michael G. Fullan, *Change Forces with a Vengeance*, London Routledge Falmer, 2003.

② 李子建：《课程实施研究的障碍与契机》，《河南大学学报》（社会科学版）2005 年第 4 期。

③ 谢翌、马云鹏：《关于课程实施几个问题的思考》，《全球教育展望》2004 年第 4 期。

比较多的是从学校层面的校长和教师两个方面展开，其中研究教师对课程实施的影响比较多。如教师对课程理念、课程标准等的理解对课程实施的影响，教师文化对课程实施的影响，教师的课程能力对课程实施的影响，教师信念、教师阻抗对新课程实施的影响等。[①]

本书关于教师课程实施的研究，反映的是教师课程取向在实践层面的具体表现，需要探讨哪些因素影响了教师实际的课程实施，主要从教学管理、学校文化和教学评价等方面展开，其中教学管理主要指学校常规的教学管理制度及管理方式；学校文化主要从学校的教研制度及其实施过程和效果方面来看；教学评价主要反映学校评价教师教学和学生学习的方式与标准。

## 第五节　西北地区新课程实施研究综述

西方课程实施的研究主要有以下几种类型：（1）测量课程的实施程度；（2）探究影响课程实施的有利因素及障碍；（3）测试不同实施策略的成效；（4）发展有关实施历程的理论，解释和推测课程实施之成功和失败。[②] 我国已有的新课程实施研究主要以第二类为主。学者们从学校层面分别研究了校长、教师的课程领导、课程取向、教学方法、课程资源等方面的内容。如徐玉珍认为，课程改革的理想与我国学校教育现实之间的距离和矛盾在课程实施的过程中日益突出（特别是农村地区）。[③] 马云鹏、张释元认为，新课程实施的条件应包括校长的领导、学校的文化基础、外部支持以及时间等。[④] 尹弘飚、李子建认为，课程变革必须通过教师改变进而促进学生学习发生合意

---

[①] 张二庆、马云鹏：《教师素质是成功实施新课程的关键》，《教育探索》2005 年第 11 期。吕国光：《教师信念及其影响因素研究》，博士学位论文，西北师范大学，2004 年。张新海：《新课程实施中的教师阻抗研究》，博士学位论文，西北师范大学，2008 年。

[②] 张善培：《课程实施程度的测量》，《教育学报》1998 年第 1 期。

[③] 徐玉珍：《论国家课程的校本化实施》，《教育研究》2008 年第 2 期。

[④] 马云鹏、张释元：《课程实施的条件与对策——一所农村中学的个案研究》，《全球教育展望》2006 年第 10 期。

的（desirable）变化，教师改变不仅是课程实施的重要途径，而且是课程变革的一个基本目标。[①] 张家军认为，新课程实施存在着课程开发主体单一、开发能力薄弱的问题，学校和教师被排斥在课程开发设计之外，不能从课程外围走向课程中心，压制了学校和教师的课程意识和课程能力；由于我国长期实行大一统的课程计划，再加上中小学教师自身素质欠缺，我国中小学教师的课程开发能力亟待提高。[②] 王嘉毅、王利认为，西部地区农村基础教育课程改革中存在着领导重视不够，对课程改革的紧迫性认识不足，教育评价改革滞后，缺少经费支持，课程资源的开发和利用不足，师资队伍薄弱，对新课程不适应，班额过大制约新课程实施等问题。[③]

有关西北地区课程实施的研究表明，课程和师资是制约西北民族地区基础教育发展的主要瓶颈，中小学课程改革是西北民族地区基础教育发展的突破口[④]；在农村中小学中"端坐静听"是主要的课堂教学模式，教师控制下的"注入式讲授"是主要的教学方法，反复读书、死记硬背是主要的学习方式，周周考试、以分数排名是评价师生的唯一标准，农村学校"应试教育"现象更加严重，实施素质教育的困难更多[⑤]；西部基础教育存在经费投入严重不足，办学硬件设施差，师资队伍建设滞后的问题[⑥]；西部地区农村学校与城市和县镇学校在教学质量上存在较大的差距，西部地区城乡初中学校教学质量的

---

① 尹弘飚、李子建：《课程实施与教师心理变化》，《全球教育展望》2006 年第 10 期。

② 张家军：《新课程实施的问题、原因与对策》，《天津师范大学学报》（基础教育版）2007 年第 3 期。

③ 王嘉毅、王利：《西部地区农村基础教育课程改革面临的问题与对策》，《西北师范大学学报》（社会科学版）2007 年第 2 期。

④ 王利民、王嘉毅：《课程改革：西北民族地区基础教育发展的关键》，《中国民族教育》2003 年第 4 期。

⑤ 王嘉毅：《农村中小学实施素质教育的困难与对策》，《教育研究》2006 年第 11 期。

⑥ 王根顺、张洁：《西部基础教育存在的问题分析与对策思考》，《天津师范大学学报》（基础教育版）2007 年第 4 期。

差距十分严重。①

　　上述研究表明，教师与教师改变是新课程顺利实施的基础条件，西北地区基础教育课程改革，尤其是农村地区的课程改革受到校长与教师教育观念、教学行为、课程及课程标准等因素的影响，西部地区城乡间基础教育发展存在着较大差距。学者从国家课程层面、加大投入力度、改变领导和教师观念、提高教师培训效益等方面提出了提高西北地区课程改革实施效果的对策建议。应修订、调适课程标准，使之真正适合农村学校的实际②；新课程在西北地区的实施得到了大部分教师的认可与赞同，但还应加大师资培训力度，帮助教师进一步了解相关学科的课程标准，提高运用新课程的能力和水平。③

　　综上所述，西北地区新课程实施研究，在教师层面较多地关注教师队伍的整体素质以及教师教育教学的观念、行为及结果，对教师教育教学观念方面的研究也主要侧重于教师对新课程的了解与认可程度。可以看出，已有的西北地区新课程实施研究比较缺乏对教师的课程观念、课程意识、课程行为等方面的关注。在新课程实施过程中，"仅仅站在教学的立场上谋划教学改革，往往看不出问题的实质，难以找到有意义的突破口和生长点，迫切需要一个更开阔的视野。这就是教学改革需要强化课程意识"④。教师如何理解课程、如何参与课程、如何实施课程应当成为新课程实施研究中重要的内容体系。新课程强调教师开发课程、调适课程的能力，若仅仅关注教师的教学方式、手段的改变，而不从课程的层面探讨教师改变，是很难实现新课程所倡导的理念的。

---

　　① 王嘉毅、李颖：《西部地区农村学校义务教育教学质量研究》，《教育研究》2008年第2期。

　　② 王嘉毅、赵志纯：《我国农村基础教育课程改革：问题与对策》，《教育研究》2010年第11期。

　　③ 陈富：《新课程在西北地区适应性之调查研究》，《现代中小学教育》2008年第12期。

　　④ 吴刚平：《教学改革需要强化课程意识》，《人民教育》2002年第11期。

# 第四章

# 教师课程取向研究的设计

## 第一节 研究设计的理论基础
### ——行动理论

本书以教师课程取向为研究主题。课程取向是教师在观念层面对课程的理解，是内隐的。教师具有怎样的课程取向，可以反映教师在思想观念上对课程目的、课程内容、教学及评价的认识，但这种认识却未必与教师实际的教育教学行为保持一致。基础教育课程改革提出了新的教育教学理念，这些理念是否得到了中小学教师的认可，认可程度如何，研究教师课程取向可以获得一些认识，但仅仅研究教师在观念上对课程的理解还不够，还需要研究教师的实践行为是否发生了相应的变化，只有这样，才能准确地反映教师课程取向的真实状况。因此，本书从教师观念层面的课程取向和教师实践层面的课程实施行为两方面来反映西北地区中小学教师课程取向。

行动理论（theories of action）有两类：信奉理论（espoused theory），又称为"宣称理论"，是指当事人宣称其所遵行的理论；使用理论（theory-in-use），则指从实际行动中可以推论出来的理论。人们所宣称的理论并非都是他们认为对的，或者是正确的，也可能是在某个特定的环境中，人们认为应该是正确的理论，或者是人们认为比较理想的理论。宣称理论与使用理论可能是一致的，也可能是不一致的，而当事人可能察觉也可能并未察觉到自己的不一致。通常人们能够察觉到自己所宣称的理论，但使用理论则常常是人们赖以设计行动的隐含的认知图式（tacit cognitive maps）。行动理论中假设出现的形式是，在 S 情境中，若要达到 C 结果，便做 A 行动。① 因此，与人们的行为一致的使用理论，必然会受到人们所在的实际情境以及人们希望达到的结果的影响。

行动理论起源于一个概念：人们是自己行动的设计者。② 人类的行为都是由当事人的意义及意图所建构形成的，当事人会设计某种行动以达成其希望的结果，并在行动的过程中进行检视（monitor），以查看他们的行动是否有效。人们会对自己的行动所达成的结果进行意义的建构，并以此来理解外在的环境，建构的意义又会对人们的行为本身产生影响。当上述行动发生时，人们一边检视自己行为的有效性，一边检视自己对环境的意义建构是否恰当。教师实际的教育教学行为受到其所在环境的影响，学校管理与评价教师的标准与方式，直接决定着教师采用何种方式进行教学。

阿吉里斯（C. Argyris）等人认为，使用理论的模型可以按照图4.1 的模式来建构。在图 4.1 中，主导变量（governing variables）是行动者寻求满足的价值观；行动策略（action strategies）是行动者在特定情境中为满足主导变量而采用的系列动作。行动策略可能导致行动者希望的结果，也可能导致行动者不希望看到的结果，这两种结果并非单一地出现，而极有可能同时出现，不论是怎样的结果，都是行动设计的一部分。行动的后果不只依赖行动者，同时也依赖接受者的使用理论。

阿吉里斯和肖恩（Schon）认为，虽然人们的信奉理论十分多样化，但是很多研究指出，人们的使用理论几乎不存在什么差异，他们于 1974 年建立了两个模型：一个是人们在现实情境中所具有的使用理论模型，称为第一使用理论模型；另一个是接近于人们的宣称

① ［美］克里斯·阿吉里斯、罗伯特·帕特南、戴安娜·麦克莱恩·史密斯：《行动科学》，夏林清译，远流 2000 年版，第 69 页。
② 同上书，第 68 页。

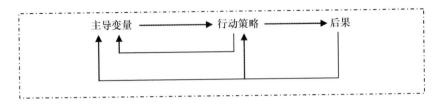

**图4.1　使用理论模型**

资料来源：［美］克里斯·阿吉里斯、罗伯特·帕特南、戴安娜·麦克莱恩·史密斯《行动科学》，夏林清译，远流2000年版，第72页。

理论的使用理论模型，称为第二使用理论模型，这一模型的建构，是研究者期望能够据此理论来帮助人们创造出与第二使用理论模型相一致的行为。

表4.1　　　　　　　　　　　　第一使用理论模型

| 主导变量 | 行动策略 | 行动结果 | 学习结果 |
|---|---|---|---|
| 界定目标并试着达成它们 | 单方面设计与处理环境（如说服或者晓以大义） | 行动者是防卫的、不一致的、不和谐的、竞争的、控制的、害怕受伤害的、操纵的、隐蔽感觉的、过度考虑自己或他人的、只顾自己 | 自我封闭 |
| 增加"赢"，减少失败的可能性 | 控制工作（如把持对工作的执行权） | 防御性的人际与团体关系（依赖行动者，极少协助他人） | 单路径学习 |
| 避免表达或引起负面的感觉 | 单方面保护自己（论断式的表达、以指责他人有偏见、压抑感觉以及理智化等方式防卫） | 防卫性的行为模式（不信任、缺乏冒险性、顺从、强调文凭、权力中心的竞争行为等） | 很少将自己的理论公开验证，多半私下、隐藏式地验证自己的理论 |
| 强调理性 | 单方面地保护他人以免于被伤害（掌控资料及行动规则、私下的会议） | 允许自立自主、抉择、内在承诺以及冒险的自由度低 | |

资料来源：［美］克里斯·阿吉里斯、罗伯特·帕特南、戴安娜·麦克莱恩·史密斯：《行动科学》，夏林清译，远流2000年版，第76页。

第一使用理论模型有四个主导变量，界定目标并试着达成它们；赢，不要输；避免表达或引起负面感觉；强调理性。这一使用理论模型的行动策略是以单一行动路径为主的，即当一个行动策略的结果是

行动者所预期的，那么行动者的主导变量（其价值观念）就得到了确
认；如果行动策略所导致的结果并非行动者所预期的，则行动者会尝
试发展其他的行动策略来满足主导变量的要求，以达到既定的结果，
但主导变量本身并不会发生变化。因此，这种行动策略主要是行动者
单方面地控制相关的环境和工作，并且单方面地保护自己和他人，其
潜在的行为策略就是单方面地控制他人。这种单方面的策略不鼓励行
动者与他人之间进行行为与观念的探讨，引发的结果就是防御性的人
际与团体关系、选择的低度自由以及封闭的学习，只有在预设范围内
发生的学习才会被接受（具体内容如表4.1）所示。

　　第二使用理论模型的主导变量有：有效的信息；自由及明白告知的
选择；对于自己的选择有一内在的承诺，并持续监督其执行。这一使用
理论模型的行动策略是以双路径学习为主的，即当行动策略不能达到行
动者的预期时，行动者在一个开放的沟通环境中，不仅会调整自己的行
动策略，而且在公开检视自己的行为与理念的过程中，行动者还会改变
主导变量本身，使得主导变量更加切合行为环境以及行为对象的实际，
从而达到预期的目标。因此，行动策略是减少单方面的控制，公开验证
理论。行动的结果表现为自我防卫低，比较和谐的人际和团体关系，学
习是一个不断调整观念与行动策略的过程（具体内容见表4.2）。

表4.2　　　　　　　　　　　　第二使用理论模型

| 主导变量 | 行动策略 | 行动结果 | 学习结果 |
|---|---|---|---|
| 有效的信息 | 设计情境或环境，参与者可以清楚地意识到自己行动的过程 | 行动者经验到最轻度的自我防卫（促进者、合作者、机会创造者） | 发展正确行动理论的过程 |
| 自由及明白告知的选择 | 工作是参与双方所共同控制的 | 在人际关系和团体的互动中经验到最轻度的自我防卫 | 双路径学习 |
| 对于自己的选择有一内在的承诺，并持续监督其执行 | 共同合作中的自我保护，成长导向（在直接、可观察的信息基础上交流，增加相互的理解） | 以学习为导向的行为规范（信任、独立、公开面对克服困难） | 公开验证理论 |

　　资料来源：［美］克里斯·阿吉里斯、罗伯特·帕特南、戴安娜·麦克莱恩·史密斯：
《行动科学》，夏林清译，远流2000年版，第83页。

"人们言行不一致的现象是个老掉牙的故事。"① 人们确实常常作出一些和他自己所认为的不一致的行为。行动理论并非研究理论与实践的不一致，这是大家都了解的，而是研究与人们的行为相一致的使用理论具有怎样的特征，并且发展出使用理论的模型，以及如何改变人们的行为，改变人类世界，使得人类所创造的世界与其所信奉的价值观和理论更为一致。行动理论关注人们的思想观念及其相应行为的一致性，期望人们能够表现出与其观念相一致的行动。

本书以行动理论为研究设计的理论基础，对教师课程取向的研究不仅需要了解教师所宣称的课程取向内容，而且需要研究教师课程取向在实践中的表现，即其实际的使用理论是怎样的，在实际的教育教学情境中，教师具有怎样的主导观念和行动策略，产生了怎样的后果。另外，本书还关注教师使用理论的影响因素，教师对其使用理论主导变量的决定权力等，主要从教师所在的学校文化环境中来考察。

## 第二节　研究的内容

本书重点关注西北地区中小学教师的课程取向，分别从教师所具有的观念层面的课程取向，以及教师在实际教学中所表现出来的课程取向两个方面展开研究。关于教师课程取向的分类主要以艾斯纳和瓦纳斯的分类标准为主，即分为学术理性取向、认知过程取向、社会重建取向、科技发展取向和人文主义取向五类。了解西北地区中小学教师整体具有怎样的课程取向，以及在不同学科、学校类型、年龄、教龄和学历的教师中存在怎样的差异；了解教师所具有的课程取向与教师在实践中的现实表现是否一致，教师课程取向与教师课程行为之间

---

①　［美］克里斯·阿吉里斯、罗伯特·帕特南、戴安娜·麦克莱恩·史密斯：《行动科学》，夏林清译，远流 2000 年版，第 69 页。

的关系如何，教师的课程取向是如何影响其新课程实施的取向及行为的，等等。具体的研究内容如下：

1. 教师具有怎样的课程取向，分析城乡、不同学段、学科、学历、职称、称号、培训经历、教龄、性别、年龄的教师在课程取向方面是否存在差异，并对其进行解释。

2. 教师是如何准备教学的？

3. 教师在实践层面是如何教学的？

4. 学校文化环境是如何影响教师教学的？

5. 教师是如何理解课程取向的？

研究的逻辑框架如图 4.2 所示。

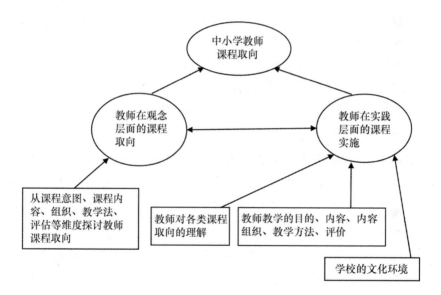

图 4.2　研究的逻辑框架

## 第三节　抽样

本书采取量化与质化研究相结合的研究范式。通过一定规模的问卷调查来了解西北地区中小学教师的课程取向，为了更好地解释和印证问卷数据，再选择相关的个案进行质化分析。

## 一 样本学校及其教师的选择

研究的总体为西北地区中小学教师，但由于各种主客观条件的限制，我们没有能力也没有必要对总体进行研究，而是选择一定容量、能最大限度地代表总体的样本进行研究。

本书对样本选择的考虑如下：首先，中小学教师的总体包括九年制义务教育阶段和高中教育阶段，但由于新一轮基础教育课程改革在不同学段推行的起始时间不同，九年制义务教育阶段的新课程改革在全国正式启动实施的时间一致，即 2001 年正式开始启动，但各省进入高中新课改的时间不相同，宁夏回族自治区是全国第一批进入高中新课改的省区，甘肃、青海、西藏 2010 年秋季才正式开始实施高中新课改。本书是在新课改的大背景下研究中小学教师课程取向的，而西北地区高中学校实施新课程的时间差异较大，因此，本书仅选择西北地区义务教育阶段的教师进行研究。

另外，教师具有的课程取向不仅与国家课程改革所提倡的理念有关，同时也深受其所教学科特点的影响，在通常情况下，文科更多地表现出对社会、观念、人文的重视及讨论，而理科更多地表现出对思维、逻辑的重视。鉴于不同学科的特点，加之小学阶段和初中阶段所开科目的差异较大，为了兼顾文科和理科，同时考虑到小学和初中阶段语文、数学、外语三科都是共同开设的科目，本书仅选取义务教育阶段的语文、数学、英语三科的教师。

甘肃省在西北地区具有一定的代表性，本书在甘肃省兰州市和临夏回族自治州按照分层整群抽样的方法抽取一定数量的义务教育阶段的中小学教师为样本。首先按照城市学校和农村学校来分层，然后选取城市学校中较好、一般的学校，以及农村学校中较好和一般的学校。

本书将学校所在地为县城及其以上学校称为城市学校，学校所在地为乡镇及其以下学校称为农村学校。为了保证样本的代表性，在兰州市和临夏回族自治州各选取几所教育教学质量较好和一般的小学与初中；在兰州市和临夏回族自治州各选取一个教育和经济发展水平中等的县，在这两个县各选取几所教育教学质量中等的小学和初中；在两县各选取一个教育和经济发展水平中等以及较差的乡镇，在每个乡镇选取几所小学和初中，乡镇最好的小学和初中通常仅有一所，在这些最好的学校之外，再选取几所中等水平的小学。本书问卷调查只针对各学校的语文、数学、英语三科教师，因此，尽可能选取各学校所有的语文、数学、英语三科教师为样本，个别初中学校，语文、数学、英语三科的教师人数较多时，采用简单随机抽样的方式选择教师。样本具有较好的代表性。表4.3为问卷调查样本学校的统计表。

表4.3 　　　　　　　　　　问卷调查样本学校统计

| 学校所在地域 | 城市 | | 农村 | |
|---|---|---|---|---|
| 学校类型 | 小学 | 初中 | 小学 | 初中 |
| 学校数量（所） | 7 | 6 | 17 | 5 |
| 合计（所） | 35 | | | |

问卷调查学校在兰州市和临夏回族自治州的分布情况见表4.4。

表4.4 　　　　　　　　　问卷调查学校的地域分布情况统计

| 地域 | | 学校类型 | 学校数量（所） | 小计（所） | |
|---|---|---|---|---|---|
| | | | | 小学 | 初中 |
| 兰州市 | 市、县 | 小学 | 3 | 11 | 6 |
| | | 初中 | 3 | | |
| | 乡镇、村 | 小学 | 8 | | |
| | | 初中 | 3 | | |
| 临夏回族自治州 | 市、县 | 小学 | 4 | 13 | 5 |
| | | 初中 | 3 | | |
| | 乡镇、村 | 小学 | 9 | | |
| | | 初中 | 2 | | |
| 合计（所） | | | 35 | | |

　　在发放问卷的过程中，有一个共同的特点就是城市学校的规模均大于农村学校的规模，尤其表现在小学阶段，因此，为了平衡城市教师及农村教师的数量，城市小学的数量少于农村小学的数量。

　　依据上述原则，本研究共发放教师课程取向问卷940份，回收898份，回收率为95.5%，有效问卷835份，有效率为93%。在对有效问卷中教师的基本信息进行整理的过程中发现，仍然有一些缺失值，如有2份问卷中没有性别信息，3份问卷中没有教龄信息，2份问卷中没有任教科目信息，8份问卷中没有学历信息，50份问卷中没有职称信息，2份问卷中没有性别信息，因此，对教师基本信息的数据分析采用了百分比、有效百分比和累计百分比的方式进行。其中百分比指某项数据占总数的百分数；有效百分比的计算类似于百分比的计算，只是在总数中剔除了缺失值；累计百分比是按照有效百分比从上而下的累积，累积到最后一项时，就是100%。例如在有效问卷中，2位教师没有填写性别信息，因此男教师为266人（百分比为31.9%），女教师为567人（百分比为67.9%，有效百分比为68.1%）。为了行文的方便，在下面的表述中，除了特别说明的之外，所涉及的百分数均为百分比。

　　在有效问卷中，初中教师353人（42.3%），小学教师482人（57.7%）；城市学校教师532人（63.7%），农村学校教师303人（36.3%），问卷调查对象的具体情况见表4.5、表4.6和表4.7。

　　表4.5的数据显示，在问卷调查教师样本中，小学教师为482人，占样本总数的57.7%；初中教师为353人，占样本总数的42.3%。小学教师人数多于初中教师人数。城市中小学教师为532人，占样本总数的63.7%；农村中小学教师为303人，占样本总数的36.3%。城市教师人数多于农村教师人数。

表4.5　　　　　　　　　问卷调查教师样本地域及学校分布统计

| 类别 | | 人数（个） | 百分比（%） | 有效百分比（%） |
|---|---|---|---|---|
| 地区 | 兰州 | 407 | 48.7 | 48.7 |
| | 临夏 | 428 | 51.3 | 51.3 |
| 城乡 | 城市 | 532 | 63.7 | 63.7 |
| | 农村 | 303 | 36.3 | 36.3 |
| 学段 | 小学　城市小学 | 284 | 34.0 | 34.0 |
| | 小学　农村小学 | 198 | 23.7 | 23.7 |
| | 小学　小计 | 482 | 57.7 | 57.7 |
| | 初中　城市初中 | 248 | 29.7 | 29.7 |
| | 初中　农村初中 | 105 | 12.6 | 12.6 |
| | 初中　小计 | 353 | 42.3 | 42.3 |
| 合　计 | | 835 | 100.0 | |

　　表4.6的数据显示，问卷调查教师样本中女教师为567人，占问卷调查总人数的67.9%，男教师为266人，占问卷调查总人数的31.9%，女教师的比例高于男教师的比例。在教龄分布上，2年以下教龄和26年以上教龄的教师分别为85人和93人，均占样本的10%左右；16—25年教龄的教师为228人，占样本的27.3%；6—10年和11—15年教龄的教师分别为198人和132人，共占样本总数的39.5%，这三个教龄段的教师是样本总人数中数量较大的群体，共占样本总数的66.8%。

　　任教科目是语文、数学、英语三科，在问卷调查教师样本中，农村小学兼任语文、数学、英语三科中任意两科的教师总人数为34，占样本总数的4%；语文、数学、英语三科教师分别为331人、303人和165人。

表4.6 　　　　　问卷调查教师样本教龄及任教学科情况统计表

| 类　　　别 | | 人数（个） | 百分比（%） | 有效百分比（%） | 累积百分比（%） |
|---|---|---|---|---|---|
| 性别 | 男 | 266 | 31.9 | 31.9 | 31.9 |
| | 女 | 567 | 67.9 | 68.1 | 100.0 |
| | 缺失值 | 2 | 0.2 | | |
| 教龄 | 2 年以下 | 85 | 10.2 | 10.2 | 10.2 |
| | 3—5 年 | 96 | 11.5 | 11.5 | 21.8 |
| | 6—10 年 | 198 | 23.7 | 23.8 | 45.6 |
| | 11—15 年 | 132 | 15.8 | 15.9 | 61.4 |
| | 16—25 年 | 228 | 27.3 | 27.4 | 88.8 |
| | 26 年以上 | 93 | 11.1 | 11.2 | 100.0 |
| | 缺失值 | 3 | 0.4 | | |
| 任教科目 | 语文 | 331 | 39.6 | 39.7 | 39.7 |
| | 数学 | 303 | 36.3 | 36.4 | 76.1 |
| | 英语 | 165 | 19.8 | 19.8 | 95.9 |
| | 语文/数学 | 15 | 1.8 | 1.8 | 97.7 |
| | 数学/英语 | 4 | 0.5 | 0.5 | 98.2 |
| | 语文/英语 | 15 | 1.8 | 1.8 | 100.0 |
| | 缺失值 | 2 | 0.2 | | |
| 合　　　计 | | 835 | 100.0 | | |

　　表4.7 的数据显示，在问卷调查教师样本中，高中（中专）学历和研究生学历教师分别为 58 人和 2 人，占样本总数的 6.9% 和 0.2%，研究生学历的教师非常少；大专和本科学历的教师人数分别为 352 人和 415 人，占样本总数的 42.2% 和 49.7%。在教师职称方面，未评职称的教师为 67 人，占样本总数的 8%，人数较多；小学高级教师和中学高级教师分别为 135 人和 26 人，占样本总数的 16.2% 和 3.1%，中学高级教师人数明显低于小学高级教师人数；小学教师中小教一级教师为 239 人，占样本中小学教师人数的 49.6%，比例最高；中学教师中中教二级教师为 183 人，占样本中中学教师人数的 51.8%，比例最高。

表4.7　　　　　　　　问卷调查教师样本学历及职称情况统计

| 类　别 | | 人数（个） | 百分比（%） | 有效百分比（%） | 累积百分比（%） |
|---|---|---|---|---|---|
| 学历 | 高中（中专） | 58 | 6.9 | 7.0 | 7.0 |
| | 大专 | 352 | 42.2 | 42.6 | 49.6 |
| | 本科 | 415 | 49.7 | 50.2 | 99.8 |
| | 研究生 | 2 | 0.2 | 0.2 | 100.0 |
| | 缺失值 | 8 | 1.0 | | |
| 职称 | 未评 | 67 | 8.0 | 8.5 | 8.5 |
| | 小教三级 | 1 | 0.1 | 0.1 | 8.7 |
| | 小教二级 | 24 | 2.9 | 3.1 | 11.7 |
| | 小教一级 | 239 | 28.6 | 30.4 | 42.2 |
| | 小教高级 | 135 | 16.2 | 17.2 | 59.4 |
| | 中教二级 | 183 | 21.9 | 23.3 | 82.7 |
| | 中教一级 | 110 | 13.2 | 14.0 | 96.7 |
| | 中教高级 | 26 | 3.1 | 3.3 | 100.0 |
| | 缺失值 | 50 | 6.0 | | |
| 合　计 | | 835 | 100.0 | | |

## 二　个案教师的选择

在质性研究部分，遵照方便原则和典型性抽样原则，在兰州市和临夏某乡镇分别选取两所教育教学质量处于中等水平的城市和农村小学以及初中，共四所学校。这里所谓的教育教学质量的好坏，主要是以当地教育行政部门的评价结果、学生成绩、家长的评价等为选择学校的依据。每所学校的校长、教务主任以及2—3名教师，都是本书的研究合作者。在具体教师的选择方面，以语文、数学两门学科的教师为主，重点选择教育教学水平比较好的各级骨干教师和中等水平的教师。教师的情况以学校校长的介绍、结合研究者到学校实际调研后的经验为选择的主要依据。个案学校教师样本的情况见表4.8所示。

表4.8　　　　　　　　个案学校教师样本基本情况

| 教师编号 | 性别 | 学历 | 教龄（年） | 任教学科 |
|---|---|---|---|---|
| cx01 | 女 | 本科 | 20 | 数学 |
| cx02 | 女 | 本科 | 19 | 数学 |
| cx03 | 女 | 本科 | 2 | 英语 |
| cx04 | 男 | 本科 | 8 | 语文 |
| cz01 | 女 | 本科 | 13 | 数学 |
| cz02 | 男 | 本科 | 5 | 语文 |
| cz03 | 女 | 本科 | 6 | 英语 |
| nx01 | 女 | 大专 | 27 | 数学 |
| nx02 | 女 | 中专 | 18 | 语文 |
| nx03 | 女 | 大专 | 8 | 语文、英语 |
| nz01 | 女 | 本科 | 5 | 语文 |
| nz02 | 男 | 本科 | 4 | 数学 |

说明：教师编号中 cx 代表"城市小学"，cz 代表"城市初中"，nx 代表"农村小学"，nz 代表"农村初中"。

# 第四节　研究的方法

本书采用量化研究与质化研究相结合的范式进行。通过发放问卷，进行量化的数据分析，了解西北地区中小学教师课程取向的现状，并分城乡以及中学、小学两个学段，按照教师的学科、学历、职称、培训经历、教龄、性别、称号进行分类，了解教师课程取向在上述类别方面是否存在差异。通过文本分析、访谈、课堂观察，进行质化研究，了解在实践层面教师对课程取向的理解，以及教师是如何准备教学、进行教学的，这样，一方面为更好地解释量化分析结果提供证据，另一方面，质化研究的数据可以更准确地反映教师实际的教学状况，以及教师教学与教师课程取向之间的关系，即教师的课程取向对教师教学究竟产生了怎样的影响？这种影响是如何发生的？有哪些因素影响教师的课程实施？另外，通过对质化研究中访谈资料的分析，从理论上反思教师课程取向的概念、分类以及对不同类别课程取向的理解。

具体的研究方法有问卷法、访谈法和观察法。

## 一　问卷法

本书采用的问卷调查，主要是对教师在学术理性、认知过程、社会重建、人文主义和科技发展五种课程取向上的倾向性作出一定的判断，并就不同科目、教龄、学历、学校类型等方面教师的差异进行分析。问卷选取香港学者张善培发展出的教师课程取向研究自编问卷作为调查工具，该问卷有英文版本和中文繁体字版本，中文繁体字版本在表述方面与内地教师的表达方式有一定距离，本书结合这两种版本对其进行修改及预调查，使得问卷的表述更准确，也更容易为被试所理解。

首先在对问卷进行修订后实施预调查，然后根据问卷的克龙巴赫系数对其进行再修订，之后形成正式问卷，成为本书的量化研究工具。正式问卷的信度较好，信度分析见表 4.9。具体问卷见附录一。问卷共包含 30 个题项，分别从课程意图、课程内容、课程组织、教学方法和课程评价五个方面对认知取向、社会取向、学术取向、科技取向和人文取向进行了描述。为了提高研究的信度，问卷采用李克特 8 点计分方式让教师进行选择，"1"分代表"极不同意"，"8"分代表"极同意"，即分值越高，表明教师同意的程度越高。

表 4.9　　　　　　　　　　研究工具信度分析

| 课程取向 | 信度系数（Alpha 系数） |
| --- | --- |
| 认知取向 | .798 |
| 科技取向 | .778 |
| 社会取向 | .785 |
| 学术取向 | .764 |
| 人文取向 | .758 |

本书共选取了 35 所中小学的语文、数学、英语三科教师为样本。在教师问卷发放过程中，主要有两种回收方式：一种是现场发放现场

回收，将教师集中到学校的某个会议室或者教室，向教师介绍研究的目的以及填写问卷需要注意的事项，然后发放问卷，教师现场作答，之后回收问卷。这种方法能够保证问卷的回收率以及问卷的填写质量，只是因为需要将教师集中在一起，所以这种方法在中学，尤其是城市中学较难操作。另一种是将问卷留给学校，跟相关人员（通常是教务主任或者副校长）讲清楚填写问卷需要注意的事项，然后约定一个时间，再到学校收取问卷。这种方法较难控制问卷的回收率。

教师问卷发放并全部回收之后，采用 SPSS 13.0 对数据进行量化分析，分析结果为进一步实施质化研究提供了一定的思路。如量化数据分析显示，中小学教师在学术理性课程取向上的得分不高，即教师较不认同这一课程取向。学术理性课程取向的重点在于学生对系统的学科知识的掌握程度，在教师的实际教学中，教师是如何处理学科知识的，他们怎样理解学科知识在学生学习中的地位等，就应当成为研究者进行质化研究所关注的内容，以准确反映教师对学术理性课程取向的真实态度。

## 二　访谈法

访谈法主要包括正式的深度访谈和非正式的随意交谈，本书需要与个案学校的校长、教师进行访谈，需要开发正式访谈提纲。访谈主要用于验证教师究竟具有怎样的课程取向，以及探讨教师所宣称的课程取向与研究者观察到的教师课堂教学之间存在不一致的可能原因，教师所面临的实际情境是怎样的，等等。随意交谈一方面可以很好地拉近研究人员与学校人员之间的距离，另一方面可以随机对一些情境性的问题进行交流，便于获得更真实的信息。研究需要对校长和教师进行多次访谈和交谈。

在进行课堂观察之后，主要对教师进行正式访谈，围绕着教学目标的确定，教学内容的选择、组织，教学方法的选择以及对学生学习的评价等方面展开。在研究过程中，针对某一单元的教学，不仅要看教师某一节课的教学情况，还要从一个单元、一个学期的课程安排来观察教师的教学。具体的访谈提纲见附录二。

　　本书正式访谈校长、任课教师共 24 人次。与校长的访谈一般事先约好时间，地点在校长的办公室，主要就学校的教学管理、教研活动、考核与评价等方面的内容进行交谈，以了解学校层面为教师营造的工作环境对教师课程取向的影响。

　　与任课教师的正式访谈都是在课堂观察之后进行的，先与教师就听课情况进行一些沟通与反馈，然后针对教师课程取向中所涉及的课程内容、目标、教学方法以及评价等问题进行交谈。正式访谈地点都是事先跟教师讲明，希望能在一个独立的空间进行访谈，因此教师会想办法联系学校会议室、实验室或者大队部等地方，在这些没有外人在场的地方，可以与教师就一些问题进行较为深入的交流。

　　访谈的记录方式是录音。在录音之前都会告知对方并征得受访者的同意。对访谈资料的整理，采用逐字逐句的方式转录，并结合研究的相关理论进行有意义的话语分析，找出访谈资料中的关键词语进行整理与分析。在研究过程中还进行了多次时间长短不一的随意交谈。

　　质性研究部分主要是想获得一些鲜活的、生动的教育一线的资料，如学校层面，校长的教育理念及管理理念是怎样的？学校是如何开展教研活动的？学校具有哪些教育教学资源？教师层面，教师参加过哪些级别、形式的培训？有什么收获？教师是如何理解课程的？教师是如何按照对新课程的理解备课的？怎样开展课堂教学？怎样评价学校的环境、新课程改革、自己的教学以及学生的学习？等等。对于这些事实性材料的获得，需要进行多次的访谈及其他研究方法的相互印证，才能保证研究的信度和效度。

　　每到一个学校，通常都先对教师的课堂教学进行观察，在课堂观察之后与任课教师进行课后访谈，共同探讨一些与课堂教学方法、教学内容的处理以及教学评价等相关的内容，还包括学校的教研活动形式、内容以及效果。质化研究比较强调研究者与研究对象之间的人际关系，本书并非行动研究，行动研究以改进实践为首要任务，而课程取向研究重点是了解教师的课程取向，不仅是教师宣称的课程取向，还包括教师实际表现出的课程取向及其影响因素。因此，在与中小学教师交往的过程中，尽管教师们都抱有这样一种心态——希望我对他们的教学进行"指导"，但实际上我的做法与开展一项行动研究很不同，在行动研究的过程中我和一线教师主要是就课堂教学中所面临的一些有待改进的问题进行澄清并探讨解决的策略，而在本书中，我主要是就课堂教学观察过程中所看到的一些教师的行为进行澄清，了解教师出现这样或那样的行为表现的原因，他们的想法及其原因，重点在于理解教师的教学。在与教师交谈的过程中，一方面对教师的教学设计有所了解，另一方面，这种了解的过程也能促进研究者和教师去考虑一些教育教学本质的问题，如为什么一定要用书上的例题进行讲解？为什么一定要亲自讲这个过程，而不是引导学生进行思考？等等。正是对这些问题的追问，在某种程度上对教师的教学实际有一定的影响。

　　关于研究者与研究对象的关系，在尽可能保证研究资料与信息真实性的情况下，笔者比较认同"研究者在实地进行研究时既不可能像一个'局外人'那样，只是简单地收集资料，然后拿回家去闭门进行分析；也不可能完全变成一个'局内人'，声称自己已经掌握了开启当地人心灵的钥匙。研究者需要的是一种使自己和当地人的'视域'相互融合的方式，在自己与当地人之间建立起一座理解的桥梁"。[①] 建构主义的观点强调研究者与研究对象之间基于理解的意义建构，这种观点较符合本书对中小学教师课程取向研究的追求，即不仅了解教师的课程取向是什么，还要理解教师为什么具有这样的课程取向。

### 三　观察法

　　通过参与式观察了解教师的教学状况，开发课堂观察记录表等基本研究工具。在研究的过程中，需要深入课堂等教学活动发生的场所进行实地观察，了解教师教学和学生学习的现状，分析教师教育教学行为的意义以及背后的理念。

――――――――――

① 陈向明：《质的研究方法与社会科学研究》，教育科学出版社 2000 年版，第144 页。

课堂观察主要是了解教师进行课堂教学的内容，它与教材的一致性；教师呈现教学内容的方式；教师采用的主要教学方式？教师对学生学习的评价等。因此，在进行课堂观察时，需要较为全面地对教师的教学以及学生的学习进行记录，之后再对观察记录进行分析、概括和总结。课堂观察记录的方式采用以事件为时间间隔，对教师和学生的语言、行为及课堂氛围进行记录，同时记录下研究者自己的感受。课堂观察提纲见附录三。

课堂观察一共进行了 22 人次，具体的学科、学段、年级等情况见表 4.10 所示。

表 4.10　　　　　　　　　　**课堂观察统计**

| 学校类型 | 学科 | | | 年级 |
|---|---|---|---|---|
| | 语文（节） | 数学（节） | 英语（节） | |
| 城市初中 | 3 | 2 | 1 | 八、九 |
| 农村初中 | 2 | 2 | 0 | 九 |
| 城市小学 | 2 | 3 | 2 | 三、四、五、六 |
| 农村小学 | 2 | 2 | 1 | 四、五、六 |
| 合计（节） | 22 | | | |

在进行课堂观察时，尽可能详细地记录课堂上教师的教学情况和学生参与课堂的情况，之后及时整理课堂观察所记录的材料，并根据具体的事件或特征进行分析。

## 第五节　研究的效度

"效度"是传统的实证主义量化研究的一个判定标准，目的是通过客观的测量和量化推论出一种普遍的法则。[1] 研究的效度，简单地

---

① 陈向明：《质的研究方法与社会科学研究》，教育科学出版社 2000 年版，第 99 页。

说，就是研究的有效程度。一般地，我们说某件事是有效的，就是希望它基于事实或者证据，即能够被证明。具体地说，效度包含两个概念：内在效度和外在效度。"内在效度是指结果可以被精确解释的范围，而外在效度是指结果能被推广的人、情境和条件"①，或者说是研究结论的普遍有效性。

研究的内在效度可以从内容效度、准则效度（校标效度）和理论效度三方面进行论述。"考察内容效度旨在系统地检查测量内容的适当性，并依据我们对所研究的概念的了解去鉴别测量内容是否反映了这一概念的基本内容。而对一个概念的理解是因人而异的，在科学研究中，需要以大多数科学家所接受的概念定义为标准。"② 准则效度是将研究工具与一定的校标进行一致性检验，用一致性程度来表示准则效度，校标就是用于测量某一概念的标准测量工具。在某些研究中，并没有所谓的校标，因此，在这些研究中就只能依据实际经验来检验测量工具的有效性，及用测量工具获得的数据的实际效果。理论效度主要是了解测量工具是否反映了概念和命题的内部结构。因此，研究的内部效度主要指研究所依据的理论、运用的方法和编制的工具是否能有效地反映研究的概念本身。

量化研究对内在效度和外在效度都有较高的要求，内在效度要求研究工具应当准确地反映核心概念中所包含的主体内容，为了保证量化研究的外在效度，抽样所具有的普遍代表性就显得十分重要。而"质的研究所使用的'效度'这一词语不论是在概念定义、分类方法还是使用范畴上都和量的研究很不一样。质的研究中的'效度'这一概念是用来评价研究报告与实际研究的相符程度，而不是像量的研究那样对研究方法本身的评估"③，因此，质化研究并不强调所谓的

---

① ［美］威廉·维尔斯曼：《教育研究方法导论》，袁振国译，教育科学出版社1997年版，第5页。
② 袁方、王汉生：《社会研究方法教程》，北京大学出版社1997年版，第193—194页。
③ 陈向明：《质的研究方法与社会科学研究》，教育科学出版社2000年版，第389—390页。

外在效度，即研究的推论问题，而强调在研究的过程中，研究者在怎样的研究情境（包括环境、人际关系）中开展研究，最终，研究的报告是否与研究过程一致。

本书对教师课程取向的研究采用了量化与质化相结合的研究范式。在量化研究部分，分层整群抽样的方法基本保证了样本的代表性，教师课程取向的问卷是严格按照艾斯纳和瓦纳斯对课程取向的分类，以及相关课程理论对课程取向内涵的理解编制而成的，经过了仔细、认真的修订和预调查，能够较好地反映教师课程取向这一概念的内容结构。

质化研究是为了更科学、准确、详细地解释量化研究的数据，在这一过程中，研究者与一线教师之间的关系、研究者自身的态度、做法等，都会影响研究者与一线教师之间的互动，良好的互动过程有利于双方的相互理解。本书选取的四所个案学校中，研究者与其中三所学校的教师和教导主任或者校长都有共同合作的经验，因此具有良好的人际关系，与另外一所学校的校长和教师，我尽量多与他们进行沟通与交流，除了进行课堂观察外，还参与他们的教研活动，并尽可能地为教师提供一些他们所需要的信息，如教育硕士学习、教师培训等。良好的人际关系在研究过程中起到了重要的作用。在研究过程中，笔者还采用三角检核、反馈等方法，以提高研究的效度。

# 第五章

# 西北地区中小学教师
# 课程取向的现状分析

　　本书重点通过问卷调查的方法，了解西北地区中小学教师在观念层面具有怎样的课程取向，通过课堂观察和访谈，了解教师在实践层面实际具有怎样的课程取向，以及如何表现在其教育教学中。综合教师在观念层面和实践层面的课程取向，以准确、客观地反映西北地区中小学教师课程取向的现状，以及教师课程取向与新课程理念之间的关系。

　　对调查问卷的数据采用统计软件 SPSS 13.0 进行分析，主要从三个方面进行：第一，将 30 个具体题项按照认知过程取向、科技发展取向、人文主义取向、学术理性取向和社会重建取向进行分类，分别计算这五种教师课程取向的平均分和标准差，对教师总体上在五种课程取向上的得分情况有所了解；第二，因为每一类课程取向都包含课程意图、课程内容、课程组织、教学法和课程评价五个方面的题项，为了解教师在这五个方面具有怎样的价值取向，分别计算每一个题项的平均分和标准差；第三，在认知过程、科技发展、人文主义、学术理性和社会重建五类教师课程取向上，对其平均分进行方差分析，以判断这五类课程取向的平均分在城乡、学段、学校类型、学科、学历、教龄、职称、性别等状态变量上是否存在显著性差异，同时对存在显著性差异的变量进行多重分析，判断状态变量不同水平的差异情况。

分析教师在实践层面的课程取向，主要通过整理分析访谈资料和课堂观察资料获得，对访谈资料和课堂观察资料的使用，尽量做到客观、真实地反映教师的想法。

# 第一节　西北地区中小学教师课程取向的整体水平

西北地区中小学教师课程取向的整体水平，主要从两方面来看：一是在认知过程、科技发展、学术理性、社会重建和人文主义五种课程取向类型上，教师具有怎样的倾向性？二是具体到课程意图、课程内容、课程组织、教学法以及课程评价五个内容方面，教师具有怎样的倾向性？

## 一　"认知过程"得分最高

将问卷中的 30 个题项按照五种教师课程取向进行分类，然后分别计算出教师在每类课程取向上的平均分和标准差，根据平均分的高低来判断西北地区中小学教师总体上是否认同这些课程取向，同时了解教师在观念上更认同哪些课程取向。首先分别求出样本中每一位教师在五种课程取向上的平均得分，然后对这些数据进行描述统计（结果见表 5.1）。

表 5.1　　西北地区中小学教师课程取向的总体水平

| 课程取向 | 最小值 | 最大值 | 平均分 | 标准差 |
|---|---|---|---|---|
| 认知过程 | 1.50 | 8.00 | 6.61 | 1.05862 |
| 人文主义 | 1.50 | 8.00 | 6.49 | 1.04121 |
| 科技发展 | 1.83 | 8.00 | 6.34 | 1.09200 |
| 学术理性 | 2.00 | 8.00 | 6.00 | 1.14925 |
| 社会重建 | 1.50 | 8.00 | 5.97 | 1.20962 |

表 5.1 主要列出了教师在五种课程取向上得分的最小值、最大值、平均分和标准差，最小值和最大值表示教师对某种课程取向的认同程度，数值越大，表示认同的程度越高；反之，数值越小，表示认同的程度越低。最小值为 1，最大值为 8，均值为 4；平均值反映了教师对某一课程取向的整体认同程度，平均分大于 4，即表示认同；平均分小于 4，则表示不认同。标准差反映了教师对同一课程取向认同程度的差异性，标准差越大，表明教师间认同程度的差异越大。

表 5.1 的数据显示，教师关于五种课程取向的平均得分都在均值（4 分）以上，表明教师对五种课程取向都是认同的，其中教师最认同的课程取向是认知过程取向，平均分为 6.61，然后分别为人文主义取向、科技发展取向、学术理性取向和社会重建取向，平均得分分别为 6.49、6.34、6.00 和 5.97。教师认同度最高的是认知过程取向，但也不排斥其他课程取向。这与其他学者如张善培、靳玉乐、S. B. Jenkins 的研究结果一致。

## 二 "中小学最重要的课程内容是学科知识"得分最低

问卷中的 30 个题项分别代表了五类教师课程取向的课程意图、课程内容、课程组织、教学方法和课程评价，为了在这五个内容方面更具体地了解教师具有怎样的课程取向，还需要对 30 个题项进行描述统计，计算每一道题的平均分和标准差。

对 30 个题项分别进行描述统计，分析结果见表 5.2。

表 5.2 的数据显示，平均分从高到低的前五个题项中，认知过程取向有两个题项，人文主义取向有两个题项，科技发展取向有一个题项，而后五个题项中社会重建取向有三个题项、学术理性取向有两个题项。这也印证了前面按照五类教师课程取向进行描述统计的结果，即教师在认知过程取向上的得分最高，接下来分别是人文主义取向、科技发展取向、学术理性取向和社会重建取向。在课程意图、课程内容、课程组织、教学方法和课程评价方面，教师最同意的是认知过程取向的教学方法，"在教学过程中，学生有机会思考问题是最关键的"，

表 5.2                                    **教师课程取向具体内容的描述统计**

| 课程取向 | 题号 | 平均分 | 标准差 |
|---|---|---|---|
| 认知过程 | T1 | 7.08 | 1.494 |
| | T4 | 6.12 | 1.614 |
| | T9 | 6.85 | 1.400 |
| | T18 | 6.47 | 1.505 |
| | T23 | 6.63 | 1.427 |
| | T27 | 6.46 | 1.558 |
| 科技发展 | T2 | 6.21 | 1.800 |
| | T6 | 6.38 | 1.463 |
| | T11 | 6.31 | 1.541 |
| | T21 | 6.01 | 1.700 |
| | T25 | 6.31 | 1.592 |
| | T28 | 6.72 | 1.432 |
| 社会重建 | T5 | 5.77 | 1.820 |
| | T8 | 6.57 | 1.429 |
| | T14 | 5.86 | 1.802 |
| | T17 | 6.26 | 1.684 |
| | T24 | 5.71 | 1.815 |
| | T29 | 5.64 | 1.844 |
| 学术理性 | T10 | 5.48 | 1.892 |
| | T13 | 6.20 | 1.591 |
| | T16 | 6.37 | 1.522 |
| | T20 | 6.07 | 1.661 |
| | T26 | 6.16 | 1.600 |
| | T30 | 5.77 | 1.889 |
| 人文主义 | T3 | 6.80 | 1.460 |
| | T7 | 6.54 | 1.508 |
| | T12 | 6.50 | 1.454 |
| | T15 | 5.78 | 1.883 |
| | T19 | 6.28 | 1.582 |
| | T22 | 6.96 | 1.397 |

平均得分为7.08。最不同意的是学术理性取向的课程内容，"中小学生最重要的课程内容是学科知识"，平均得分为5.48。即在教学方法方面，教师最同意的是通过让学生思考问题来获得认知能力的发展，在课堂上激发学生进行思考是最重要的，而在课程内容方面，教师最不认同完全以学科知识为重点内容。

对30个题项的描述统计结果进行排序，前五项和后五项的具体得分和内容见表5.3。

表5.3　　　30个题项的平均得分结果排序（前五项和后五项）

| 题项 | 平均分 | 标准差 |
| --- | --- | --- |
| T1 在教学过程中，让学生有机会思考问题是最关键的 | 7.08 | 1.494 |
| T22 学生在一个充满了爱和情感支持的学习环境中，才能学得最好 | 6.96 | 1.397 |
| T9 课程的基本目标应是培养学生学习各种事物的认知技能，如记忆、假设、问题解决、分析、综合等 | 6.85 | 1.400 |
| T3 除学业成绩外，学生的个人发展，例如自信心、动机、兴趣和自我意识等也是教学评价的重点 | 6.80 | 1.460 |
| T28 课程设计应当首先确定学生的学习目标 | 6.72 | 1.432 |
| T5 课程应让学生理解社会现实问题并为促进社会改革而采取行动 | 5.77 | 1.820 |
| T30 学校课程的首要任务是让学生获得人类各种重要的文化遗产 | 5.77 | 1.889 |
| T24 课程内容应集中分析社会现实问题，如环境、能源、民族团结和犯罪等 | 5.71 | 1.815 |
| T29 学校课程最重要的目标是培养学生批判性地分析社会现实问题的能力 | 5.64 | 1.844 |
| T10 中小学最重要的课程内容是学科知识 | 5.48 | 1.892 |

分题项的描述统计显示，在中小学教师的课程观念中，突出表现为注重对学生认知能力的培养以及关注学生全面发展的特性。在教师认同度最高的五个题项中，T1、T9两题都是关于培养学生认知能力的，T1题的平均分最高，为7.08，教师最赞同在课堂教学中应以引发学生进行思考为关键，T9题的平均分为6.85，教师认同课程的基本目标是培养学生学习的认知技能。T3、T22两题强调以学生为本、

关注学生个体的全面发展。T3 题的平均分为 6.80，在学生评价方面，教师们更认同应关注学生的全面发展，如良好人格的培养，充分调动学生的好奇心、积极性等，而非仅以考试成绩为重。T22 题的平均分为 6.96，仅次于最高分 7.08，在学生学习过程中，积极的心理氛围是促进学生学习的重要因素。

在西北地区中小学教师的课程观念中，最不认同学生的学习完全以学科知识为重，以及学生的学习与社会改革与发展密切相关。

教师在学术理性取向上有两道题的得分较低，T10 题"中小学最重要的课程内容是学科知识"的平均得分最低，为 5.48；T30 题"学校课程的首要任务是让学生获得人类各种重要的文化遗产"的平均得分为 5.77，他们认为，学科知识并非最重要的课程内容，让学生获得人类的文化遗产也不是最重要的课程目标，而与学生能力发展、个性发展相关的内容更为重要。教育培养的人才所具备的素质，应与特定社会发展阶段所需人才的素质相匹配，当代社会不仅需要有扎实基础知识和基本技能的公民，而且需要有创新精神、实践能力、个性充分发展的人才。基础教育课程改革提出以提高学生可持续发展能力为导向的"积极主动的学习态度、学会学习、正确的价值观"等，都是现代社会对人才素质要求的真实写照。在新课程背景下，西北地区中小学教师在课程观念方面明显地表现出与时代要求相一致的特点，注重学生的认知能力和综合能力的提升，而不是死记硬背式的学习。

社会重建取向是教师课程取向中认同度最低的，表 5.3 的数据显示，在得分最低的五个题项中，T5、T24、T29 三题是属于社会重建取向的题目，平均得分分别为 5.77、5.71、5.64，强调学校课程应培养学生批判性地分析社会问题的能力，课程内容应聚焦于社会现实问题，学生应具备一定的社会变革能力等。尽管教师们认同学生能力发展的重要性，但我国长期注重学科知识、分科教学、学校脱离社会现实的教育现状，教师们并不认为学生在学校尤其是义务教育阶段的学校教育与社会的改革和发展之间有密切的、直接的联系。

前面的数据也显示，在义务教育阶段，教师更加认同学生的学习还是应当以学生认知技能的发展以及个体全面发展为本。新课改强调学生的全面发展，多指在学生实际操作能力、创新思维能力、表达能力以及自信心、个性发展等方面有所体现，而教师们并不认为这些与社会的变革之间有什么关系，更多的是有利于学生个体今后的发展。就像校长和教师所说的，新课改对学生的改变还是比较明显的。

> 我就深切地感受到课改对孩子的思维能力的发展特别好，我带的那一届学生特别出色，真的特别出色。我们那个班的学生参加全省的冬令营，我们拿了全省第一和个人第一。（校长访谈）
>
> 现在的学生都比较自信，也都比较有表现欲，竞争力、创新能力都比我们那个时候要强。（教师访谈）

教师们并不太认同为社会变革而学习是义务教育阶段学生学习的主要目的，因此，中小学的课程内容、教学策略以及课程评估，都与社会变革和发展有较远的距离。正如在调研过程中一位农村小学的教师就学校教育与当前社会问题之间的关系所谈的：

> 小学生知道个啥，他们理解不了。（问卷发放过程中与一位教师的随意交谈）

但是，值得一提的是，表5.2中关于社会重建取向的数据显示，教师在T8题和T17题上的得分并不低，T8题是"对学生的评价应当强调学生的公民意识、问题解决能力和决策能力"，教师在该题上的平均得分为6.57，高于除了认知过程取向之外的其他四种课程取向的平均得分；T17题是"允许学生分析、调查并评估真实的社会问题，学生才能学得最好"，教师在该题上的平均得分为6.26。教师在上述两道题上得分较高，也充分反映出教师对学生实践能力的重视，以及在教学方法上体现出对学生能力的培养。

另外，在前面关于社会取向的论述中提到，社会取向包括比较激进的社会重建取向和比较温和的社会适应取向，虽然都以当前的社会问题为主要课程内容，但社会重建和社会适应的不同取向，会导致教师的态度、言语、评价不一样，社会重建更倾向于在学校教育中发展学生的批判性思维及改进现实的实际能力，这里的"批判""改革"，与我国基础教育的实际不符。我国基础教育长期处于忠于国家意志、脱离社会现实、注重学科知识的现状里，在课程改革的背景下，更加重视学生人文精神和个性的培养。因此，社会重建取向与我国当前的学校教育现实之间还存在比较大的距离。

### 三　课程取向五个维度的分析

按照课程意图、课程内容、课程组织、教学方法和课程评价五个维度对 30 个题项的描述统计结果进行分析，具体的数据分析结果见表 5.4。

表5.4　　　　　　　　　**教师课程取向的五个维度统计**

| 五个维度 | 题号 | 平均分 | 标准差 |
|---|---|---|---|
| 课程意图 | T5 | 5.77 | 1.820 |
| | T7 | 6.54 | 1.508 |
| | T9 | 6.85 | 1.400 |
| | T16 | 6.37 | 1.522 |
| | T28 | 6.72 | 1.432 |
| | T29 | 5.64 | 1.844 |
| | T30 | 5.77 | 1.889 |
| 课程内容 | T2 | 6.21 | 1.800 |
| | T10 | 5.48 | 1.892 |
| | T15 | 5.78 | 1.883 |
| | T24 | 5.71 | 1.815 |
| | T27 | 6.46 | 1.558 |

| 五个维度 | 题号 | 平均分 | 标准差 |
|---|---|---|---|
| 课程组织 | T4 | 6.12 | 1.614 |
| | T13 | 6.20 | 1.591 |
| | T14 | 5.86 | 1.802 |
| | T19 | 6.28 | 1.582 |
| | T21 | 6.01 | 1.700 |
| 教学方法 | T1 | 7.08 | 1.494 |
| | T11 | 6.31 | 1.541 |
| | T12 | 6.50 | 1.454 |
| | T17 | 6.26 | 1.684 |
| | T18 | 6.47 | 1.505 |
| | T22 | 6.96 | 1.397 |
| | T25 | 6.31 | 1.592 |
| | T26 | 6.16 | 1.600 |
| 课程评价 | T3 | 6.80 | 1.460 |
| | T6 | 6.38 | 1.463 |
| | T8 | 6.57 | 1.429 |
| | T20 | 6.07 | 1.661 |
| | T23 | 6.63 | 1.427 |

　　结果显示，在课程意图方面，教师认同度最高的是T9题，认知过程取向的课程目标，"课程的基本目标应是培养学生学习各种事物的认知技能，如记忆、假设、问题解决、分析、综合等"，平均分为6.85；其次是T28题，科技发展取向的课程目标，"课程设计应当首先确定学生的学习目标"，平均分为6.72。教师认同度最低的是T29题，社会重建取向的课程目标，"学校课程最重要的目标是培养学生批判性地分析社会现实问题的能力"。可以看出，教师最认同的课程目标是培养学生认知能力的目标，这个结果与教师访谈过程中所获得的信息比较一致。

我们语文教学就想让学生能够集中注意力，在语言上，在素养方面能够有所提升，所以让他们多说，而且要多思考。先读完课文，我提问题学生思考，之后，我们一起解决问题。（教师访谈）

教师比较看重学生的思维能力、分析问题的能力以及解决问题的能力，但似乎没有哪个教师认为学生批判性地分析社会问题的能力非常重要。

在课程内容方面，教师认同度最高的是认知过程取向的课程内容，T27 题"求知的方法是中小学课程中最重要的内容"，平均分为 6.46；其次是科技发展取向的课程内容，T2 题"学校每一科目的课程内容和教学活动，应根据学生的学习目标来选择"，平均分为 6.21。教师认同度最低的是学术理性取向的课程内容，T10 题"中小学最重要的课程内容是学科知识"，平均分为 5.48。教师最不赞同学科知识是中小学最重要的课程内容，课程内容的选择应有利于发展学生探究的能力，内容的选择应当以学生的学习目标为依据。

在课程组织方面，教师认同度最高的是人文主义取向的课程组织，T19 题"学生的兴趣和需求应当成为课程组织的中心"，平均分为 6.28；其次是学术理性取向的课程组织，T13 题"学科知识是设计一个高质量学校课程的基础"，平均分为 6.20。教师认同度最低的是社会重建取向的课程组织，T14 题"课程应以现存的社会现实问题为课程组织的中心，如环境污染和人口问题等"，平均分为 5.86。虽然教师最不赞同"学科知识是中小学最重要的课程内容"，但在课程组织方面，他们还是认为学科知识的逻辑组织方式是学校课程设计的基础，而且学生的兴趣和需要也是最重要的课程组织原则，教师最不赞同的课程组织方式是以社会现实问题为组织中心。

在教学方法方面，教师认同度高的依次是认知过程取向和人文主义取向的教学方法，T1 题"教学过程中，让学生有机会思考问题是最关键的"和 T22 题"学生在一个充满了爱和情感支持的学习环境中，才能学得最好"，平均分分别为 7.08 和 6.96；教师认同度最低的依次是学术理性取向和社会重建取向的教学方法，T26 题"课程应要求教师传授给学生最好、最重要的学科内容"和 T17 题"允许学生分析、调查并评估真实的社会问题，学生才能学得最好"，平均分分别为 6.16 和 6.26。教师最认同的教学方法是为学生创造一个充满爱和情感支持的学习环境，同时在教学过程中应注重激发学生进行思考和探究，以提高学生的思维能力；教师最不赞同给学生传授学科知识的教学方法，也不太认同让学生进行调查分析等活动是教师教学的主要方法。

在课程评价方面，教师认同度最高的是人文主义取向的课程评价，T3 题"除学业成绩外，学生的个人发展，例如自信心、动机、兴趣和自我意识等也是教学评价的重点"，平均分为 6.80；其次是认知过程取向的课程评价，T23 题"评价学生的思维水平和方式以及他们探究知识的能力是最重要的"，平均分为 6.63。教师认同度最低的是学术理性取向的课程评价，T20 题"重要的是评价学生获得基础知识的程度"，平均分为 6.07。教师最赞同的课程评价理念是，学生个人的全面发展和学生的学业成绩应当是教学评价的重要内容，同时学生认知能力的发展以及实践探究能力也很重要；教师最反对以学生掌握基础知识的程度为课程评价的唯一依据。

上面五个维度的数据分析结果与教师课程取向的整体数据分析基本保持一致，认知过程取向和人文主义取向是教师比较认同的两种课程取向，而对学术理性取向和社会重建取向教师的认同度比较低。只有课程组织维度有不同的结果，教师最认同的是人文主义和学术理性取向的课程组织，学术理性取向在课程意图、课程内容、教学方法和课程评价四个维度的得分都是比较低的，分别为 5.77、5.48、6.16 和 6.07，只有在课程组织维度即"学科知识是设计一个高质量学校课程的基础"的得分较高，为 6.20。

"如果从教学层面来考虑，则范畴、继续性、顺序性、统整性、衔接性、均衡性等要素都是从学习的层次出发来组织课程"[1]，范畴是指

---

① 林智中、陈建生、张爽：《课程组织》，教育科学出版社 2006 年版，第 8 页。

课程的广度，范畴的意义既可以是宽度，也可以是深度。范畴决定了课程内容的基本范围，而继续性、顺序性、统整性等则是课程组织结构的一些要素。"学科知识是设计一个高质量学校课程的基础"，这里的学科知识可以看作决定课程范畴的基础，学科内在的逻辑结构和学科知识就成为学术理性取向课程的主要组织基础。

这里似乎存在着矛盾，如果学科知识是高质量学校课程的基础，那么学科知识就应当是学生学习和教师教学非常重要的内容，但教师在"中小学最重要的课程内容是学科知识"和"重要的是评价学生获得基础知识的程度"以及"课程应要求教师传授给学生最好、最重要的学科内容"等题项上的得分分别为5.48、6.07和6.16，教师的认同度又很低。一方面，在中小学阶段，学科知识仍然是教师认为最重要的学校课程的基础，另一方面，教师又宣称获得学科知识并非其教育教学最重要的目的。这里似乎隐含着这样一种现状，即教师在理念上知道应当关注学生的全面发展，学生的学习成绩（代表其对学科知识的掌握程度）不应该是唯一的评价标准，但在实际的教育教学中，一方面学校课程的绝大部分内容都是学科知识，另一方面对学生的评价也以考试，即测查学生对学科知识的掌握程度为主要形式，因此，虽然教师在理念上认同新课程提出的关注学生的可持续发展能力，但在实际的学校课程中，学科知识仍然是重要的基础。在研究过程中，通过课堂观察以及课后访谈，我们发现，教师在课堂教学当中，还是以知识的传授为主，而在访谈当中，虽然教师刚开始还比较忌讳直接用"知识"或者"知识点"一类的词汇，但实际上知识的学习以及考核，仍然是教师教学的重中之重。

> 考试不会用这种口语表达的方式来检测你，所以你不会写也不行啊，像"日积月累"上的内容，还有"读读记记"上的内容。"日积月累"是考试必考的内容，一般的老师都把那些看得很重。每次考试，肯定会考它。

　　评价学生的时候还是看他对知识的掌握，他今天把这个写出来写对了，我就觉得他学会了；如果他没写对，就没学会，主要还是从他掌握的知识上来衡量的。

　　我们会找这样的复习课去做，对它做一个归纳总结，要求学生记住，就必须记住，记不住的，我们就会不断督促。（教师访谈）

　　这里就明显存在着教师的宣称理论与使用理论的不同，新课程就是要改变过去过于注重学科知识的倾向，而更多地关注学生的发展，这个观念在教师当中已经深入人心，但这种观念的改变并没有体现在教师实际的教学当中。

　　因为现在的评价方式就是考试，考试的时候，会以我们整个教材为主体来出题。评价方式决定了我们平时的讲课方式，我觉得这种评价方式不变的话，我们的教学方式就很难改变。（教师访谈）

　　教师所具有的主导变量还是学生要掌握知识，考出好成绩，因此，教师表现出的行动策略就是以让学生学会、掌握知识为主要目标。虽然"中小学最重要的课程内容是学科知识"以及"重要的是评价学生获得基础知识的程度"两题都是课程内容和课程评价维度得分最低的题项，但实际上，学科知识以及基础知识是学校和老师最看重的。

## 【小结】

　　初步来看，西北地区中小学教师所宣称的课程取向，整体上呈现出认知过程取向和人文主义取向的趋势，教师们较不认同的是学术理性取向和社会重建取向，科技发展取向居中。这一特点在对每一个题项进行描述统计，以及分课程意图、课程内容、课程组织、教学方法和课程评价五个维度进行描述统计的结果中，都得到了较为一致的验证。课程组织维度的数据分析，与其他的统计结果不太一致，学术理性取向下的课程组织得分较高，这与教师对学术理性取向其他维度的观念不一致，其他维度的得分均较低。在教师实际使用的课程取向里，学术理性取向占有明显的优势。

# 第二节　不同学校类型教师的课程取向分析

本书在学校类型上共分为城市初中、农村初中、城市小学和农村小学四种类型。对这四种类型学校教师的课程取向进行单因素方差分析发现，城市初中、城市小学和农村小学教师的课程取向与前面分析的整体教师课程取向完全一致，即教师对五种课程取向的认同度从高到低分别是认知过程取向、人文主义取向、科技发展取向、学术理性取向和社会重建取向，城市初中教师在上述五种课程取向上的平均得分分别为 6.44、6.29、6.20、5.95 和 5.89，城市小学教师在上述五种课程取向上的平均得分分别为 6.63、6.52、6.34、6.02 和 5.97，农村小学教师在上述五种课程取向上的平均得分分别为 6.70、6.63、6.42、5.99 和 5.91。农村初中教师对上述五种课程取向的认同度略有差异，平均得分从高到低分别是认知过程取向（6.75）、人文主义取向（6.59）、科技发展取向（6.46）、社会重建取向（6.24）和学术理性取向（6.05），即学术理性取向的得分最低，而不像其他类型学校教师的课程取向，都是社会重建取向的得分最低（具体数据见表 5.5）。

## 一　四种类型学校教师课程取向的差异性分析

（一）四种类型学校教师课程取向的整体差异分析

虽然城市初中、农村初中和城市小学、农村小学四种类型学校教师的课程取向与整体的教师课程取向基本一致，但是由于学段不同、城乡间的差异，还需要进一步分析这四种类型学校教师间的课程取向是否存在差异。对四种类型学校教师的数据进行单因素方差分析，分析结果见表 5.5。

表 5.5                   不同类型学校教师课程取向整体差异分析

| 取向 | 城市初中 a 平均分/标准差 | 农村初中 b 平均分/标准差 | 城市小学 c 平均分/标准差 | 农村小学 d 平均分/标准差 | F 值 | 显著水平 | 事后多重比较 |
|---|---|---|---|---|---|---|---|
| 认知过程 | 6.44/1.16 | 6.75/0.81 | 6.63/1.04 | 6.70/1.01 | 3.246 | 0.021* | $a < b^*$<br>$a < c^*$<br>$a < d^*$ |
| 科技发展 | 6.20/1.14 | 6.46/0.87 | 6.34/1.14 | 6.42/1.04 | 2.110 | 0.098 | $a < b^*$<br>$a < d^*$ |
| 社会重建 | 5.89/1.27 | 6.24/1.08 | 5.97/1.13 | 5.91/1.26 | 2.210 | 0.086 | $a < b^*$<br>$b > d^*$ |
| 学术理性 | 5.95/1.22 | 6.05/1.06 | 6.02/1.12 | 5.99/1.12 | 0.226 | 0.878 | |
| 人文主义 | 6.29/1.15 | 6.59/0.88 | 6.52/1.03 | 6.63/0.94 | 4.606 | 0.003** | $a < b^*$<br>$a < c^*$<br>$a < d^{**}$ |

说明：$*p < 0.05$，$**p < 0.01$，$***p < 0.001$，下同。

总体来看，这四种类型学校教师在认知过程取向和人文主义取向上存在显著差异，P 值分别为 0.021 和 0.003；城市初中和城市小学教师在认知过程取向上的平均得分分别为 6.44 和 6.63，在人文主义取向上的平均得分分别为 6.29 和 6.52；农村初中和农村小学教师在认知过程取向上的平均得分分别为 6.75 和 6.7；在人文主义取向上的平均得分分别为 6.59 和 6.63。城市初中和城市小学教师在这两种课程取向上的得分均低于农村初中和农村小学的教师；在科技发展取向、社会重建取向和学术理性取向上的差异不显著。

为了进一步了解究竟哪些不同类型学校之间存在显著差异，对数据进行事后多重比较，结果见表 5.5。数据显示，在认知过程取向上，城市初中教师的得分最低，为 6.44，农村初中、城市小学和农村小学教师的得分分别为 6.75、6.63 和 6.7。且城市初中与其他三种类型学校之间均存在显著差异；在科技发展取向上，城市初中教师的得分最低，为 6.2，农村初中、城市小学和农村小学教师的得分分别为 6.46、6.34 和 6.42，且城市初中与农村初中和农村小学存在显著差异；在社会重建取向上，城市初中教师的得分最低，为 5.89，农村初中、城市小学和农村小学教师的得分分别为 6.24、5.97 和 5.91，且城市初中与农村初中存在显著差异，农村初中与农村小学之间存在显著差异；在学术理性取向上，仍然是城市初中的得分最低，为 5.95，农村初中、城市小学和农村小学教师的得分分别为 6.05、6.02 和 5.99，但四类学校之间在学术理性取向上均不存在显著差异；在人文主义取向上，城市初中的得分最低，为 6.29，农村初中、城市小学和农村小学教师的得分分别为 6.59、6.52 和 6.63，且城市初中与其他三类学校之间均存在显著差异，其中城市初中与农村小学存在非常显著的差异。

表 5.5 的数据显示，城市初中教师在认知过程、科技发展、社会重建、学术理性和人文主义五种课程取向上的得分分别为 6.44、6.20、5.89、5.95 和 6.29，而其他三种类型学校教师在上述五种课程取向上的最低得分分别为 6.63、6.34、5.91、5.99 和 6.52，城市初中教师的得分均低于农村初中、城市小学和农村小学教师的得分，而且除了在学术理性课程取向上所有类型的学校教师均不存在显著差异外，在其余四种课程取向上，城市初中与农村初中之间均表现出显著差异，在认知过程取向和人文主义取向上，城市初中与城市小学和农村小学也表现出显著差异；在科技发展取向上，城市初中与农村小学存在显著差异，在社会重建取向上，农村初中与农村小学存在显著差异。

城市初中的教师面临着较大的升学压力以及较为严格的教学管理的工作环境，相比较而言，农村中学的教师在这两方面的压力都小于城市初中的教师。

> 毕竟是农村嘛，农村好像在教学方面要求义务教育完成就可以了，这边家长的意识和要求就是，送孩子上学就是稍微学些知识，或者生活中有点用处就可以了，不要求以后可以上个大学，意识方面好像不是那么强烈，还是跟这个地方有关系，在农村，老师压力可能稍微小一些，城市那边，对教师压力还是挺高的，

教学质量必须提起来。（农村初中教师访谈）

如果班里，比如有68人，有近40个学生能基本达标，等于这次测试就是基本合格的，让他们改个错就行了。对剩下的20多人，我们也要分层次，比如说有一部分是好学生，我们对这些好学生在思想上进行敲打，让他们能够抓紧学习，不要浪费时间，就是在思想上给他们上个紧箍咒，让他们自己再回去背，我们还会第二次考察他们。而对学习差生，就直接对他们进行再次考试，而且还是这些内容，对他们要求不高，只是这些基本内容你必须过，所以在字词等方面就要求他们在第二次考试时必须合格。合格不了，我们就会请家长，让家长过来跟我们一块儿配合，这样做，能督促他们学习吧。（城市初中教师访谈）

访谈资料也显示，农村初中教师更关注学生所学知识的实用性，教师面对的学生升学压力小于城市初中的教师，因此，在评价学生是否扎实掌握了学科基础知识方面，城市初中教师显得较为刻板和严格，会采取不同的方式来督促学生掌握学科基础知识，而农村初中的教师在这方面的要求相对较低。在教师具有共同学术理性取向的使用理论的基础上，城市初中的教师对学生人文素养的培养、批判性的社会分析能力以及思维的发展等，认同度都不高，城乡差异显著。

农村学生初中毕业后，大多面临着步入社会的现实，因此，教师也比较关注学生所学知识的实用性以及学生解决问题的能力，而农村小学的教师对这一问题考虑得较少，还是以学生对知识的学习为主要任务。

现在的数学教材就是比较注重跟生活联系紧密一些，实用性更强一些。像这里的学生，大多数初中毕业以后，高中不念的也有，有些女学生要做针线活，也要用到那些图案的设计，还是有用的。（农村初中教师访谈）

　　拿语文来说，一个单元的词语听写一下，再一个是作文写得怎么样，我们主要还是以成绩为主。（农村小学教师访谈）

　　因此，在学生学习的社会实用性、对社会的关注方面，农村初中教师比农村小学教师更注重学生所学在其今后生活中的作用，农村初中教师与农村小学教师存在着差异。

　　整体来看，城市初中与其他学校之间表现出显著的城乡差异和学段差异，尤其是城市初中与农村初中、城市初中与农村小学在认知过程、科技发展、人文主义和社会重建取向上的差异显著，城市初中得分均低于其他类型的学校，城市初中教师对上述四种课程取向的认同度较低；农村初中仅在社会重建取向上与农村小学存在显著差异，农村初中得分高于农村小学，农村初中教师比农村小学教师更关注学生学习内容在其今后生活中的作用；而城市小学与农村小学在所有类别的课程取向上均不存在显著差异。

　　（二）四种类型学校教师课程取向分题项的差异性分析

　　在课程意图、课程内容、课程组织、教学方法以及课程评价五个维度上，进一步对问卷中30个题项进行四种类型学校的单因素方差分析（结果见表5.6）。

　　表5.6的数据显示，四种类型学校的教师在11个题项上表现出差异，其中认知过程取向和人文主义取向的题目各有4个，而科技发展取向、社会重建取向和学术理性取向的题目各有1个。

　　通过事后多重比较发现，在认知过程取向和人文主义取向上，差异主要来自于城市初中与其他类型学校的不同。城市初中教师在认知取向T1、T4、T9、T23题上的得分分别为6.92、5.90、6.60和6.42，代表了认知取向的课程意图、课程组织、教学方法和课程评价，而农村初中、城市小学和农村小学的教师在上述四道题目上的最低得分分别为6.97、6.09、6.88和6.68，城市初中教师的得分均低于其他三类学校教师的得分。认知过程取向上的差异既表现在城乡之间，也表现在初中和小学两学段之间，城市初中与农村初中和农村小学的差异显著，而城市小学与农村小学没有显著的差异。四类学校教师在认知取向的课程内容上没有表现出显著差异，即大家对"求知的方法是中小学课程中最重要的内容"以及"教师应系统地教授思考的方法"两题的认同度大致相同。

表 5.6 　　　　　　　不同类型学校教师课程取向分题项差异分析

| 取向 | 题号 | 城市初中 a 平均分/标准差 | 农村初中 b 平均分/标准差 | 城市小学 c 平均分/标准差 | 农村小学 d 平均分/标准差 | F 值 | 显著水平 | 事后多重比较 |
|---|---|---|---|---|---|---|---|---|
| 认知过程 | T1 | 6.92/1.626 | 7.49/0.942 | 6.97/1.586 | 7.21/1.375 | 4.624 | 0.003** | a < b**<br>a < d*<br>b > c** |
| | T4 | 5.90/1.671 | 6.31/1.732 | 6.09/1.468 | 6.36/1.644 | 3.517 | 0.015* | a < b*<br>a < d** |
| | T9 | 6.60/1.534 | 7.03/1.197 | 6.88/1.395 | 7.02/1.292 | 4.123 | 0.006** | a < b**<br>a < c*<br>a < d** |
| | T23 | 6.42/1.498 | 6.75/1.290 | 6.74/1.413 | 6.68/1.405 | 2.693 | 0.045* | a < b*<br>a < c* |
| 科技发展 | T28 | 6.54/1.467 | 6.88/1.267 | 6.65/1.511 | 6.96/1.317 | 3.759 | 0.011* | a < b*<br>a < d**<br>c < d* |
| 社会重建 | T29 | 5.70/1.757 | 6.11/1.613 | 5.61/1.768 | 5.35/2.108 | 4.084 | 0.007** | a > d*<br>b > c*<br>b > d** |
| 学术理性 | T30 | 5.85/1.869 | 6.09/1.777 | 5.87/1.768 | 5.37/2.082 | 4.422 | 0.004** | a > d*<br>b > d**<br>c > d** |
| 人文主义 | T7 | 6.32/1.554 | 6.60/1.429 | 6.60/1.516 | 6.71/1.454 | 2.765 | 0.041* | a < c*<br>a < d** |
| | T12 | 6.35/1.546 | 6.73/1.361 | 6.44/1.480 | 6.65/1.321 | 2.677 | 0.046* | a < b*<br>a < d** |
| | T15 | 5.52/1.989 | 5.87/1.764 | 5.82/1.936 | 6.02/1.693 | 2.700 | 0.045* | a < d** |
| | T19 | 5.95/1.728 | 6.30/1.576 | 6.42/1.484 | 6.46/1.479 | 5.228 | 0.001** | a < c**<br>a < d** |

在人文主义取向方面，城市初中教师在 T7、T12、T15、T19 题上的得分分别为 6.32、6.35、5.52 和 5.95，代表了人文主义取向

的课程意图、课程内容、课程组织和教学方法，而农村初中、城市小学和农村小学的教师在上述四道题目上的最低得分分别为 6.60、6.44、5.82 和 6.30，城市初中教师的得分均低于其他三类学校教师的得分。在人文主义取向上，差异则主要表现在初中和小学两学段之间，城市初中的得分均低于小学，尤其明显低于农村小学，即城市初中教师对人文主义取向的课程目标、课程内容、课程组织和教学方法的认同度最低。四类学校教师在人文主义取向的课程评价上没有表现出显著的差异，即大家对"除了学业成绩外，学生的个人发展也是教学评价的重点"以及"学生在一个充满了爱和情感支持的学习环境中，才能学得最好"这两道题目上的认同度大致相同。

在科技发展取向上，T28 题"课程设计应当首先确定学生的学习目标"，城市初中、农村初中、城市小学和农村小学教师的得分分别为 6.54、6.88、6.65 和 6.96，城市初中教师的得分低于农村初中和农村小学，而城市小学的得分也低于农村小学，农村小学教师的得分最高，即农村小学教师最认同教学应先确定学生学习目标的重要性。

在社会重建取向上，T29 题"学校课程最重要的目标是培养学生批判性地分析社会问题的能力"，城市初中、农村初中、城市小学和农村小学教师的得分分别为 5.70、6.11、5.61 和 5.35，城市初中教师的得分高于农村小学，农村初中教师的得分高于城市小学和农村小学，城市初中与城市小学得分大致相同。农村初中教师最注重培养学生对社会问题的分析能力。

在学术理性取向上，T30 题"学校课程的首要任务是让学生获得人类各种重要的文化遗产"，城市初中、农村初中、城市小学和农村小学教师的得分分别为 5.85、6.09、5.87 和 5.37，农村小学教师的得分均显著低于其他三类学校教师的得分，即农村小学的教师最不认同学术理性取向的课程目标。

整体上，教师仅在认知过程和人文主义两种课程取向上表现出显著的差异，城市初中的教师对这两种课程取向的认同度最低，但教师们在认知过程的课程内容和人文主义的课程评价方面的态度是一致的，大家都认为求知的方法很重要，对学生的评价除了学业成绩外，学生的个体全面发展也很重要。

## 二　初中和小学两学段的教师课程取向分析

前面是在四种学校类型上进行的教师课程取向的差异性检验，为了更确切地了解西北地区中小学教师课程取向在初中和小学两个学段上所存在的差异，下面对数据进行初中和小学两学段的独立样本 T 检验，具体分析结果见表 5.7。

表 5.7　　　　西北地区中小学教师课程取向学段差异整体分析

| 课程取向 | | 认知过程 | 科技发展 | 社会重建 | 学术理性 | 人文主义 |
|---|---|---|---|---|---|---|
| 学段 | 初中 | 6.53/1.08 | 6.27/1.07 | 6.0/1.23 | 5.98/1.17 | 6.37/1.09 |
| 平均分/标准差 | 小学 | 6.66/1.03 | 6.37/1.10 | 5.95/1.19 | 6.01/1.12 | 6.56/0.99 |
| T 值 | | −1.689 | −1.288 | 0.520 | −0.332 | −2.537 |
| 显著水平 | | .092 | .198 | .603 | .740 | .011* |

表 5.7 的数据显示，初中和小学教师在认知过程取向、科技发展取向、社会重建取向和学术理性取向方面均不存在显著的差异，P 值分别为 0.092、0.198、0.603 和 0.740，均大于 0.05，而在人文主义取向方面存在显著的差异，P 值为 0.011。这与前面四种类型学校差异性分析的结果一致。表 5.7 的数据还显示出，仅在社会重建取向上，初中学校教师的得分大于小学教师的得分，在其余四种课程取向上，初中学校教师的得分均小于小学教师的得分。

为了明确在课程意图、课程内容、课程组织、教学方法和课程评价方面，西北地区中小学教师是否存在学段上的差异，笔者进一步对问卷 30 个题项进行初中和小学两学段的独立样本 T 检验，具体结果见表 5.8。

表5.8　　　　　西北地区中小学教师课程取向学段差异分题项分析

| 题号 | | T7 | T9 | T15 | T19 | T23 | T29 |
|---|---|---|---|---|---|---|---|
| 学段平均分/标准差 | 初中 | 6.40/1.52 | 6.73/1.45 | 5.63/1.93 | 6.06/1.68 | 6.52/1.44 | 5.83/1.72 |
| | 小学 | 6.64/1.49 | 6.93/1.35 | 5.90/1.84 | 6.44/1.48 | 6.71/1.40 | 5.50/1.91 |
| T 值 | | −2.270 | −2.073 | −2.058 | −3.446 | −1.968 | 2.552 |
| 显著水平 | | .023* | .038* | .040* | .001** | .049* | .011* |

　　表5.8的数据显示，共有六个题项在初中和小学两学段上存在显著差异，分别是人文主义取向的三个题目，T7、T15、T19题，"课程应尽力为每一位学生提供令人满意的学习经验""教师应当基于学生的兴趣和需要选择课程内容""学生的兴趣和需要应当成为课程组织的中心"；认知过程取向的两个题目，即T9、T23题，"课程的基本目标应是培养学生学习各种事物的认知技能""评价学生的思维水平和方式以及他们探究知识的能力是最重要的"；社会重建取向的一个题目，即T29题，"学校课程最重要的目标是培养学生批判性地分析社会问题的能力"。在六个题项中，小学教师在T29题（社会重建取向的课程意图）上的得分为5.50，小于初中教师的5.83，在其余五个题目上，小学教师的得分均高于初中教师。这说明在培养学生的社会批判性能力方面，小学教师比初中教师的认同度要低。小学教师更注重为学生提供满意的学习经验，并且小学教师更认同课程内容和课程组织应当以学生的兴趣和需求为重点，这与小学生学习的生理和心理特点密切相关。小学教师比初中教师更关注学生认知能力和探究能力的培养。

　　西北地区中小学教师课程取向在初中和小学两个学段上存在一定的差异，初中教师比小学教师对社会重建取向的认同度要高，初中教师更认同学生的学习应与社会生活相联系；在人文主义取向上，小学教师比初中教师的认同度要高，小学教师更关注学生的学习兴趣和需求。

### 三　城乡教师的课程取向分析

　　为了更确切地了解西北地区中小学教师课程取向在城市和农村维

度上存在的差异，进一步分城市学校和农村学校两组进行独立样本 T
检验，具体的结果见表5.9。

表5.9　　　西北地区中小学教师课程取向城乡差异整体分析

| 课程取向 | | 认知过程 | 科技发展 | 社会重建 | 学术理性 | 人文主义 |
|---|---|---|---|---|---|---|
| 城/乡<br>平均分/标准差 | 城市 | 6.54/1.10 | 6.27/1.14 | 5.94/1.20 | 5.99/1.17 | 6.41/1.09 |
| | 农村 | 6.72/0.95 | 6.43/0.98 | 6.03/1.21 | 6.01/1.10 | 6.62/0.92 |
| T 值 | | −2.299 | −2.087 | −1.067 | −.305 | −2.863 |
| 显著水平 | | .022* | .037* | .286 | .760 | .004** |

表5.9的数据显示，西北地区中小学教师在认知过程取向和科技
发展取向方面存在显著差异，P 值分别为0.022和0.037，在人文主
义取向方面存在非常显著的差异，P 值为0.004，而在社会重建取向
和学术理性取向方面均不存在显著差异。在五种课程取向上，城市学
校教师得分均低于农村学校教师得分，只是在社会重建和学术理性这
两种课程取向上，城市学校教师与农村学校教师的得分没有显著差
异，基本相同。

具体到课程意图、课程内容、课程组织、教学方法和课程评价五
个方面，西北地区中小学教师是否存在城乡差异，需要进一步对问卷
30 个题项进行城市学校和农村学校两组独立样本 T 检验，结果见
表5.10。

表5.10　　　西北地区中小学教师课程取向城乡差异分题项分析

| 题号 | | T1 | T4 | T6 | T9 | T12 | T15 | T22 | T28 |
|---|---|---|---|---|---|---|---|---|---|
| 城/乡<br>平均分/<br>标准差 | 城市 | 6.95<br>1.604 | 6.00<br>1.568 | 6.29<br>1.478 | 6.75<br>1.466 | 6.39<br>1.510 | 5.68<br>1.964 | 6.88<br>1.430 | 6.60<br>1.490 |
| | 农村 | 7.30<br>1.247 | 6.34<br>1.672 | 6.54<br>1.424 | 7.02<br>1.257 | 6.68<br>1.333 | 5.97<br>1.716 | 7.09<br>1.330 | 6.93<br>1.299 |
| T 值 | | −3.595 | −2.912 | −2.366 | −2.809 | −2.791 | −2.195 | −2.042 | −3.330 |
| 显著水平 | | .000*** | .004** | .018* | .005** | .005** | .028* | .041* | .001** |

表5.10 的数据显示，共有八个题项在城乡维度上存在显著差异，其中 T1、T4、T9 题分别代表认知过程取向的课程意图、课程组织和教学方法，在上述题项上，城市学校教师的得分分别为 6.95、6.00 和 6.75，农村学校教师的得分分别为 7.30、6.34 和 7.02，农村学校教师的得分均显著地高于城市学校教师的得分；T6、T28 题分别代表科技发展取向的课程意图和课程评价，在这两道题目上，城市学校教师的得分分别为 6.29 和 6.60，农村学校教师的得分分别为 6.54 和 6.93，农村学校教师的得分显著地高于城市学校教师的得分；T12、T15、T22 分别代表人文主义取向的课程内容和教学方法，在上述三道题目上，城市学校教师的得分分别为 6.39、5.68 和 6.88，农村学校教师的得分分别为 6.68、5.97 和 7.09，农村学校教师的得分也显著地高于城市学校教师的得分。上面八个题项的得分都表现出农村学校教师得分高于城市学校教师得分的特点，即农村学校教师比城市学校的教师更认同培养学生认知技能的重要性，对学生的评价更关注学生学习目标的达成度，注重从学生的实际需求出发选择教学内容以及相应的教学方法。

上述数据分析表明，西北地区中小学教师在人文主义取向方面存在显著的学段差异和城乡差异，且农村教师的得分高于城市教师，小学教师的得分高于初中教师，即农村小学教师最认同人文主义取向，城市初中教师在这个项目上的得分最低。可能的原因有两个：首先，从追求学生的学业成绩和升学率方面看，小学教师的工作压力普遍低于初中教师的工作压力，初中教师面临着更大的升学压力，尤其是城市初中教师的工作压力较大，因此小学教师更倾向于从学生的兴趣和需要出发来选择和组织课程内容，并进行课堂教学，为学生创设令他们感到满意的学习环境。另外，农村学校教师的工作压力较之城市学校教师的工作压力而言要低，农村学生的家长虽然也追求较高的教育教学质量，但对学生的学习成绩要求及其升学愿望均明显低于城市家长，因此农村学校的教师会较多地关注学生自身能力、道德水平等方面的发展，而不是一味地追求学生的考试成绩，这一点在农村初中表现得尤其明显。

西北地区中小学教师在认知过程取向上也表现出显著的城乡差异和学段差异，且城市学校教师的得分均低于农村学校教师的得分，在这一课程取向上的差异，主要表现在城市初中与农村初中、城市初中与农村小学以及农村初中与城市小学的差异上，城市小学与农村小学并不存在显著差异。前面的数据分析表明，城市小学与农村小学仅在学术理性取向和科技发展取向上各有一个题项存在显著差异，在其他28个题项上的差异均不显著，因此总体来看，城市小学与农村小学在五种课程取向上均不存在显著差异。城市初中与农村初中以及城市初中与农村小学表现出显著的认知过程差异，表明农村学校的教师在理念上更认同认知过程取向，更重视学生认知能力的培养，也更倾向于采用引起学生思考的教学方式，让学生有更多的机会进行思考和探究，农村小学教师在这一取向上的得分最高，而城市初中教师在这一取向上的得分最低。

这一结果与研究者在实际的课堂观察和教师访谈中所获得的信息不一致，在实际的教育教学中，城市初中的教师会尽可能地给学生提供思考和表达的机会，而农村学校教师给学生思考和表达的机会较少，他们认为学生的能力有限，思考不出什么结果，因此主要还是以教师讲授为主。

> 我在课堂上是即兴发挥的，学生讨论完之后，我顺着学生的讨论引导他们进行思考，得出正确的答案。我经常想的就是，我讲的内容，学生是否理解，所以我就站在他们的角度，而且我经常想上中学的时候自己为什么不明白，为什么没有人提醒我，现在我就要做到，一定要提醒他们。（城市中学教师访谈）

> F：在教学中你是否想一些办法来引导学生进行思考和表达？
> S：我以前也尝试过，给学生点一下，让他们自己去思考，但是在教学中还是运用得比较少，学生自己学习这个方面，还是其薄弱环节，以后我们在教学中还是要多从这个方面出发，引导学生独立思考，而且对不同的学生还要采用不同的引导方法。

（农村中学教师访谈）（F代表访谈者，S代表受访者。下同）

　　上面的访谈资料明显地表现出，农村学校教师虽然宣称培养学生的认知能力非常重要，但在实际的教学中，却较少地表现出与理念相一致的行为；而城市学校的教师在认知过程取向上的得分虽然低于农村学校教师的得分，但在实际的教学中却表现出更多地引导学生思考和表达的行为，即城市学校教师更注重在实际教学中培养学生的认知能力。当然，农村学校教师不仅缺少有效的方法来引导学生进行思考，他们也缺乏相应的辅助设备如多媒体、网络等，来帮助其实现多样化的教学，这也是限制农村学校教师改进教学方法的现实环境。

　　西北地区中小学教师在科技发展取向、社会重建取向以及学术理性取向上，整体上没有表现出显著的城乡差异和学段差异，只是在社会重建取向上有一个题项表现出显著的学段差异，小学教师在社会重建取向的课程意图上的得分低于初中教师的得分，小学教师认为，与社会变革相关的内容与小学生的生活实际以及小学生的理解力相去甚远，因而小学教师较不认同社会重建取向的课程意图；在科技发展取向上有两个题项表现出显著的城乡差异，城市学校教师在科技发展取向的课程意图和课程评价上的得分均低于农村学校的教师，农村学校教师更认同学生学习目标的重要性以及学生达到其学习目标的程度，农村学校教师更多地从农村学生的实际出发来考虑其学习目标，而较少仅仅依据课程标准以及教学参考书所规定的目标来设计其教学；而学术理性取向上仅有一个题项在四种类型学校的维度上均表现出显著差异，农村小学教师在学术理性取向的课程意图上的得分最低。

　　从上述关于科技发展取向的论述中可以发现，教师对科技发展取向的解读与理论上的科技发展取向的含义存在不一致的现象，理论上的科技发展取向是以加涅的认知加工模型为依据，以学生的学习目标为基本准则，利用技术来设计教学的，而在现实中，教师对科技发展取向的理解似乎更多地强调在充分照顾学生实际情况的基础上为他们制定一个切合的学习目标，在学习目标的基础上来设计教学，并检验教学的效果。至于教师在教学中是否合理运用技术，似乎不是现实中教师关注的重点。关于科技发展取向的相关内容还有待后续的分析。

## 【小结】

总体来看，西北地区中小学教师课程取向在城市初中、农村初中、城市小学和农村小学四种学校类型上表现出一定的差异性，其中人文主义取向在四种学校类型上差异十分显著，认知过程取向在四种学校类型上差异显著，科技发展、社会重建和学术理性三种课程取向在四种学校类型上差异不显著。

西北地区中小学教师在人文主义取向和认知过程取向上既表现出城乡差异，也表现出学段差异。城乡差异主要表现为城市学校教师在这两种课程取向上的得分均低于农村学校教师的得分，城市初中教师得分均低于农村初中和农村小学教师的得分；而学段差异主要表现为城市初中教师在这两种课程取向上的得分均低于城市小学和农村小学教师的得分。即在教师的宣称理论中，城市初中教师对人文主义取向和认知过程取向的认同度最低，农村教师对这两种课程取向的认同度最高。但教师在这两种课程取向上的使用理论恰恰与其宣称理论存在不一致的现象，即农村学校教师在实际教学中，较少采用相应的以培养学生认知能力和其他相关能力为目的的教学方法，而城市学校教师在实际教学中，则较多地采用一些方式、方法来促进学生认知能力的发展以及其他各方面能力的发展。

西北地区中小学教师在科技发展取向、社会重建取向以及学术理性取向上，整体得分均较低，除了初中教师比小学教师更关注学生学习与社会现实之间的关系外，在这三种课程取向上没有表现出显著的城乡差异和学段差异。

# 第三节　不同学科教师的课程取向分析

## 一　教师课程取向的学科差异性分析

不同学科背景的教师在课程观念上可能有不同的倾向性，因此，还需要在学科的维度上对教师课程取向进行差异性检验。本书发放问卷的对象是义务教育阶段的语文、数学和英语三科教师，但是在农村小学中，教师兼课的现象非常普遍，有些农村小学甚至还存在"包班"现象，因此，教师的学科分为"语文、数学""数学、英语""语文、英语"、语文、数学、英语六种类型，其中农村小学兼课的教师人数一共为34人，占样本总数的4.1%，占样本中农村小学总教师人数（198人）的17.2%。

按照上述六种教师任教学科对五种教师课程取向上的数据进行单因素方差分析，结果见表5.11。

表5.11　　西北地区中小学教师课程取向任教学科差异整体分析

| 取向 | 语/数 a 平均分 标准差 | 数/英 b 平均分 标准差 | 语/英 c 平均分 标准差 | 语文 d 平均分 标准差 | 数学 e 平均分 标准差 | 英语 f 平均分 标准差 | F 值 | 显著 水平 | 事后多重 比较 |
|---|---|---|---|---|---|---|---|---|---|
| 认知 过程 | 6.17 0.77 | 6.04 1.13 | 6.91 0.78 | 6.65 1.06 | 6.58 1.10 | 6.57 1.01 | 1.138 | .338 | |
| 科技 发展 | 6.10 0.87 | 6.04 0.31 | 6.84 0.73 | 6.37 1.13 | 6.31 1.06 | 6.25 1.09 | 1.068 | .377 | |
| 社会 重建 | 5.28 1.18 | 5.45 0.28 | 6.14 1.33 | 5.98 1.20 | 6.01 1.19 | 5.94 1.23 | 1.182 | .316 | $a < d^*$, $a < e^*$ $a < f^*$ |
| 学术 重建 | 5.70 1.03 | 5.66 0.47 | 6.26 0.92 | 6.02 1.18 | 6.00 1.10 | 5.96 1.20 | .477 | .794 | |
| 人文 主义 | 6.34 0.64 | 5.87 1.23 | 6.76 0.74 | 6.53 1.07 | 6.47 1.05 | 6.43 0.99 | .729 | .602 | |

表5.11的数据显示，所有学科类型的教师在五种课程取向上都不存在显著差异。同时进行事后多重比较分析的结果显示，只有在社会重建取向上，同时教语文和数学两科的教师与任教学科为语文、数学、英语的教师之间存在显著差异，同时教语文和数学的教师在社会重建取向上的得分为5.28，语文、数学、英语教师在这一课程取向上的得分为5.98、6.01和5.94，都较同时教语文、数学的教师的得分高，即农村小学中同时教语文、数学的教师对社会重建取向的认同

度最低，且显著地低于只教语文、数学、英语的教师。

　　五种教师课程取向在不同任教学科上并不存在显著的差异，那么在课程意图、课程内容、课程组织、教学方法和课程评价方面是否存在学科差异呢？接下来分30道题项对这六种任教学科教师的课程取向进行单因素方差分析，以了解教师在具体题项上所存在的差异情况（分析结果见表5.12）。

表5.12　　西北地区中小学教师课程取向任教学科差异分题项分析表

| 题号 | 语/数 a<br>平均分/<br>标准差 | 数/英 b<br>平均分/<br>标准差 | 语/英 c<br>平均分/<br>标准差 | 语文 d<br>平均分/<br>标准差 | 数学 e<br>平均分/<br>标准差 | 英语 f<br>平均分/<br>标准差 | F 值 | 显著<br>水平 | 事后多重<br>比较 |
|---|---|---|---|---|---|---|---|---|---|
| T5 | 5.07<br>1.870 | 3.25<br>0.957 | 5.47<br>1.995 | 5.87<br>1.807 | 5.75<br>1.814 | 5.79<br>1.820 | 2.276 | .045* | b<c*,b<d**,<br>b<e**,b<f** |
| T14 | 4.20<br>2.336 | 3.50<br>2.082 | 6.33<br>1.633 | 5.93<br>1.825 | 5.87<br>1.704 | 5.88<br>1.800 | 4.311 | .001** | a<c**,a<<br>d***,a<e***,<br>a<f**,b<c**,<br>b<d**,b<<br>e**,b<f** |
| *T22 | 7.00<br>0.926 | 7.25<br>1.500 | 7.33<br>0.816 | 7.11<br>1.301 | 6.86<br>1.523 | 6.78<br>1.401 | 1.885<br>3.977 | .094<br>.019* | d>e*,d>f* |
| *T23 | 5.86<br>1.994 | 5.25<br>1.708 | 6.67<br>1.113 | 6.76<br>1.399 | 6.61<br>1.434 | 6.48<br>1.403 | 2.543<br>2.367 | .027*<br>.094 | a<d*,b<d*,<br>d>f* |
| T28 | 6.87<br>1.356 | 7.50<br>1.000 | 7.73<br>0.458 | 6.65<br>1.518 | 6.81<br>1.362 | 6.54<br>1.410 | 2.679 | .021* | c>d**,c>e*,<br>c>f** |
| *T29 | 5.33<br>1.877 | 4.25<br>2.217 | 5.87<br>1.552 | 5.52<br>1.841 | 5.83<br>1.865 | 5.57<br>1.795 | 1.575<br>2.457 | .165<br>.086 | d<e* |

　　表5.12的数据显示，六种任教学科教师的课程取向在T5、T14、T23、T28四题上存在显著差异，其中T5、T14题代表社会重建取向的课程意图和课程内容的组织；T23题代表认知过程取向的课程评价；T28题代表科技发展取向的课程意图。

　　同时教数学和英语两科（下面简称"数/英"）的教师在T5题上的得分为3.25，而同时教语文和英语（下面简称"语/英"）的教师的得分为5.47，只教语文、数学、英语的教师得分分别为5.87、5.75和5.79，同时教数学和英语两科的教师在该题上的得分显著地低于只教语文、数学和英语的教师。T14 题，教语/数、数/英、语/英、语文、数学和英语的教师的得分分别为 4.20、3.50、6.33、5.93、5.87 和 5.88，主要是教语/数和数/英的教师与教语/英、语文、数学和英语的教师之间存在显著的差异，同时教语/数和数/英的教师的得分显著地低于其他类型的教师。T23 题，教语/数、数/英、语/英、语文、数学和英语的教师的得分分别为 5.86、5.25、6.67、6.76、6.61 和 6.48，教语/数和数/英的教师的得分显著地低于教语文的教师，并且语文教师的得分显著地高于英语教师。T28 题，教语/数、数/英、语/英、语文、数学和英语的教师的得分分别为 6.87、7.50、7.73、6.65、6.81 和 6.54，教语/英的教师的得分显著地高于语文、数学、英语教师的得分。

上面的数据显示，在六种任教学科的教师中，兼课教师与其他教师之间的差异比较大，总体来看，兼课教师在社会重建和认知过程上的得分均低于其他教师，在科技发展取向的课程意图上的得分高于其他教师。在 T22、T23、T29 三题上，语、数、英三科教师存在显著的差异。兼课教师的人数在研究样本中不多，因此考虑仅在语、数、英三科教师样本中再进行分析。

鉴于农村小学兼课教师的人数在本书样本中较少，仅占样本总量的 4.1%，笔者尝试将这部分教师样本剔除，在剩余的语文、数学、英语三科教师群体内再进行教师课程取向整体的和 30 个题项的单因素方差分析。结果显示，在语、数、英三种任教学科教师课程取向的五个类别上，仍然没有表现出显著的差异，与前面六种任教学科在五类教师课程取向上的分析结果一致，但是，在语、数、英三种任教学科教师课程取向的 30 个题项上的分析结果与前面的分析存在不一致的地方，结果在表 5.12 中可以看到，题项号前面加"＊"的就是在三种任教学科教师课程取向的分析中有显著差异的题项，数据分析所得的 F 值和显著水平是该题项中第二行的数字，其中 T22 题是有确定的显著差异，而 T23 题和 T29 题，是在三种任教学科组间存在一定的显著差异，但是这两道题整体的差异并不显著。

T22 题，"学生在一个充满了爱和情感支持的学习环境中，才能学得更好"，语文、数学、英语教师的得分分别是 7.11、6.86 和 6.78，语文教师与数学教师和英语教师之间存在显著差异，语文教师的得分较高；T23 题，"评价学生的思维水平和方式以及他们探究知识的能力是最重要的"，语文、数学、英语教师的得分分别是 6.76、6.61 和 6.48，语文教师的得分显著地高于英语教师；T29 题，"学校课程最重要的目标是培养学生批判性地分析社会问题的能力"，语文、数学、英语教师的得分分别是 5.52、5.83 和 5.57，语文教师的得分显著地低于数学教师。可以看出，在人文主义和认知过程取向上，语文教师的认同度均较高，尤其是显著地高于英语教师，而在社会重建取向上，数学教师的认同度最高。

## 二 教师课程取向的学科差异性特点

根据上面的数据分析，教师课程取向在学科维度上的差异性呈现出以下几个特点。

### （一）农村小学兼任数学和英语的教师对社会重建取向的认同度最低

同时教数学和英语两科的教师，在社会重建取向的课程意图、课程内容、课程组织题项上的得分仅为 3.25 和 3.50，而其他任教学科教师在这两个题项上的得分范围分别是 5.47—5.87、5.87—6.33，教数/英的教师的得分十分显著地低于其他任教学科教师的得分。社会重建取向的课程意图是"课程应让学生理解社会问题并为促进社会变革而采取行动"，课程组织的题项是"课程应以现存的社会问题为课程组织的中心，如环境污染和人口问题等"。教师们在社会重建取向上的得分本身就比较低，农村小学同时教授数学和英语的教师，对社会重建取向的认同度更低。数学教师在讲课过程中，也会结合题项本身的内容涉及一些社会问题，但与社会变革以及批判性地分析社会现存问题的要求相去甚远，尤其是以社会问题为课程组织的中心，更非数学教师教学的重点。

　　比如这个例题，就是节约用水的，我就让学生想一个水龙头漏的水不多，但是全国的水龙头加起来就多了，所以我们要节约用水，保护环境方面也贯穿着讲呢。对这个大纲还是要求的，在教学的过程中，培养学生其他方面的能力，这就看题目的情况了，题目当中涉及了，就给学生说说。（数学教师访谈）

（二）语文教师对人文主义取向的认同度最高

　　T22题是人文主义取向的教学法——"学生在一个充满了爱和情感支持的学习环境中，才能学得最好"，语文教师的得分为7.11，显著地高于数学教师和英语教师的得分，这两类教师的得分分别为6.86和6.78。虽然教师对学生学习特点的认识以及对学生的爱，不应随着任教学科的不同而有所不同，但是在教学过程中，不同的教学内容的确可能对教师营造不同的人文环境产生一定的影响。从学科特性上讲，语文和英语都属于语言类的学科，兼具工具性和人文性，有利于教师营造良好的人文环境，为学生提供良好的情感氛围，而数学教师则更多地在理性的逻辑氛围中展开教学，因此，数学教师在这个题项上的得分低于语文教师和英语教师，似乎是理所当然的结果。

　　我认为和学生的感情也很重要，要跟学生沟通，起码要让学生喜欢你，从自己讲课的风格上，让学生说这个老师一讲我就会，不是用语言，而是用自己的行动去感染他。我原来对学生特别严格，不知道怎么去爱，但是慢慢地开始关注学生，小孩实际上也有好多特别困难的事情，慢慢地就特别喜欢琢磨学生，怎么样让他能做得好。（语文教师访谈）

　　但实际上英语教师在这个题项上的得分是最低的，不仅低于语文教师，而且低于数学教师。英语教师的得分并没有和语文教师平齐，即中小学英语教师并没有因为语言学科的特点，而更加认同具有人文特征的教学氛围的重要性，而教师在教学过程中也较少涉及情感、体验等方面的内容。表 5.13 是节选的一节小学英语的课堂教学实录，非常明显地呈现出教师的教学重点就在于通过反复刺激学生的听和说来达到学生对单词和句型的掌握。英语教学表现出更加明显的以学科知识点为中心的特点，似乎连语言的工具性特点也有所弱化。

表 5.13　　　　　　　　小学英语教学的课堂实录

观察时间：2010 年 9 月 14 日　　　　科目：英语
任课教师：范老师　授课班级：五（四）班　学生人数：62 名

| 时间 | 教师 | 学生 | 课堂气氛 |
|---|---|---|---|
| 11：10 | 问：组长检查作业了吗？<br>提问上节课的内容 | 举手回答 | |
| 11：12 | 出示卡片，上面写着星期一到星期五的英文内容，教师领读，纠正学生读音 | 学生跟读 | |
| 11：17 | 全班游戏，5 个学生在讲台上，下面学生读英文，台上学生要作出相应的动作，与星期有关 | 后排有学生又拍桌子又叫喊 | 虽然有些乱，但学生都比较投入 |
| 11：28 | 游戏结束，开始学习缩写式，先提问学过的缩写式，如 TV 等，然后教师把星期的缩写式写在黑板上 | 把星期一到星期五的缩写式抄写在本子上 | 后排至少有 10 名学生在说话、传本子等，整个课堂秩序比较乱 |
| 11：33 | 开始讲课文中出现的句型<br>What day is it? It's …<br>What do you have on…<br>教师提问 | 学生回答 | 至少有一半学生在玩手里的东西，离我很近的一女生在扔书玩 |
| 11：40 | 听磁带，做练习，然后对答案<br>全班再读一遍课文 | 学生跟着老师做练习 | 只有前两排的学生跟着老师的思路 |
| 11：50 | 布置作业：写单词、缩写，背课文 | | |

从表 5.13 课堂观察中我们可以看到，在 40 分钟的课堂教学中，完全都是围绕着单词、句型的记忆和训练展开的，前 20 分钟是以单词为主，有关单词的读音和书写，后 20 分钟基本上是以句型的解释和练习为主。英语教学中重视知识点的倾向很明显。虽然教师也考虑到小学生的特点，安排了活动的形式来加深学生对单词的熟悉和掌握，但这并不意味着教师营造了良好的人文、情感的学习环境。与英

语教师的访谈也得到了印证：

> 一般遇到重大的节日，或者课文里的内容跟中国有特别大的区别，可能就会提一些，但是平常上课，这方面还是提得比较少，因为毕竟一节课时间很短，要讲新课，练习重要的句子，语法什么的，时间特别紧，所以，人文那一块儿基本上就省掉了。
>
> 考试的时候主要还是应试的能力，你记得多，肯定就答得好，不管你到底会说多少，也不管你平常说得有多好，还是你平常上课有多好，它不这么检测。英语和语文相比，毕竟还是一个外语课程，孩子们学起来还是比较费劲的。主要还是以学生的记忆背诵和练习为主，还要多做题，一次不会，碰见了，下一次可能就有印象，再下一次可能就记住了。（英语教师访谈）

英语教师的话很直白，也反映了客观事实，让学生掌握知识点，不仅要记忆，而且要加强练习。在不断练习的过程中，学生才能掌握考试中可能遇见的题型、内容。在考试压倒一切的现实面前，如何调动学生学习的积极性，是教师面临的一个难点。英语作为第二语言，学生缺乏相应的经验和语言环境，而英语考试的形式比较单一，仍然是以检测知识点为主要内容的笔试，在这种情况下，英语教学较难顾及情感、态度、价值观方面的内容，英语教师在人文取向上的认同度也较低，不仅低于语文教师，甚至还低于数学教师。

（三）语文教师对认知过程取向的认同度最高

T23 题是认知过程取向的课程评估——"评价学生的思维水平和方式以及他们探究知识的能力是最重要的"，语文教师的得分为6.76，显著地高于英语教师（6.48）以及农村小学中同时教语文和数学（5.86）以及数学和英语（5.25）的教师的得分。语文教师更加认同学生思维能力发展以及探究知识能力的重要性。在与教师的访谈中我们了解到，语文教师通常比较注重通过提问和引导来让学生思考和体会文章的思想与作者表达的感情，而农村小学的语文教师和数学教师，大多认为学生的基础较差，引导他们进行思考很困难，而更多地以教师讲授为主。

> 学生的看法和我的不一致的时候，我其实都是根据现场，根据情况走学生路线，我不会根据我的看法而非要给他们灌输成什么样，他们要是有分歧的话，我们就来探讨，你不能把自己的想法强加给他们，他们是不会接受的，而且就是半信半疑的样子，我在课堂上是即兴发挥的，学生讨论完之后，我顺着学生的讨论引导他们进行思考，得出正确的答案。（语文教师访谈）

> F：你有没有想过，在解题的过程中引导学生，让学生自己想出来？
> S：那我们的学生想不出来，根本想不出来。（农村小学数学教师访谈）
> 写作文，给学生一个题目之后，从各方面进行提示，提示完之后，找个范文给他们读一下，读一下之后他们有些是按照范文的思路模仿，有些是在范文思路的基础上再加进去一些内容，就这样。（农村小学语文教师访谈）.

上面的访谈内容也显示，农村小学教师更多地采用讲授、教师示范的方式教学，较少以引导学生进行思考和探究为其教学设计的主要思路，而中学语文教师和城市小学语文教师会更多地采用引导学生思考、探究的方法进行教学。

（四）语文、数学、英语教师在五类教师课程取向上不存在显著差异

整体来看，语文、数学、英语三科的教师在五类教师课程取向上的得分均不存在显著差异，这似乎与我们通常的认知相悖，不同学科的教师对课程理念的理解以及教学的侧重点应当存在差异，如语文教师关注学生的人文素养、情感体验，数学教师关注学生逻辑思维能力

的发展，等等，在这里的数据分析里为什么看不到这种显著的差异呢？通过课堂观察以及对教师的访谈，笔者尝试进行如下解释。

虽然不同的学科教学应当体现不同学科的特点，但是在现实的教育教学中，教师们最看重的仍然是学科知识，不论是语文、数学还是英语，教师教学共同的主导变量仍然是让学生掌握基础知识，而且是与考试内容相关的基础知识，教师所采用的教学方式更多的是讲授，而学生的学习方式也以记忆、练习、反复巩固为主，因此，在以掌握基础知识和基本技能，提高学生的考试成绩为重点的现实情境下，学科的不同特点被掩盖，大家都用相同的方式追求同一个结果。如在语文教学的工具性和人文性上，一位小学语文教师感到很无奈：

> 从工具性上来说，要教字词、语段，从人文性上来说，要教给学生一些思想，一些道理，这个目的我们大家都比较明确，但是我觉得我们的教学还是侧重在语文的工具性上，就是掌握、积累、运用，想得再多，还是得回到现实里面，还是得以教本为主，以教参做引领，以课程目标为目标。这可是我们老师的职业病，就是总会担心，担心学生学得不够扎实，不够透，特别是基础类的知识，比如说，考试的时候，有按照课文内容填空的，如果课文读得不多，可能写不出来，会有这方面的担心。但是现在的孩子很聪明，知道得也很多，有些东西是不用我们担心的，你只要给他提一提，他们都能了解，像一些想法、认识，这个引导起来比较简单，但是学语文就是积累，我们强调要做扎实一点，像背啊、积累啊、字词啊，要反复地做。（语文教师访谈）

农村小学语文教师在教学过程中，不仅要讲课本上的内容，就连练习册上的习题都要讲，为的是给学生提供一个标准答案，在考试时不出错。

> 讲读课文有练习册，练习册上的练习要讲，那些是要准确答

案的，不然的话，你乱七八糟地写上还是不太好。上课的时候还是根据课后练习和配套练习上的要求讲。考试的时候这一方面的内容考得比较多一些，上课的时候有些问题他们能记住的话，考试的时候他们就会轻松一些，复习的时候他们也会比较轻松一些。（语文教师访谈）

小学数学教师在概括总结的基础上，让学生背公式，为计算做准备。

> 我的方法就是，首先看这是个加法方程，然后是加数知道了，和知道了，和减加数等于加数呗，就这个我已经提前让他们背会了，这些公式，我上乘法单元课的时候，就给他们布置下去，让他们早早地背会，平常我就检查、督促，看他们背会了没有，为后面的解方程打基础。（数学教师访谈）

英语作为第二语言，学生没有太多的基础知识和语言环境，再加上考试也主要是以字词、句型和语法测试为主，因此英语教师在教学的过程中，主要是以教师讲解知识点为主，

> 平时上课，讲解字词的时间会比较多，讨论就很少，有时候干脆就不讨论，或者是根本不设计讨论这一块，一是讨论确实占用的时间比较多，然后学生也讨论不出什么东西来。基本上学生说得都不多，就是造句的时候说一下，然后平常就是记笔记、听啊，或者不懂的学生提问啊，就是这样的。
>
> 还是老师说，学生跟着做比较好，虽然这种方法很老套，但是我觉得很实用。
>
> 小学三年级的时候内容比较少，还有时间给学生讲一些西方的文化，但是到五年级基本上就没有时间，内容也很多，不抓紧讲，根本就讲不完。（英语教师访谈）

作为语言教学，英语教学较少体现出人文的特性，而"听说读写"的工具特性，在英语教学中也主要是以读和写为主，

　　　　学生们听磁带，说老实话是因为中考有听力，要不然也不听，而且也只是在课堂上听一下，下课也不听。（英语教师访谈）

上面的访谈内容显示出，不论数学教学，还是语文、英语教学，背诵、反复练习都是在教师要求下学生的主要学习方式，教师的教学也以讲授为主，教学在很大程度上受到课本内容和考试的影响，因此，不论是哪一门学科，在认知过程、人文主义、学术理性、社会重建以及科技发展取向上，教师们都赞同这些课程取向的观点，但没有表现出明显的倾向性。

另外，虽然学生是通过分科学习来获得知识和发展的，但是学生最终的发展是整体的全面的发展，而不是单一的某个方面的发展，因此，从学生整体发展的视角来看，不论是学科知识还是认知能力、批判性地分析并解决社会问题的能力，以及学生个性的发展，对学生而言，都是很重要的，不应有所偏颇，这大概也是在不同任教科目维度上，教师整体上在五类课程取向上没有表现出显著差异的原因之一吧。

## 【小结】

整体来看，西北地区中小学教师课程取向在语文、数学、英语三门学科上没有表现出显著的差异。但对30道题项进行不同学科的差异性检验，结果呈现出如下特点：

第一，语文教师在人文主义课程取向的教学方法上的得分最高，即"学生在一个充满了爱和情感支持的学习环境中，才能学得最好"，并且显著地高于数学教师和英语教师在这一题项上的得分。

第二，语文教师在认知过程取向的课程评价上的得分最高，即"评价学生的思维水平和方式以及他们探究知识的能力是最重要的"，

并且显著地高于英语教师在这一题项上的得分。

第三，英语教师在认知过程和人文主义取向上的得分最低，语言教学的工具性和人文性在英语教学中表现得不明显，英语教学表现出更多的学科知识倾向。

# 第四节　不同学历教师的课程取向分析

不同学历的教师，因其所接受的学科专业知识的程度有所不同，而对本学科教学的理解和实践可能存在一定的差异，为了验证教师课程取向是否存在教师学历方面的差异，下面对不同学历的教师进行课程取向的差异性分析。

## 一　五类教师课程取向在学历层次上的整体分析

教师学历分为高中（中专）、大专、本科和研究生四个维度。按照教师学历在五类课程取向上进行单因素方差分析，数据分析结果见表5.14。

表5.14　　西北地区中小学教师课程取向学历差异整体分析

| 取向 | 高中（中专）a 平均分/标准差 | 大专 b 平均分/标准差 | 本科 c 平均分/标准差 | 研究生 d 平均分/标准差 | F 值 | 显著水平 | 事后多重比较 |
|---|---|---|---|---|---|---|---|
| 认知过程 | 6.59/0.95 | 6.60/1.06 | 6.61/1.07 | 7.25/0.35 | .248 | .863 | |
| 科技发展 | 6.44/1.07 | 6.33/1.12 | 6.31/1.07 | 6.00/0.47 | .288 | .834 | |
| 社会重建 | 6.09/1.14 | 5.93/1.20 | 5.98/1.23 | 5.91/0.11 | .291 | .832 | |
| 学术理性 | 6.26/1.17 | 6.01/1.11 | 5.94/1.18 | 7.00/0.23 | 1.733 | .159 | |
| 人文主义 | 6.65/0.84 | 6.44/1.07 | 6.49/1.04 | 6.50/0.00 | .614 | .606 | |

总体来看，高中（中专）、大专、本科和研究生四组教师在认知过程、科技发展、社会重建、学术理性和人文主义五类教师课程取向上存在差异的显著性水平 P 值分别为 0.863、0.834、0.832、0.159

和 0.606，均大于 0.05，因此，不同学历的教师在五类课程取向上的得分不存在显著差异。进一步的事后多重比较也显示了同样的结果，即教师在中专、大专、本科和研究生四个不同学历的分组中，在五类教师课程取向上完全没有显著的差异表现。

## 二　不同学历教师课程取向分题项的差异性分析

对教师课程取向在不同学历层次上的分析，还需要了解教师在课程意图、课程内容、课程组织、教学方法和课程评价的维度上是否存在不同学历的差异。具体在 30 道题项上进行单因素方差分析，数据分析结果见表 5.15。

表 5.15　　西北地区中小学教师课程取向学历差异分题项分析

| 题号 | 高中（中专）a 平均分/标准差 | 大专 b 平均分/标准差 | 本科 c 平均分/标准差 | 研究生 d 平均分/标准差 | F 值 | 显著水平 | 事后多重比较 |
|---|---|---|---|---|---|---|---|
| T1 | 7.02/1.36 | 6.93/1.59 | 7.21/1.41 | 8.00/0.00 | 2.534 | .056 | b＜c* |
| T3 | 6.67/1.21 | 6.67/1.53 | 6.91/1.42 | 7.50/0.70 | 2.062 | .104 | b＜c* |
| T10 | 6.21/1.42 | 5.53/1.93 | 5.32/1.89 | 6.00/1.41 | 3.999 | .008** | a＞b*，a＞c** |
| T15 | 6.23/1.59 | 5.74/1.97 | 5.77/1.82 | 2.50/2.12 | 3.165 | .024* | a＞d**，b＞d*，c＞d* |
| T21 | 6.12/1.74 | 6.09/1.68 | 5.93/1.70 | 3.50/2.12 | 2.060 | .104 | a＞d*，b＞d*，c＞d* |
| T29 | 5.53/1.84 | 5.46/1.94 | 5.79/1.74 | 6.50/2.12 | 2.156 | .092 | b＜c* |

表 5.15 数据显示，在 30 道具体题项上进行教师学历的差异性检验，T10 题和 T15 题表现出显著差异，P 值分别为 0.008 和 0.024，均小于 0.05；虽然在 T1、T3、T21、T29 题项上并没有显著性差异，但是这四题在四种教师学历组间还是存在一些显著差异的。具体的差异情况如下：

第一，高中（中专）学历的教师在 T10 题上的得分显著高于大专学历的教师，非常显著地高于本科学历的教师。T10 题，"中小学最重要的课程内容是学科知识"，高中（中专）、大专、本科和研究生学历的教师在该题上的得分分别为 6.21、5.53、5.32 和 6.00。具有高中（中专）学历的教师在本书中一共有 58 人，其中农村小学教师为 36 人，占高中（中专）学历教师总数的 62.1%，城市小学教师为 20 人，占高中（中专）学历教师总数的 34.5%，具体数据见表 5.16。前面的讨论表明，教师在 T10 题上的得分，明显地呈现出宣称理论与使用理论的不一致，即教师在理念上并不赞同"中小学最重要的课程内容是学科知识"，但在实际教学中教师最看重的还是学科知识，这里的数据也进一步说明，具有高中（中专）学历的小学教师在理念上更加认同这一学术理性取向的课程内容。

表 5.16 　　　　　　　　　　不同学历层次教师的城乡、学段数据

| 学历 | 城市初中<br>频数（百分比） | 农村初中<br>频数（百分比） | 城市小学<br>频数（百分比） | 农村小学<br>频数（百分比） | 合计<br>（人） |
|---|---|---|---|---|---|
| 高中（中专） | 2 (3.4) | 0 | 20 (34.5) | 36 (62.1) | 58 |
| 大专 | 45 (12.8) | 30 (8.5) | 173 (49.1) | 104 (29.5) | 352 |
| 本科 | 196 (47.2) | 75 (18.1) | 89 (21.4) | 55 (13.3) | 415 |
| 研究生 | 2 (100) | 0 | 0 | 0 | 2 |

下面的访谈也能说明这个问题，教师实际上还是关注学生对学科知识的掌握的。

　　　F：你觉得知识更重要，还是学生实际的变化更重要呢？

　　　S：我觉得两点都重要吧，知识不学好，你以后还要参加考试，还要奔自己的前途呢，我上课一直以抓基础为主，以生字生词为重点，因为我们这里的学生在这一方面还是比较薄弱的，大部分字都不会写，错别字比较多，所以始终以这些为重点。（农村小学教师访谈）

　　　第二，在 T1、T3、T29 题项上，具有大专学历教师的得分显著低于本科学历教师的得分，大专学历的教师在上述三道题上的得分分别

为 6.93、6.67 和 5.46，本科学历的教师在上述三道题上的得分分别为 7.21、6.91 和 5.79。T1、T3、T29 题分别代表认知过程取向的教学方法"让学生有机会思考问题最关键"、人文主义取向的课程评价"除学业成绩外，学生个人的发展也是评价的重点"以及社会重建取向的课程目标"课程重在培养学生批判性地分析社会问题的能力"。表 5.16 的数据显示，具有大专学历的教师 78.6%（277 人）在小学工作，因此可以说，相比较具有本科学历的教师而言，具有大专学历的小学教师对上述三道题的认同度最低。

第三，在 T15、T21 题项上，具有研究生学历教师的得分分别为 2.50 和 3.50，显著低于其他各种学历层次教师的得分，其他学历层次教师在 T15 和 T21 两题上的最低得分分别为 5.74 和 5.93。T15 题代表人文主义取向的课程内容"教师应基于学生的兴趣和需要选择内容"，T21 题代表科技发展取向的课程组织"应根据学生学习目标的先后次序来组织课程内容"。本书样本中研究生学历的教师只有两名，一方面说明西北地区义务教育阶段小学教师中具有研究生学历的教师比例还非常低，另一方面，样本因为具有研究生学历的教师数量太少，所以本书很难对其进行明确的分析，只能留待今后进一步研究了。

## 【小结】

整体来看，西北地区中小学教师课程取向在高中（中专）、大专、本科以及研究生四种学历层次上没有表现出显著的差异。在 30 个题项上进行的学历差异检验结果表明，具有高中（中专）学历的农村小学教师在理念上更加认同学术理性取向的课程内容，即中小学最重要的课程内容是学科知识；与具有本科学历的教师相比，具有大专学历的小学教师对在教学过程中让学生有机会思考、评价学生不应仅以学生的学业成绩为主以及课程应培养学生批判性地分析社会问题的能力三个题项上的得分相对较低；具有研究生学历的教师在本书中只有两名，因此难以对这一学历层次教师的课程取向进行明确的分析。

# 第五节 不同教龄教师的课程取向分析

不同教龄的教师在从教的过程中所形成的教育教学观念、习惯、行为不同，对课程与教学的认识与态度也不同，因此有必要在教龄维度上对教师课程取向进行差异性检验，以明确不同教龄的教师在课程取向上所具有的不同特点。

## 一 五类教师课程取向上的教师教龄差异分析

在本书中，教师教龄分为六个层次，分别是 2 年以下、3—5 年、6—10 年、11—15 年、16—25 年和 26 年以上。在五类教师课程取向上对数据进行教龄分层的单因素方差分析，分析结果见表 5.17。总体来看，不同教龄的教师在认知过程、科技发展和学术理性取向方面均存在非常显著的差异，不同教龄组的教师在上述三类课程取向上存在显著差异的 P 值分别为 0.006、0.002 和 0.002，均小于 0.01；虽然不同教龄的教师在人文主义和社会重建取向方面没有表现出显著差异，但在这两种课程取向上，处于不同教龄组的教师在组间仍然存在显著的差异，只是这些差异并不足以对人文主义取向和社会重建取向在整体上所表现出的显著差异产生影响；相比较而言，教师在人文主义取向上的整体得分较高，认同度较高，而在社会重建取向上的整体得分较低，认同度较低。

表 5.17 西北地区中小学教师课程取向教龄差异整体分析

| 取向 | ≤2年a 平均分/标准差 | 3—5年b 平均分/标准差 | 6—10年c 平均分/标准差 | 11—15年d 平均分/标准差 | 16—25年e 平均分/标准差 | ≥26年f 平均分/标准差 | F值 | 显著水平 | 事后多重比较 |
|---|---|---|---|---|---|---|---|---|---|
| 认知过程 | 6.29/1.33 | 6.65/0.93 | 6.53/1.08 | 6.56/1.12 | 6.67/0.96 | 6.89/0.87 | 3.257 | .006** | $a < b^*$ $a < e^{**}$ $a < f^{***}$ $c < f^{**}$ $d < f^*$ |

续表

| 取向 | ≤2年a 平均分/标准差 | 3—5年b 平均分/标准差 | 6—10年c 平均分/标准差 | 11—15年d 平均分/标准差 | 16—25年e 平均分/标准差 | ≥26年f 平均分/标准差 | F值 | 显著水平 | 事后多重比较 |
|---|---|---|---|---|---|---|---|---|---|
| 科技发展 | 5.99/1.16 | 6.38/1.01 | 6.32/1.13 | 6.14/1.21 | 6.45/0.99 | 6.56/0.96 | 3.815 | .002** | $a < b^*$ $a < c^*$ $a < e^{**}$ $a < f^{**}$ $d < e^{**}$ $d < f^{**}$ |
| 社会重建 | 5.86/1.31 | 6.05/1.11 | 6.06/1.18 | 5.75/1.27 | 5.97/1.14 | 6.08/1.28 | 1.427 | .212 | $c > d^*$ $d < f^*$ |
| 学术理性 | 5.84/1.21 | 6.08/1.12 | 6.01/1.16 | 5.7/1.25 | 6.03/1.05 | 6.34/1.05 | 3.754 | .002** | $a < f^{**}$ $b > d^*$ $c > d^*$ $c < f^*$ $d < e^{**}$ $d < f^{***}$ |
| 人文主义 | 6.19/1.27 | 6.47/0.90 | 6.48/1.02 | 6.45/1.05 | 6.54/1.02 | 6.65/0.97 | 1.872 | .097 | $a < c^*$ $a < e^*$ $a < f^{**}$ |

　　进一步进行事后多重比较发现，在认知过程取向上，2年以下、3—5年、6—10年、11—15年、16—25年以及26年以上教龄教师的得分分别为6.29、6.65、6.53、6.56、6.67和6.89，2年以下教龄的教师与3—5年教龄的教师存在显著差异，与16—25年教龄的教师存在非常显著的差异，与26年以上教龄的教师存在极其显著的差异。6—10年教龄的教师与26年以上教龄的教师存在非常显著的差异，11—15年教龄的教师与26年以上教龄的教师存在显著的差异，即2年以下教龄的教师在认知过程取向上的得分最低，而26年以上教龄的教师在这一课程取向上的得分最高，这两个教龄组教师之间的差异极其显著，并且他们与其他教龄组的教师也呈现出显著的差异。

　　在科技发展取向方面，2年以下、3—5年、6—10年、11—15年、16—25年以及26年以上教龄教师的得分分别为5.99、6.38、

6.32、6.14、6.45 和 6.56，2 年以下教龄的教师与 3—5 年教龄的教师和 6—10 年教龄的教师存在显著的差异，与 16—25 年教龄的教师和 26 年以上教龄的教师存在非常显著的差异，与 11—15 年教龄的教师没有显著差异。11—15 年教龄的教师与 16—25 年教龄的教师和 26 年以上教龄的教师存在非常显著的差异。2 年以下教龄的教师和 26 年以上教龄的教师在得分方面表现出与认知过程取向一致的趋势。在科技发展取向上，2 年以下教龄教师的认同度最低，26 年以上教龄教师的认同度最高，这两组表现出非常显著的差异，而教龄在 11—15 年的教师认同度也较低，且与 16 年以上教龄的教师组存在显著差异。

在社会重建取向方面，2 年以下、3—5 年、6—10 年、11—15 年、16—25 年以及 26 年以上教龄教师的得分分别为 5.86、6.05、6.06、5.75、5.97 和 6.08，6—10 年教龄的教师与 11—15 年教龄的教师存在显著的差异，11—15 年教龄的教师与 26 年以上教龄的教师存在显著的差异。6—10 年教龄的教师与 26 年以上教龄的教师在社会重建取向方面得分一致，并且均高于 11—15 年教龄的教师。

在学术理性取向方面，2 年以下、3—5 年、6—10 年、11—15 年、16—25 年以及 26 年以上教龄教师的得分分别为 5.84、6.08、6.01、5.7、6.03 和 6.34，2 年以下教龄的教师与 26 年以上教龄的教师存在非常显著的差异，3—5 年教龄的教师与 11—15 年教龄的教师存在显著的差异，6—10 年教龄的教师与 11—15 年教龄的教师和 26 年以上教龄的教师均存在显著的差异，11—15 年教龄的教师除了与 2 年以下教龄的教师不存在显著的差异外，与其他教龄段的教师均存在显著的差异，其中与 26 年以上教龄的教师存在极其显著的差异。总体来看，26 年以上教龄的教师在学术理性取向上的得分最高，11—15 年教龄的教师和 2 年以下教龄的教师在该取向上的得分最低，最高得分组与最低得分组存在显著差异。

在人文主义取向方面，2 年以下、3—5 年、6—10 年、11—15 年、16—25 年以及 26 年以上教龄教师的得分分别为 6.19、6.47、6.48、6.45、6.54 和 6.65，2 年以下教龄的教师与 6—10 年、16—25

年教龄的教师存在显著的差异，与 26 年以上教龄的教师存在非常显著的差异。2 年以下教龄的教师得分最低，26 年以上教龄的教师得分最高，且这两组仍然表现出非常显著的差异，2 年以下教龄的教师与 6—10 年教龄的教师也表现出显著的差异。

总体来看，在五类教师课程取向上，2 年以下教龄教师的得分基本都处于最低，而 26 年以上教龄教师的得分均为最高，且这两组除了在社会重建取向上不存在显著差异外，在其他四种教师课程取向上均表现出非常显著的差异。另外，11—15 年教龄的教师与 26 年以上教龄的教师，除了在人文主义取向上不存在显著差异外，在其他四种教师课程取向上也表现出显著的差异，其中在学术理性取向上的差异极其显著。一种可能的解释是，26 年以上教龄的教师经历了我国教育发展的不同历史阶段，对各个阶段所提倡的教育理念都有所了解，从学生全面发展的角度来看，这一教龄段的教师对各种不同理念都表现出更高的认可程度，事实上，这些不同的课程理念在各自的话语体系内都是成立的，在当代多元价值体系的社会中，在学生的全方位发展中也扮演着一定的角色。26 年以上教龄的教师，可能在他们实际的教育教学方法及行为中难以有明显的改观，但这并不影响他们对各种观念的认同。

正如一位校长所讲：

> 年轻老师接受能力比较快，能力也强，我觉得新课程理念体现得比较好，但是中年和老年的老师相对比较保守，他们也比较固执，好像始终摆脱不了课改前的东西。比如我们有一个教四年级的数学老师，工作已经快 30 年了，50 多岁的一个老教师，你让他改变，确实难度比较大，但同样他也得到家长和老师的认可，他的威信也比较高，你能说他就不是一个好老师吗？当然不是。我觉得随着一步一步地走下去，一定是更好。
> （校长访谈）

2 年以下教龄、刚参加工作的教师，由于缺乏教学经验，不熟悉任教学科的教学内容以及学校的文化环境，在教育教学方法和行为方面更容易依赖自己原有的经验和可以借鉴的教材以及教学参考书中的建议，难有创新性的表现，对学生的管理和教学还需要从老教师那里获取经验。

> 对于我来说，我备课就是把这个教材、教参全部翻一翻、看一看，遇到什么问题了，就向一些老教师讨教一下，交流一下，因为他们毕竟是带过这些学生，对教材也比较熟悉，虽然他们老了，但是他们的有些经验我们还是必须吸取的。对于课堂的管理，教材知识的传授啊，他们经验丰富一些。（1 年教龄教师访谈）

这一教龄段的教师还没有形成自己相对比较稳定的教育教学观念，对课程的理解也可能处于一种模糊的状态，这大概是这一教龄段教师得分最低的原因之一吧。

教龄在 6—10 年的教师，在五类教师课程取向上的得分居于中间位置，主要表现出与 26 年以上教龄教师组的差异，与 2 年以下教龄教师组也存在着一定的差异。6—10 年教龄的教师已经形成了自己关于教育教学一定的认识，但又不像 26 年以上教龄的教师那样，认识比较坚定，6—10 年教龄的教师在认同自己已有的课程观念的基础上，还存在着调整、改进的很大空间，因此，从这个意义上说，这一教龄组的教师在课程取向上的得分既不同于 26 年以上教龄组教师的得分，也不同于刚入职教师的得分。

## 二　不同教龄教师课程取向分题项的差异分析

从课程意图、课程内容、课程组织、教学方法和课程评价五个方面对 30 个题项进行教师教龄层次的单因素方差分析，具体的结果见表 5.18。

表 5.18　西北地区中小学教师课程取向教龄差异分题项分析

| 题号 | ≤2年 a 平均分/标准差 | 3—5年 b 平均分/标准差 | 6—10年 c 平均分/标准差 | 11—15年 d 平均分/标准差 | 16—25年 e 平均分/标准差 | ≥26年 f 平均分/标准差 | F 值 | 显著水平 | 事后多重比较 |
|---|---|---|---|---|---|---|---|---|---|
| T6 | 5.83 1.589 | 6.43 1.485 | 6.36 1.593 | 6.28 1.495 | 6.53 1.241 | 6.65 1.386 | 3.678 | .003** | a<b**，a<c**，a<d* a<e***，a<f*** |
| T7 | 6.16 1.696 | 6.31 1.517 | 6.53 1.587 | 6.48 1.495 | 6.70 1.376 | 6.84 1.409 | 2.773 | .017* | a<e**，a<f** b<e*，b<f* |
| T9 | 6.56 1.547 | 6.77 1.218 | 6.74 1.435 | 6.79 1.612 | 6.91 1.360 | 7.32 1.002 | 3.318 | .006** | a<e*，a<f***，b<f** c<f**d<f**，e<f* |
| T10 | 5.45 1.722 | 5.42 1.972 | 5.47 1.955 | 5.17 1.891 | 5.41 1.893 | 6.12 1.712 | 2.956 | .012* | a<f*，b<f* c<f**d<f***，e<f** |
| T19 | 5.79 1.629 | 6.21 1.542 | 6.23 1.566 | 6.32 1.600 | 6.36 1.566 | 6.60 1.582 | 2.628 | .023* | a<c*，a<d* a<e**，a<f** |
| T21 | 5.53 1.501 | 6.16 1.560 | 6.11 1.763 | 5.64 1.763 | 6.07 1.747 | 6.40 1.519 | 3.923 | .002** | a<b*，a<c**，a<e* a<f**，b>d*，c>d* d<e*，d<f** |
| T23 | 6.11 1.528 | 6.60 1.302 | 6.59 1.453 | 6.72 1.403 | 6.74 1.427 | 6.82 1.355 | 3.068 | .009** | a<b*，a<c**，a<d* a<e***，a<f** |
| T26 | 5.74 1.787 | 6.15 1.741 | 6.19 1.587 | 5.82 1.729 | 6.32 1.413 | 6.59 1.392 | 4.245 | .001** | a<c*，a<e**，a<f** c>d*，c<f*，d<e** d<f*** |
| T27 | 5.84 1.731 | 6.53 1.465 | 6.40 1.507 | 6.29 1.833 | 6.70 1.426 | 6.74 1.307 | 4.873 | .000*** | a<b**，a<c**，a<d* a<e***，a<f***，c<e* d<e*，d<f* |
| T28 | 6.28 1.517 | 6.63 1.481 | 6.59 1.439 | 6.59 1.518 | 7.00 1.303 | 6.99 1.331 | 4.705 | .000*** | a<e**，a<f**，b<e* c<e**，c<f*，d<e*，d<f* |
| T30 | 5.58 2.020 | 5.86 1.971 | 5.99 1.790 | 5.42 1.866 | 5.66 1.918 | 6.14 1.773 | 2.577 | .025* | a<f*，c>d*，d<e*，d<f* e<f* |

表 5.18 的数据显示，共有 11 道题在分题项的方差分析中表现出显著的差异，T6、T21、T28 三题分别代表科技发展取向的课程评估、课程组织和课程意图；T7、T19 两题分别代表人文主义取向的课程意图和课程组织；T9、T23、T27 三题分别代表认知过程取向的课程意图、课程评估和课程内容；T10、T26、T30 三题分别代表学术理性取向的课程内容、教学方法和课程意图。

综合来看，社会重建取向没有相关题目在教龄维度上表现出显著差异；T7、T9、T28、T30 四题分别代表人文主义、认知过程、科技发展和学术理性四类教师课程取向的课程意图，不同教龄的教师在这四类课程意图上均表现出显著的差异，其中 2 年以下教龄教师的得分显著地低于 26 年以上教龄教师的得分，这两组之间存在差异的次数为四次；26 年以上教龄教师的得分显著高于 11—15 年教龄教师的得分，差异次数为三次；26 年以上教龄教师的得分也显著地高于 6—10 年教龄教师的得分，差异次数为三次。

T10 题为学术理性取向的课程内容，"中小学最重要的课程内容是学科知识"，在这个题项上，26 年以上教龄教师的得分为 6.12，其他各教龄组教师的得分在 5.17 和 5.47 之间，26 年以上教龄教师的得分显著地高于其他各教龄组教师的得分，即教龄在 26 年以上的教师最认同"中小学最重要的课程内容就是学科知识"。在 11 个题项上都出现差异的是，首先，2 年以下教龄教师的得分显著地低于 26 年以上教龄教师的得分，差异次数为 11 次；其次是 11—15 年教龄教师的得分显著地低于 26 年以上教龄教师的得分，差异次数为七次，不包括人文主义取向方面的两个题项。26 年以上教龄的教师在上述 11 个题项上的得分是最高的，即 26 年以上教龄的教师对上述 11 个题项的认同度最高。

分项统计的结果与前面五类教师课程取向在教师教龄层次上的差异性分析的结果基本保持一致。即不同教龄组的教师之间在认知过程、科技发展、学术理性和人文主义四类课程取向上的得分表现出显著的差异，其中又以 2 年以下教龄的教师与 26 年以上教龄的教师之间的差异最为明显，6—10 年教龄的教师在认知过程、科技发展和学术理性取向上与 26 年以上教龄的教师也存在显著的差异。

**【小结】**

整体来看，西北地区中小学教师课程取向在 2 年以下、3—5 年、6—10 年、11—15 年、16—25 年以及 26 年以上六种教龄分类上的差异性检验结果表明，教师在认知过程、科技发展和学术理性取向方面则均存在非常显著的教龄差异，而在人文主义和社会重建取向方面没有表现出显著的教龄差异。

不同教龄组教师之间的课程取向差异表现如下：2 年以下教龄教师的得分基本上处于最低，而 26 年以上教龄教师的得分均为最高，且这两组除了在社会重建取向上不存在显著差异外，在其他四种教师课程取向上均表现出非常显著的差异。另外，11—15 年教龄教师的得分基本上居于中间位置，并且与 26 年以上教龄的教师，除了在人文主义取向上不存在显著差异外，这两个组在其他四种教师课程取向上也表现出显著的差异，其中在学术理性取向上的差异极其显著。

# 第六节　不同职称教师的课程取向分析

职称不同应当反映出教师不同的教育教学能力，职称越高，能力应当越强。不同职称的教师所具有的课程取向也会有所差异。本书对教师职称的分类分别为未评、小教三级、小教二级、小教一级、小教高级、中教三级、中教二级、中教一级和中教高级。对全体样本的职称进行频数统计分析后，发现小教三级仅有一人，中教三级没有，因此将职称进行合并后，分为未评、初级、中级和高级四种类型。

## 一　五类教师课程取向的职称差异分析

在五类教师课程取向上进行不同职称教师的单因素方差分析，数据分析结果见表5.19。结果显示，不同职称教师在五种教师课程取向上均存在显著差异。进一步进行事后多重比较发现，不同职称教师组在五种课程取向上的差异主要集中在未评职称的教师组和高级职称教师组之间，以及中级职称教师组与高级职称教师组之间。具体表现是，在认知过程、科技发展、学术理性和人文主义四种教师课程取向上，未评职称教师组的得分分别为6.42、6.07、5.75和6.32，而高级职称教师组的得分分别为6.80、6.56、6.18和6.69，未评职称教师组的得分均低于高级职称教师组的得分，且这两组存在显著差异；在社会重建取向上，初级职称教师的得分最高，为6.14，且显著高于中级职称教师组的得分（5.81）；最后，在认知过程、科技发展、社会重建、学术理性和人文主义五类教师课程取向上，中级职称教师组的得分分别为6.56、6.29、5.81、5.91和6.43，均低于高级职称教师组的得分（6.80、6.56、6.09、6.18和6.69），且这两组之间均存在显著差异。

表5.19　　　　西北地区中小学教师课程取向职称差异整体分析

| 取向 | 未评 a 平均分/标准差 | 初级 b 平均分/标准差 | 中级 c 平均分/标准差 | 高级 d 平均分/标准差 | F值 | 显著水平 | 事后多重比较 |
|---|---|---|---|---|---|---|---|
| 认知过程 | 6.42/0.93 | 6.63/1.03 | 6.56/1.15 | 6.80/0.88 | 2.839 | .037* | $a < d^*$，$c < d^*$ |
| 科技发展 | 6.07/0.92 | 6.33/1.06 | 6.29/1.19 | 6.56/0.92 | 3.754 | .011* | $a < d^{**}$，$c < d^*$ |
| 社会重建 | 5.87/1.15 | 6.14/1.14 | 5.81/1.25 | 6.09/1.15 | 3.811 | .010* | $b > c^{**}$，$c < d^*$ |
| 学术理性 | 5.75/1.10 | 6.03/1.12 | 5.91/1.23 | 6.18/1.01 | 2.868 | .036* | $a < d^*$，$c < d^*$ |
| 人文主义 | 6.32/0.81 | 6.50/1.05 | 6.43/1.11 | 6.69/0.92 | 2.832 | .037* | $a < d^*$，$c < d^*$ |

在教师样本中，未评职称的教师共有67人，对未评职称教师组进行教龄、学段、地区、城乡、学历等维度的频数统计，统计结果见表5.20。

表5.20　　　　　　　　　未评职称教师不同维度频数统计

| 城乡/学段<br>频数（百分比） | | 教龄<br>频数（百分比） | | 地区<br>频数（百分比） | | 学历<br>频数（百分比） | |
|---|---|---|---|---|---|---|---|
| 城市<br>初中 | 2 (3.0) | 2 年以下 | 30 (44.8) | 非民族<br>地区 | 11 (16.4) | 高中<br>（中专） | 10 (14.9) |
| 农村<br>初中 | 12 (17.9) | 3—5 年 | 21 (31.3) | | | 大专 | 43 (64.2) |
| 城市<br>小学 | 7 (10.4) | 6—10 年 | 10 (14.9) | 民族<br>地区 | 56 (83.6) | 本科 | 14 (20.9) |
| 农村<br>小学 | 46 (68.7) | 11 年以上 | 6 (9.0) | | | | |

　　表5.20 的数据显示，样本中未评职称教师的83.6%（56 人）都来自民族地区，对民族地区56 名未评职称教师进一步进行城乡/学段以及职称合并的列联分析（见表5.21），发现56 名未评职称教师中的42 名教师在农村小学，占到未评职称教师总数的75%。

表5.21　　　　　民族地区未评职称教师的城乡/学段分析

| 学校类型 | 城市初中 | 农村初中 | 城市小学 | 农村小学 | 合计 |
|---|---|---|---|---|---|
| 未评职称者 | 2 (3.6%) | 6 (10.7%) | 6 (10.7%) | 42 (75%) | 56 (100%) |

　　上面两表的数据显示，在 67 名未评职称的教师中，56 名（83.6%）来自于临夏回族自治州，46 名（68.7%）是农村小学教师，30 名（44.8%）教龄在 2 年以下，42 名（62.7%）为大专学历，其中在 56 名临夏回族自治州的未评职称教师中，有 42 名（75%）教师在农村小学任教。因此，可以认为，未评职称的教师群体主要集中在临夏回族自治州这一民族地区，且主要在农村小学任教。这一方面说明，临夏回族自治州新近补充的年轻教师大多被分配至农村小学任教，同时也反映了前面所提到的未评职称教师组与高级职称教师组之间所存在的显著差异，主要是临夏回族自治州农村小学中未评职称教师组在认知过程、科技发展、学术理性和人文主义四种教师课程取向上的得分最低，且与样本中的高级职称教师组存在显著差异。

## 二 不同职称教师课程取向分题项的差异分析

在课程意图、课程内容、课程组织、教学方法和课程评价五个维度上对 30 个题项进行教师课程取向不同职称的单因素方差分析，具体的分析结果见表 5.22。

表 5.22　　　西北地区中小学教师课程取向职称差异分题项分析

| 题项 | 未评 a 平均分/ 标准差 | 初级 b 平均分/ 标准差 | 中级 c 平均分/ 标准差 | 高级 d 平均分/ 标准差 | F 值 | 显著 水平 | 事后多重 比较 |
|---|---|---|---|---|---|---|---|
| T2 | 5.78/1.774 | 6.12/1.843 | 6.24/1.831 | 6.52/1.674 | 3.091 | .026* | a < d**，b < d* |
| T5 | 5.56/1.807 | 6.09/1.721 | 5.57/1.869 | 5.84/1.893 | 3.827 | .010* | a < b*，b > c** |
| T7 | 6.09/1.568 | 6.51/1.529 | 6.51/1.561 | 6.81/1.324 | 3.755 | .011* | a < b*，a < c*，a < d**，c < d* |
| T9 | 6.76/1.349 | 6.96/1.275 | 6.70/1.559 | 7.17/1.145 | 4.586 | .003** | a < d*，b > c*，c < d*** |
| T18 | 6.06/1.616 | 6.52/1.474 | 6.43/1.563 | 6.72/1.333 | 3.282 | .020* | a < b*，a < d**，c < d* |
| T19 | 5.91/1.537 | 6.29/1.538 | 6.22/1.673 | 6.58/1.430 | 3.314 | .020* | a < d**，c < d* |
| T21 | 5.67/1.599 | 6.19/1.537 | 5.83/1.797 | 6.30/1.651 | 4.573 | .003** | a < b*，a < d*，b > c*，c < d** |
| T22 | 6.99/1.430 | 6.92/1.405 | 6.89/1.503 | 7.26/1.092 | 2.731 | .043* | b < d*，c < d** |
| T23 | 6.24/1.498 | 6.62/1.345 | 6.64/1.499 | 6.85/1.333 | 2.947 | .032* | a < c*，a < d** |
| T24 | 5.76/1.873 | 5.89/1.700 | 5.48/1.889 | 5.81/1.776 | 2.658 | .047* | b > c* |
| T26 | 6.04/1.683 | 6.04/1.594 | 6.10/1.723 | 6.49/1.269 | 2.965 | .031* | b < d**，c < d* |
| T27 | 5.96/1.580 | 6.51/1.526 | 6.40/1.678 | 6.81/1.270 | 5.338 | .001** | a < b*，a < c*，a < d***，c < d** |
| T28 | 6.75/1.271 | 6.53/1.430 | 6.67/1.514 | 7.08/1.281 | 4.642 | .003** | b < d***，c < d** |
| T29 | 5.24/1.908 | 6.00/1.593 | 5.50/1.912 | 5.66/1.844 | 4.470 | .004** | a < b**，b > c** |
| T30 | 5.39/1.800 | 6.04/1.743 | 5.63/1.976 | 5.84/1.812 | 3.097 | .026* | a < b*，b > c* |

表 5.22 的数据显示，共有 15 个题项在教师职称维度上表现出显著的差异，其中 T2、T21、T28 三题代表科技发展取向的课程意图、

课程内容和课程组织；T5、T24、T29 三题代表社会重建取向的课程意图和课程内容；T7、T19、T22 三题代表人文主义取向的课程意图、课程组织和教学方法；T9、T18、T23 三题代表认知过程取向的课程意图、教学方法和课程评价；T26、T30 两题代表学术理性取向的课程意图和教学方法。

可以看出，在所有教师课程取向的课程意图方面，都存在显著的差异，未评职称教师组的得分低于初级职称教师组的得分，初级职称教师组的得分高于中级教师组的得分，都为 4 次，即在五类教师课程取向的课程意图方面，初级职称教师组的教师得分较高。事后多重比较的数据显示，这 15 个题项中出现差异次数最多的分别是中级职称教师组的得分低于高级职称组的得分，为 9 次，涵盖了除社会重建取向外的其他四类课程取向；未评职称教师组的得分分别低于初级职称教师组的得分和高级职称教师组的得分，分别为 7 次和 8 次，其中突出表现为社会重建取向上未评职称教师组与高级职称教师组之间的差异次数较多，有 4 次；初级职称教师组的得分高于中级职称教师组，为 5 次，其中突出表现为社会重建取向上初级职称教师组与中级职称教师组之间的差异次数较多，有 3 次。

职称维度上分题项进行的教师课程取向的差异性分析与在五类教师课程取向整体上得到的结果大体一致，五类教师课程取向在课程意图方面均表现出显著的职称差异，其中初级职称的教师对各类课程意图的认同度较高；在认知过程、人文主义、科技发展和学术理性取向上，中级职称教师组的得分显著低于高级职称教师组的得分；在社会重建取向上，未评职称教师组的得分显著低于高级职称教师组的得分，初级职称教师组的得分显著高于中级职称教师组的得分。

## 三 教师课程取向在职称和教龄维度上的差异性比较

教师的教龄越长，高级职称的比例也越高。相反，教师的教龄越短，教师的职称越低。对样本进行职称和教龄的列联分析（见表 5.23），就可以清楚地看到这一特点。

表 5.23                教师职称与教龄的列联分析                （人）

| 教龄分段 | 职称合并 | | | | 合计 |
|---|---|---|---|---|---|
| | 未评 | 初级 | 中级 | 高级 | |
| 2 年以下 | 30 | 26 | 5 | 0 | 61 |
| 3—5 年 | 21 | 42 | 24 | 1 | 88 |
| 6—10 年 | 10 | 85 | 94 | 3 | 192 |
| 11—15 年 | 4 | 33 | 82 | 10 | 129 |
| 16—25 年 | 1 | 20 | 114 | 87 | 222 |
| 26 年以上 | 1 | 2 | 28 | 59 | 90 |
| 合计 | 67 | 208 | 347 | 160 | 782 |

　　教师课程取向在职称维度上的差异性分析，总体来看与教师课程取向在教龄维度上的差异性分析有类似的地方，即教龄时间较长的教师在各课程取向上的得分较高，表现出较高的认同度，而具有高级职称的教师在各课程取向上的得分也基本上是最高的，除了在社会重建取向上的得分略低于初级职称教师的得分，而且这两组教师之间在社会重建取向上并没有表现出显著的差异，可以认为，具有高级职称的教师在各课程取向上的得分也是最高的；教龄时间较短的教师在各课程取向上的得分较低，表现出较低的认同度，而未评职称和初级职称的教师在不同课程取向上的得分也较低。这两部分的结果得到了相互印证。

【小结】
　　整体来看，西北地区中小学教师课程取向在未评、初级、中级以及高级四种职称类别上均表现出显著的差异。不同职称教师组在五种课程取向上的差异主要集中在未评职称的教师组和高级职称教师组的差异，以及中级职称教师组与高级职称教师组的差异上。具体表现是，在认知过程、科技发展、学术理性和人文主义四种教师课程取向上，未评职称教师组的认同度最低，而高级职称教师组的认同度最高，且这两组存在显著差异；在社会重建取向上，初级职称教师组的认同度最高，且显著高于中级职称教师组；最后，在所有教师课程取向上，中级职称教师组的得分均低于高级职称教师组的得分，且这两组均存在显著差异。

# 第七节　不同性别教师的课程取向分析

通常情况下，在语文、数学、英语教师中，语文和英语两科女教师较多，数学科男教师较多，教师的性别比例在不同学科中的分布不同。虽然不同学科教师的课程取向整体上不存在显著的差异，但在性别维度上，教师课程取向是否存在差异呢？下面将对此进行具体分析。

## 一　五种教师课程取向的性别差异分析

对西北地区中小学教师在五种课程取向类型上进行性别维度的独立样本 T 检验，数据分析结果见表 5.24。

表 5.24　　西北地区中小学教师课程取向性别差异整体分析

| 取向 | 男<br>平均分/标准差 | 女<br>平均分/标准差 | T 值 | 显著水平 |
|---|---|---|---|---|
| 认知过程 | 6.52/1.06 | 6.64/1.05 | -1.467 | .143 |
| 科技发展 | 6.19/1.09 | 6.40/1.09 | -2.618 | .009** |
| 社会重建 | 5.83/1.19 | 6.04/1.21 | -2.397 | .017* |
| 学术理性 | 5.91/1.08 | 6.04/1.18 | -1.514 | .130 |
| 人文主义 | 6.36/1.01 | 6.54/1.05 | -2.270 | .023* |

表 5.24 的数据显示，男女教师在认知过程取向和学术理性取向上均没有显著差异；在科技发展取向上表现出非常显著的差异，P 值为 0.009，小于 0.01；在社会重建取向和人文主义取向上表现出显著差异，P 值分别为 0.017 和 0.023，均小于 0.05；且男教师在所有课程取向上的得分均低于女教师的得分，即男教师对所有的五种课程取

向均表现出较低的认同度。

## 二 性别维度的教师课程取向分题项差异分析

进一步对 30 个题项进行性别差异分析，具体数据见表 5.25。

表 5.25　　　西北地区中小学教师课程取向性别差异分题项分析

| 题号 | | T2 | T3 | T5 | T8 | T18 | T21 |
|---|---|---|---|---|---|---|---|
| 性别<br>平均分/标准差 | 男 | 6.02/1.88 | 6.60/1.55 | 5.60/1.87 | 6.35/1.57 | 6.26/1.62 | 5.81/1.65 |
| | 女 | 6.30/1.75 | 6.88/1.40 | 5.86/1.78 | 6.68/1.34 | 6.57/1.43 | 6.10/1.71 |
| T 值 | | −2.115 | −2.507 | −1.968 | −2.929 | −2.616 | −2.275 |
| 显著水平 | | .035 * | .013 * | .049 * | .004 ** | .009 ** | .023 * |

表 5.25 的数据显示，教师在 T2、T3、T5、T8、T18、T21 共六个题项上表现出显著的性别差异，其中 T18 题为认知过程取向的教学方法，男女教师在这一题项上的得分分别为 6.26 和 6.57，中小学教师在这一题项上存在非常显著的性别差异，女教师比男教师更认同认知过程取向的教学方法，即教学应当有系统性；T2 题和 T21 题分别代表科技发展取向的课程内容及课程组织，即学校每一科目的课程内容和教学活动，都应根据学生的学习目标来选择，并且课程内容的组织应根据学习目标的先后次序来确定，在这两个题项上，男教师的得分分别为 6.02 和 5.81，女教师的得分分别为 6.30 和 6.10，女教师比男教师的认同度高；T5 题和 T8 题分别代表社会重建取向的课程意图和课程评价，在 T5 题即"课程应让学生理解社会问题并为促进社会改革而采取行动"上，男女教师的得分分别为 5.60 和 5.86，男女教师的得分总体偏低，即教师对这一题项的认同度并不高，在这一前提下，女教师的得分较男教师的得分高。而在 T8 题即"对学生的评价应当强调学生的公民意识、问题解决能力和决策能力"上，男女教师的得分分别为 6.35 和 6.68，男女教师的得分总体较高，即教师对这一题项的认同度比较高，在这一前提下，女教师仍然表现出比男教

师更高的认同度；T3 题是人文主义取向的课程评价，即课程评价除关注学生学业成绩外，还应当重视学生自信心、兴趣等方面的发展，男女教师的得分分别为 6.60 和 6.88，教师在这一题项上的整体得分也较高，但是女教师的得分较男教师的得分更高。

### 三　教师课程取向性别差异的进一步分析

从上述数据分析中可以看出，社会重建、科技发展和人文主义三类教师课程取向在性别方面存在着显著的差异，而在学术理性和认知过程这两种教师课程取向上没有表现出显著的性别差异。但从样本的性别比例来看，女教师的人数为 569 人，占样本总人数的 68.1%，男教师的人数为 266 人，占样本总人数的 31.9%，因此，样本中男女教师比例的差异，也可能是导致在所有题项上女教师得分均高于男教师得分的原因之一。

抽样的方法以及抽样的实施过程，基本上保证了样本对总体的代表性，但样本中女教师人数的确较男教师的人数多，占到了样本总数的 68.1%，因此，有必要对样本进行进一步的性别维度上的类型划分，以确定在某个维度上是否有数量相当的男女教师，然后再进行相关的课程取向分析，以期与前面的课程取向性别差异的分析结果进行对比，以进一步判断女教师得分均高于男教师得分的可信程度。

表5.26 是对样本进行性别维度和城乡/学段维度的列联分析。

表5.26　　　　　　　　　　性别维度和城乡/学段维度的列联分析　　　　　　　　（人）

| 城乡/学段 | 性别 | | 合计（人） |
|---|---|---|---|
| | 男 | 女 | |
| 城市初中 | 84 | 164 | 248 |
| 农村初中 | 49 | 56 | 105 |
| 城市小学 | 42 | 241 | 283 |
| 农村小学 | 91 | 106 | 197 |
| 合计 | 266 | 567 | 833 |

表 5.26 的数据显示，样本中教师在性别维度上主要是城市初中和城市小学中男女教师的比例失衡，尤其是城市小学，男教师与女教师的比例接近 6∶1，而城市初中男女教师的比例也接近 2∶1，农村学校的男女教师比例基本持平，女教师人数较男教师人数略多一些。下面仅在农村学校教师样本中进行五种课程取向的性别维度独立样本 T 检验。

（一）农村学校教师课程取向的性别差异分析

对样本中农村学校教师进行五类课程取向的性别差异分析，具体数据见表 5.27。

表 5.27　　　　　　农村学校教师五种课程取向的性别差异分析

| 取向 | 男<br>平均分/标准差 | 女<br>平均分/标准差 | T 值 | 显著水平 |
|---|---|---|---|---|
| 认知过程 | 6.65/1.01 | 6.77/0.89 | − 1.026 | .306 |
| 科技发展 | 6.30/1.01 | 6.54/0.96 | − 2.120 | .035 * |
| 社会重建 | 5.85/1.19 | 6.19/1.21 | − 2.386 | .018 * |
| 学术理性 | 5.96/1.04 | 6.05/1.15 | − .702 | .484 |
| 人文主义 | 6.47/0.89 | 6.74/0.93 | − 2.477 | .014 * |

表 5.27 的数据显示，在农村学校教师男女比例基本相当的前提下，对农村学校教师进行课程取向性别维度上的差异性检验，结果显示，农村学校男女教师在科技发展、社会重建以及人文主义取向上表现出显著的差异，且女教师的得分均高于男教师的得分。女教师在上述三种课程取向上的平均得分分别为 6.54、6.19 和 6.74，而男教师在上述三种课程取向上的平均得分分别为 6.30、5.85 和 6.47，女教师表现出较高的认同度；农村学校女教师在认知过程和学术理性取向上的得分仍然高于农村学校男教师在这两个课程取向上的得分，女教师的平均得分分别为 6.77 和 6.05，男教师的平均得分分别为 6.65 和 5.96，但男女教师在这两类课程取向上并没有表现出显著的差异。

在农村学校教师样本中进行五类课程取向的性别维度的差异性检

验，与在全体样本中所进行的同样类型的差异性检验所得到的结果基本保持一致，除了全体样本在科技发展取向上的性别差异非常显著，而农村学校教师样本在科技发展取向上的性别差异仅为显著之外。这一结果可以说明以下两点结论：第一，样本中的男女教师比例失调并非抽样方法和抽样过程中存在偏差而导致的非正常结果，样本中的男女教师比例能在一定程度上代表总体中的男女教师比例。第二，在五种教师课程取向类型中，女教师在科技发展取向、社会重建取向以及人文主义取向上的得分显著地高于男教师在这三类课程取向上的得分，男女教师在认知过程取向和学术理性取向上的得分没有表现出显著的差异。

　　基于对数据分析结果的科学性与准确性的探求，进一步分别对农村中学和农村小学的教师在五类课程取向上进行性别维度的差异性检验，独立样本 T 检验的数据分析结果见表 5.28。

表 5.28　　农村学校教师（分学段）五种课程取向的性别差异分析

| 取向 | | 男平均分/标准差 | 女平均分/标准差 | T 值 | 显著水平 |
|---|---|---|---|---|---|
| 农村初中 | 认知过程 | 6.66/0.86 | 6.84/0.77 | −1.080 | .283 |
| | 科技发展 | 6.33/0.86 | 6.57/0.87 | −1.357 | .178 |
| | 社会重建 | 6.04/1.10 | 6.43/1.04 | −1.790 | .076 |
| | 学术理性 | 5.98/1.00 | 6.11/1.11 | −.573 | .568 |
| | 人文主义 | 6.40/0.80 | 6.76/0.92 | −2.031 | .045 * |
| 农村小学 | 认知过程 | 6.65/1.10 | 6.73/0.94 | −.566 | .572 |
| | 科技发展 | 6.28/1.07 | 6.53/1.01 | −1.648 | .101 |
| | 社会重建 | 5.74/1.24 | 6.07/1.27 | −1.769 | .078 |
| | 学术理性 | 5.95/1.07 | 6.02/1.17 | −.455 | .650 |
| | 人文主义 | 6.51/0.94 | 6.73/0.93 | −1.607 | .110 |

　　表 5.28 的数据显示，分别对农村中学和农村小学的教师进行五类课程取向在性别维度上的差异性检验后发现，农村小学教师在五类

课程取向上并不存在显著的性别差异，而农村中学教师也仅在人文主义取向上表现出显著的性别差异，女教师的平均得分为 6.76，男教师的平均得分为 6.40，女教师较男教师更认同人文主义的课程取向，农村中学男女教师在其他四类课程取向上的性别差异均不显著。这一结果又引发了对前面的农村教师整体在五类课程取向上的性别差异分析结果的疑问，即农村教师整体上在科技发展、社会重建以及人文主义取向上表现出显著的差异，但分别对农村初中和农村小学教师进行五类课程取向的性别差异检验时，却只有农村初中教师在人文主义取向上表现出显著的性别差异，在其他四类课程取向上的性别差异均不显著，并且农村小学男女教师之间并没有在任何课程取向上表现出显著的差异。因此，不能简单地说农村教师在某些课程取向上表现出显著的性别差异。

农村教师为什么会整体上在科技发展、社会重建和人文主义三种课程取向上表现出显著的性别差异？进一步分析表 5.28 的数据，可能的解释是，在科技发展取向上，农村初中男女教师的平均得分分别为 6.33 和 6.57，整体的平均得分为 6.45；农村小学男女教师的平均得分分别为 6.28 和 6.53，整体的平均得分为 6.41。在社会重建取向上，农村初中男女教师的平均得分分别为 6.04 和 6.43，整体的平均得分为 6.24；农村小学男女教师的平均得分分别为 5.74 和 6.07，整体的平均得分为 5.91。可以看出，在科技发展和社会重建取向上，农村初中教师的得分整体上高于农村小学教师的得分。而农村初中女教师在这两类课程取向上的得分高于农村小学男教师的得分，分别为 6.57 和 6.28、6.43 和 5.74；农村小学女教师在这两类课程取向上的得分也高于农村初中男教师的得分，分别为 6.53 和 6.33、6.07 和 6.04，因此，在科技发展和社会重建这两类课程取向上，虽然农村初中的男女教师之间和农村小学的男女教师之间并不存在显著的性别差异，但是在农村初中的女教师和农村小学的男教师之间以及农村小学的女教师和农村初中的男教师之间却存在显著的性别差异，这种性别差异是建立在学段基础上的。

对人文主义课程取向而言，农村初中的男女教师表现出显著的性别差异，农村小学的教师在这一取向上并没有表现出显著的性别差异，但是农村教师在人文主义取向上表现出的整体性别差异，也不能排除是建立在学段差异基础上的。表 5.28 的数据同样显示出在人文主义课程取向上，不同学段的男女教师之间得分的差异。

综上所述，农村学校教师在科技发展、社会重建和人文主义三种课程取向上所表现出来的显著的性别差异，是建立在学段差异基础上的，整体来看，农村中学教师比农村小学教师在科技发展和社会重建取向上的得分要高，且女教师比男教师的认同度更高；在人文主义取向上，农村学校女教师的得分高于男教师的得分，且存在显著的性别差异。在学术理性取向和认知过程取向上，农村学校教师均没有表现出显著的性别差异。

对农村学校教师课程取向在性别维度上的差异性分析，进一步引发了研究者对城市学校教师课程取向进行类似的性别差异的分析。

（二）城市学校教师课程取向的性别差异分析

对样本中城市学校的教师进行五种课程取向的性别差异分析，具体数据见表 5.29。

表 5.29　　　　　城市学校教师五种课程取向的性别差异分析

| 取向 | 男<br>平均分/标准差 | 女<br>平均分/标准差 | T 值 | 显著水平 |
|---|---|---|---|---|
| 认知过程 | 6.38/1.09 | 6.59/1.11 | －1.833 | .067 |
| 科技发展 | 6.06/1.16 | 6.34/1.13 | －2.382 | .018 * |
| 社会重建 | 5.79/1.18 | 5.98/1.21 | －1.533 | .126 |
| 学术理性 | 5.85/1.12 | 6.03/1.18 | －1.521 | .129 |
| 人文主义 | 6.24/1.10 | 6.46/1.08 | －1.953 | .051 |

表 5.29 的数据显示，城市学校教师仅在科技发展取向上表现出显著的性别差异，在其他四种教师课程取向上均没有出现显著的性别差异。

进一步分别对城市初中和城市小学教师进行五种课程取向在性别维度上的差异性检验，独立样本 T 检验的数据分析结果见表 5.30。

表 5.30　城市学校教师（分学段）五种课程取向的性别差异分析

| 取向 | | 男<br>平均分/标准差 | 女<br>平均分/标准差 | T 值 | 显著水平 |
|---|---|---|---|---|---|
| 城市初中 | 认知过程 | 6.30/0.07 | 6.51/1.20 | −1.344 | .180 |
| | 科技发展 | 6.01/1.14 | 6.30/1.13 | −1.872 | .062 |
| | 社会重建 | 5.79/1.19 | 5.95/1.31 | −.932 | .352 |
| | 学术理性 | 5.85/1.11 | 6.00/1.27 | −.902 | .368 |
| | 人文主义 | 6.15/1.09 | 6.35/1.18 | −1.286 | .200 |
| 城市小学 | 认知过程 | 6.55/1.13 | 6.64/1.03 | −.545 | .586 |
| | 科技发展 | 6.17/1.20 | 6.37/1.13 | −1.059 | .290 |
| | 社会重建 | 5.80/1.16 | 6.00/1.13 | −1.068 | .286 |
| | 学术理性 | 5.83/1.16 | 6.05/1.12 | −1.139 | .256 |
| | 人文主义 | 6.41/1.12 | 6.53/1.01 | −.719 | .473 |

表 5.30 的数据显示，城市初中教师之间和城市小学教师之间在五种课程取向上都没有表现出显著的性别差异，但是城市教师整体上在科技发展取向上却表现出显著的性别差异。表 5.30 的数据显示，城市初中男女教师在科技发展取向上的平均得分分别为 6.01 和 6.30，整体得分为 6.16，城市小学男女教师在科技发展取向上的平均得分分别为 6.17 和 6.37，整体得分为 6.27，城市初中教师在科技发展取向上的得分整体低于城市小学教师在这一课程取向上的得分。但是，在这一课程取向上，城市初中女教师的平均得分高于城市小学男教师的平均得分，分别为 6.30 和 6.17，城市小学女教师的平均得分高于城市初中男教师的平均得分，分别为 6.37 和 6.01。因此，可以推断，城市教师整体上在科技发展取向上表现出的性别差异同样也是建立在学段差异基础上。

#### 四　教师课程取向性别差异的综合讨论

再回到对整体样本进行五种教师课程取向的性别差异分析结果上，结合对农村教师和城市教师进行五种课程取向上的性别差异分析的结果，可以认为，教师整体在科技发展、社会重建和人文主义三种课程取向上所表现出的显著的性别差异，首先是基于学段差异的，其次由于分样本统计的 T 值与整体样本统计的 T 值不同，也不能排除城乡差异基础上的。整体来看，农村中学教师最认同社会重建取向和科技发展取向，更关注学生学习及其社会应用之间的关系。

因此，教师整体上在学术理性取向和认知过程取向上不存在显著的性别差异，而在科技发展、社会重建和人文主义三种课程取向上所表现出的显著的性别差异，是基于学段差异和城乡差异基础上的，城市或者农村同一学段内部的性别差异并不显著。

教师整体上在学术理性取向和认知过程取向上不存在显著的性别差异，且教师在学术理性取向上的得分较低，而在认知过程取向上的得分最高，结合对教师进行的访谈，我们了解到，我国基础教育课程改革的实施，教师整体在理念上都比较认同教学应当引起学生思考，培养学生思考问题、探究知识的能力的重要性，也都认为学生的学习不应完全以学科知识为主。教师对任教学科的理解很好地体现了这一点：

> 小学数学应该是掌握一些基本的数学常识，最主要是训练学生的思维以及数感和符号感，这是特别关键的。
>
> 我觉得学习语文，最起码应该达到这样几个目的：一个是学生能达到一定的口语和书面表达能力，另外一个就是能热爱祖国的语言文字，从情感上培养他热爱祖国的语言文字，能激发他对语言文字学习的兴趣。（教师访谈）

基于学段差异和城乡差异，教师在科技发展、社会重建和人文主义三种课程取向上表现出显著的性别差异，相比较男教师而言，女教师更关心学生在情感、兴趣等方面的需要，也较注重加强学生的学习与社会生活之间的联系。

【小结】

整体来看，对西北地区中小学教师课程取向在性别维度上差异性的分析显示，教师在学术理性取向和认知过程取向上不存在显著的性别差异，而在科技发展、社会重建和人文主义三种课程取向上表现出显著的性别差异，但这种差异是基于学段差异和城乡差异之上的，城市或者农村同一学段内部的性别差异并不显著。

# 第六章

# 研究结果讨论与理论反思

本书不仅要了解西北地区中小学教师观念上的课程取向及其特点，还需要了解实际情境中教师所理解的课程取向及其表现方式，并在此基础上，对教师课程取向理论本身进行重新解读。

## 第一节　西北地区中小学教师课程取向的现实探讨

西北地区中小学教师具有多元综合的课程取向，在新课程改革的大背景下，教师逐步形成了与新课程改革所提倡的一致的理念，如关注学生的学习态度和学习兴趣，关注课程统整，加强学生学习与社会发展和科技发展的联系，培养学生分析问题和解决问题的能力等。但是教师在实际的教学中，因为种种因素的影响，面临着实践行为与理念难以匹配的尴尬现状，下面将对五种教师课程取向在实际教育教学中的使用情况进行分析，以此说明教师是如何使用各种不同课程取向的，同时对教师课程取向理论本身的合理性进行探讨。

### 一　认知过程取向与人文主义取向——宣称的主导变量

认知过程取向强调对学生各种认知能力的培养，其中最重要的就是培养学生的思维能力及探究知识的能力，认同这一课程取向的教师在教学过程中应当以启迪学生思考为第一要务，因此教师的教学多以活动、讨论、实验等让学生亲自参与、动手的思考方式为主。对学生的评价也主要以学生的思维水平和探究能力为核心。认知过程取向与新课程"倡导学生主动参与、乐于探究、勤于动手，培养学生获取新知识的能力、分析和解决问题的能力"① 的理念一致，西北地区中小学教师对这一课程取向的认同度最高。

人文主义取向强调学生在学习中的主体地位，认为课程内容的选择和组织应当基于学生的兴趣和需要，同时在一个充满积极向上的情感氛围中，使学生获得全面的发展，不仅在学科知识上有所收获，而且使学生获得可持续发展的能力，如自信心、自我意识等的提高。教师的教学与学生的生理心理发展及需求相一致。人文主义取向与新课程"强调形成积极主动的学习态度，使获得基础知识与基本技能的过程同时成为学会学习和形成正确价值观过程"② 的理念相一致，西北地区中小学教师对这一课程取向也表现出较高的认同度。

从校长对教师的要求中，我们也可以看到新课程理念在学校得到了认同和落实。

> 领导听课，我觉得他关注的比较全面，他不仅关注一个老师作用的发挥，在更大程度上他关注学生，像一般老师听课，在很大程度上是看老师，从老师身上能找到一些闪光点，或者是值得自己学习的地方，但是校长们听课，每次评课，他们更多的是从学生的发展和学生的收获方面来评价你，你的教学设计对学生的发展起到了怎样的作用，是有效的还是无效的，从这个方面看，我觉得他们看得更全，看得更高一点。（教师访谈）

从上面这段访谈中，我们可以看出校长对教师教学的评价更多地关注学生的参与以及学生的收获，注重教育教学对学生发展的促进作

---

① 钟启泉、崔允漷、张华：《为了中华民族的复兴，为了每位学生的发展——基础教育课程改革纲要（试行）解读》，华东师范大学出版社 2001 年版，第 4 页。
② 同上。

用，而教师也认同这一观点，并进行积极思考与实践。

西北地区中小学教师对上述两种课程取向均表现出较高的认同度，而事实上学生在这种理念指导下的教学中也发生了一些可喜的变化，如参与意识提高、自信心增强等。

> 以前教师拿个教鞭，他读一遍，我读一遍，现在方法可能就更多一点，组织小组合作等。新课改后，对学生基础知识方面的要求并没有降低，但是我们会采用不同的方法，不仅让他们掌握基础知识，而且在学生的自信心、表现欲、综合能力方面有更好的发展。（教师访谈）

> F：新课程改革最明显的变化体现在哪里？
> S：这个变化比较多，老师角色和学生角色都有变化。以前我们上学纯粹就只负责听，然后负责答，现在学生比较活了，学生参与活动的意识也增强了，然后空间和时间也比较充裕了。再就是过程和方法也比以前灵活了，以前老师讲课就是满堂灌，老师一言堂，现在形式则比较多样、丰富，如参与式的教学和活动，等等。从效果上看，我觉得，学生整体的素质比我们那个时候要好，以前我们把每个学生教得除了会认字，会写字，会读课文以外，感觉其他的啥都不会，现在的学生各方面的意识都比我们强，表现意识、竞争意识也比我们强。（教师访谈）

虽然教师的教学方式发生了一些改变，但这种改变是有限的，与认知过程和人文主义课程取向的要求相比，教师仍然缺乏相应的行为来更好地实现这两种课程取向的目标，认知过程和人文主义课程取向只是教师宣称的主导变量，虽然这一现状存在着一定的城乡差异和学段差异，但总体来看教师们缺少实际的行动。

一位小学语文教师对此也感到很苦恼：

　　我感觉我是越教越不会教了，特别在这个阅读教学上，就那么一篇课文，我真不知道通过这篇课文要告诉孩子们什么。从工具性上说，字词、语段，从人文性上说，要教给他一些思想、一些道理，但是，在这个过程中，这个目的我们大家都比较明确，但是这个过程我觉得真的不好说。现在有些语文课，很多老师就是上成一遍一遍地品读，就是这样读、那样读，刚开始我觉得还可以，但是，最近一段时间我也在思考，你说这样读，读的目的是什么？然后读的效果又是什么？我觉得学习语文，最起码应能达到这样几个目的：一个是学生能达到一定的口语和书面表达能力；另一个就是能热爱祖国的语言文字，从情感上培养他们热爱祖国的语言文字；再一个是能激发他们对学习语言文字的兴趣。但是你看，这样的途径，这样的方式方法是很难实现这些目的的。我不知道该用怎样的方法和途径去让学生掌握这些。

　　在语文教学中，真正比较难的是怎么样激发学生的情感，和作者产生共鸣。很难。不像一首诗，你让他背会，理解句子的意思，这些通过我们下功夫，是可以做到的，但是怎样引领，我觉得，还是要靠老师运用方法，是有一定难度的。（教师访谈）

教师在具体的教学方法和技能的改进方面，还是感到比较困惑的，究竟怎样设计教学才能更好地引导学生进行思考、探究，激发学生的情感。在这些方面，他们还需要得到相关的支持。其他老师也有同样的感受：

　　学生的学习积极性很差，不愿意思考，我不知道该怎么办，好像效果也不好。

　　有些学生认为，老师讲课过程中提出问题，之后他们自己讨论。对这种方式他们觉得还好。对讨论的结果，不对的老师再进行纠正，他们认为这样会理解得好一些。还有些学生认为，这个问题他们不会，老师直接给出答案，他们就好理解一些。据我的观察，这种学生讨论的参与式教学，有的产生了一些效果，有的效果也不那么好，原因是学生基础差，有些问题讨论大半天，也讨论不出结果，浪费了时间。（教师访谈）

对教师的访谈表明，虽然教师在观念上认同教学应当更多地引发学生的自主思考和探究兴趣，促进学生的全面发展，但是，在教师的实际教育教学中，或者因为学生的能力有限，或者由于教师缺乏一定的方法与手段，在具体的操作层面，教师认为，要想真正引导学生进行思考、有效地参与课堂教学并不容易。老师们对此也感到比较困惑，教学仍然以讲授基础知识和练习基本技能为主。

通过教师引领来启发学生进行思考并让学生在思维和实践能力方面有所收获，在教师看来很困难，很难落到实处。如果简单地采取让学生进行小组讨论或者进行实地观察等方式等同于在教师引导下的学生自主学习，那只是对认知过程与人文主义取向的肤浅认同。在这一过程中，教师扮演好领路人的角色非常重要，不仅要熟悉教材和整个学科的特点与要求，还要理解学生的所思所想，在此基础上发展形成相关的教学策略。显然，教师们在这方面还缺乏有效的方法与途径，还需要获得更多的帮助与支持。

## 二　科技发展取向——有疑问的教师课程取向

### （一）科技发展取向中存在的疑问

科技发展取向在理论上注重以学生的学习目标为基础，在对学习目标进行细致分解之后，按照具体的学习目标来选择和组织课程内容，然后运用相关的技术将课程内容以学生容易理解和接受的方式呈现出来，引导学生一步步完成学习内容。在这一过程中，很重要的就是在学生每完成一个步骤的学习之后，就立刻提供相应的检测程序，对学生的学习效果进行评估。学生只有通过这一评估，才能顺利地进入下一个步骤的学习，否则还将停留在相同步骤的学习中。因此，对于科技发展取向而言，重点在于进行系统的课程与教学设计。设计细致的课程目标体系、教学内容呈现的方式和顺序以及教学评估的内容与方式，一旦设计完成，运用相关技术实现了某种教学设计，那么学生的学习就变成了学生与教学程序之间的互动，而且在这种系统的教学设计下，学生的学习也被视作系统的学习，与教学设计所遵循的理论相一致。

科技发展取向以加涅的学习理论为其理论基础之一，遵循泰勒的目标模式，在教学设计中注重引起学生的注意，通过告知学习者目标来激发学生的学习动机，并且通过充分调动学生的各种感知觉来刺激学生联系先前学过的知识，进而学习新的知识，对学生的学习提供相应的指导与及时的反馈。

因此，科技发展取向有三个关键点：一是学生学习目标的确立，学习目标是选择和组织课程内容、发展教学策略以及进行课程评估的核心基础；二是教师基于学生学习目标所进行的课程设计，选择和组织教学内容，结合学生的认知特点发展出相应的教学策略和课程评估方法，并考虑上述内容的呈现方式；三是技术，不论是学生的学习目标，还是教师基于学生学习目标的课程设计，都要通过技术来实现，选择并运用适当的技术将理念及其内容呈现出来。但是进一步分析就会发现，学习目标、课程设计和技术这三个关键点与课程取向的关系有所不同，学生学习目标的确定以及相关的课程设计都是从某种课程价值观内部生发出来的，都体现了一定的课程取向，而技术虽然也是科技发展取向中非常重要的组成部分，但实际上，技术只是实现课程理念的一种手段和方式，它本身是外在于课程取向的。

另外，与学术理性、认知过程、人文主义以及社会重建四种课程取向在学生的学习目标方面都有各自明确的目标（学术理性强调学生掌握学科知识，认知过程强调发展学生的思维水平和探究能力，人文主义强调学生主体性发挥的全人发展，社会重建强调培养学生批判性地分析社会问题的能力及其相应的改革能力）相比较，科技发展取向仅仅强调了学生学习目标的重要性，并没有表现出某种明确的倾向性，也就是说，学生应当达到何种学习目标，是以掌握学科知识为主还是以培养学生的实践能力为主，在科技发展课程取向中是没有明确规定的。那么，将科技发展取向与学术理性、认知过程、人文主义以及社会重建四种课程取向放至同一个层面，即教师课程取向的层面上是否恰当呢？研究者认为，在教师课程取向的研究中，对科技发展取向需要进行重新解读和定位。

（二）教师对科技发展取向的理解

西北地区中小学教师在科技发展取向上的得分居于五种教师课程取向的中间位置。问卷调查数据的分析结果表明，教师在观念上对科技发展取向的认同度居中，不是最高的，也不是最低的。然而，通过课堂观察以及与教师的访谈，研究者发现，教师在科技发展取向上之所以表现出相对较高的得分，是因为教师认同教学应当首先明确学生的学习目标，其次教师也认同网络和多媒体对教育教学具有积极的影响作用。基于这两点，问卷中关于科技发展取向的题项都涉及学生学习目标的重要性以及网络技术的运用，因此，教师在科技发展取向上的得分都不低，而教师的这种认同与理论上科技发展取向所具有的基于学生学习目标的课程设计以及运用技术来实现学生学习内容的表达和对学生的学习进行评价的内涵相去甚远。

新课程强调教师的教学应当基于学生的学习来展开，教学目标应当反映学生的学习目标，西北地区中小学教师在理念上都表现出对学生学习目标的重视。

现在考试都是以书面的成绩为标准，所以你主要还是得考虑这方面，然后情感、态度、价值观必须得考虑，还是要把学生教会，替学生考虑一下，基础是怎样的。

我备课就是先看课文内容，课文内容看完了，我再定学生的学习目标，就是这篇课文学完了，我想让学生学些什么东西，然后根据学生的学习，我再定我的教学目标，我应该从哪些方面去教，学生才能学到这些东西。学生的底子不太厚实，我们这个目标可能定得相对来说比较低一些，就是字的巩固，字的音形义，这些我们还是时常要做的。语文教学里面除了字词，还有很多其

他的东西，但是在我们这里，基础知识还是要时常抓一抓，学生在这些方面就是比较薄弱。（教师访谈）

不同学校尽管在计算机、网络的硬件条件方面存在差异，但教师们都认可多媒体、网络及技术在教学中的积极作用。

多媒体总之还是一种教学的辅助手段吧，在有些课堂上，它还是能起到一定作用的，比如说创设一些情境，或者提高教学效率，这些方面对老师还是有帮助的，就像有些东西，你不好板书，或者板书会浪费时间，用它却能马上呈现在学生面前；像难理解的内容，它能通过直观的演示、直观的课件展示出来。这个还是比较好，就看你用得怎么样了。像前几年，有些老师走入一种误区，一节课纯粹就是展示自己的课件，好像是为了演示课件而上这节课，而不是为了上课而演示课件，但是这几年，老师们的理念和对多媒体的认识已经转变过来，知道它只是一种服务手段，现在老师们的课件都注重实用性。真正能帮助老师和学生解决课堂上的一些问题。（教师访谈）

上述访谈资料表明，教师对确定学生学习目标和运用多媒体进行教学比较认同，但这离科技发展取向的丰富内涵还有很大的距离。

（三）对科技发展取向的重新解读与定位

本书针对的是教师层面的课程取向，即中小学教师在课程目的上具有怎样的价值观，基于某种课程目的，确定相应的课程内容、课程组织、教学方法以及课程评价。而科技发展取向，其课程目的仅仅强调确定学生学习目标的重要性，并没有明确的学生学习目标的倾向。因此，将科技发展取向与具有清晰的学生学习目标倾向的学术理性取向、认知过程取向、人文主义取向以及社会重建取向同时放在教师课程取向层面，是不恰当的，因为我们很难明确说出科技发展取向在学生学习方面的目标，它可能是学科知识、认知能力、社会实践能力等，目前，对教师课程取向的分类违背了同一分类标准下不同类别之间不相容的基本原则。如果将科技发展取向看作教师课程取向中的一种，那么可以明显地看出，当学生的学习目标具有确定的价值倾向时，如掌握学科知识是学生的学习目标，那么，教师基于这一学习目标所进行的课程设计，可以看作典型的学术理性取向，而当用技术来实现所有的目标、内容、组织、教学和评价时，它同时是典型的科技发展取向。因此，科技发展取向显然无法成为独立于其他教师课程取向的一个类别。

虽然科技发展取向不应被归为教师层面的课程取向，但是科技发展取向仍然有其意义与价值。

首先，科技发展取向对技术的重视，对学术理性、认知过程、人文主义和社会重建四种教师课程取向的课程内容、课程组织、教学方法及课程评价都具有非常重要的启示意义。网络及多媒体技术的应用，可以极大地丰富课程资源及其表现形式；跨越时空的限制，丰富教师与学生以及学校与社会的沟通交流方式；学生学习的方式以及对课程的评价都将更加多元化。因此，技术可以为更好地实现课程目标起到积极的作用。尽管科技这把双刃剑，对学生的学习和发展也可能造成一定的负面影响，但随着科技的高速发展，学生的学习必然会更强烈地受到科技发展的影响，课程及教学也应表现出相应的变化。麦克尼尔在《当代课程的理论与实践》中，也探讨了技术在人文主义、社会重建以及学术理性取向中的应用，[①] 他认为，在人文主义取向中，学生主要利用技术来进行自我表达，如教师要求学生为自己的演讲制作一个视频材料，教师引导学生通过发送电子邮件来讨论一些话题，教师不再是知识拥有、传递、评价的唯一人员，学生也通过技术的应用而参与其中；在社会重建取向中，教师可以利用技术来实现学校正式课程与社会行动主义之间的联系，互联网可以让中小学学生获取大

---

① John D. McNeil, *Contemporary Curriculum*: *In Thought and Action* (7th ed.), New York: John Wiley & Sons, 2009, pp. 158 – 167.

学和其他一些网站的数据，关注一些社会问题，学生可以收集信息并发展出解决相应社会问题的行动策略；在学术理性取向中，技术的应用可以使知识以讲座、视频、讲义、笔记、大纲、课题等不同形式呈现出来。因此，不论具有怎样的课程取向，网络、多媒体等技术必将影响越来越多的教师去改变课程与教学的内容及组织表达方式，也必然会影响学生的学习方式和学习结果。

其次，科技发展取向对于教材开发和编写者而言，仍然具有一定的适用性。按照古德莱德对课程的分类，课程分为理想的课程、正式的课程、领悟的课程、运作的课程和经验的课程五类，其中理想的课程和正式的课程属于专家学者认为的课程和国家教育行政部门正式规划和开发的课程；领悟的课程和运作的课程是学校和教师层面对理想课程和正式课程的理解，是在此基础上教师在课堂中实际实施的课程；而经验的课程则是学生实际体验到的东西。在我国，课程标准以及教科书，都属于国家教育行政部门所开发出来的正式课程。在正式课程这个层面，科技发展取向所具有的课程设计理念，分步骤呈现内容，在学生学习过程中及时进行评估反馈并明确下一步的学习计划，利用技术来实现更加多元的表达和沟通方式等，对教科书的编制具有很好的启示意义，值得借鉴。同时，对一线教师而言，运用相关技术来实现专业的课程与教学设计，是有相当难度的，而教育行政部门则有能力组织各方力量来实现这种专业的课程与教学设计。

教材的编写者通常以文本的形式来呈现课程内容以及教学建议，但科技发展取向的理念在正式的课程这个层面，对教材组织和编写人员而言，可以使课程内容及组织不仅是文本的教材呈现形式，而且可以结合多媒体技术，添加更多的声音、图像、动画等元素，在学生学习目标的指引下，课程理念以及课程内容的呈现方式更加多元化，更适合学生的学习特点。一线教师和学生都可以通过科技取向的正式课程，获得更为多样、丰富的课程资源、学习环境、学习方式及评价方式。

因此，笔者认为，科技发展取向不是一种教师课程取向，但是科技发展取向所提倡的分解学生学习目标、及时进行评估与反馈以及利用技术来丰富内容呈现、沟通与表达的方式，无论对教师的教学还是对国家教育行政部门层面的教材开发，都具有积极的深远影响。

### 三　学术理性取向——实际的主导变量

关于学术理性取向，前面已经进行了一些讨论。学术理性取向强调让学生获得各种人类重要的文化遗产，在学校中的表现就是各门学科的学科知识，因此，学科知识就是最重要的课程内容，课程组织也主要体现了各门学科内在的逻辑结构，教师教学主要采用讲授的方式进行知识传递，对学生学习的评价当然也是以学生对学科知识的掌握程度为标准的。我国中小学的传统教育教学就是分科的、以各科基础知识和基本技能为主要教学内容，新课程改革提出"要改变课程过于注重知识传授的倾向，改变课程结构过于强调学科本位、科目过多和缺乏整合的现状，改变课程内容过于注重书本知识的现状"①，可以看出，学术理性课程取向的价值观实际上与我国中小学教育教学的传统是一致的，但是，由于这种传统的中小学教育教学过分强调了学科知识和教师的讲授，新课程的理念就是要改变这一现状，改变对学科知识和教师讲授的过分依赖，学术理性取向与新课程所提倡的理念不一致，甚至相左。西北地区中小学教师在学术理性取向上的得分不高，也在一定程度上反映了教师在理念上对新课程所倡导的观念的认同。

西北地区中小学教师对学术理性取向的认同度不高，仅仅表明教师们宣称"学科知识不是最重要的课程内容""评价学生获得基础知识的程度并不是最重要的"，教师实际使用的理论与其宣称的理论并不一致。长期注重分科教学、教师讲授、考查学生对基础知识和基本技能掌握的传统，不仅在教育行政部门的管理制度、管理方式中有所体现，而且也深刻地体现在学校的管理、教师教学及评价当中。尽管教师的

---

① 钟启泉、崔允漷、张华：《为了中华民族的复兴，为了每位学生的发展——基础教育课程改革纲要（试行）解读》，华东师范大学出版社2001年版，第4页。

理念已经发生变化，但将理念转变成具体的行为还需要其他因素的配合与支持。由于对教师的评价制度仍然主要看学生的考试成绩，对学生的考评也仍然主要偏重于对其基础知识与基本技能的考核，西北地区中小学教师在学术理性取向上的使用理论仍然以学科知识为其主导变量，教师教学的内容、方法及评价都与这一主导变量保持一致。

从教师课程设计的三种模式即泰勒的目标模式、施瓦布实用而折中的模式以及弗莱雷的批判模式来看，西北地区中小学教师的课程与教学设计以施瓦布的实用而折中模式为主。教师在理念层面的课程取向虽然与新课程理念基本保持一致，但在实际的课程与教学设计中，教师会不断地调适自己的教学目标，使之更好地适应现实情境对教师教学的要求，而对教师教学的考核与学生的评价还是以学生的考试成绩为最后的评判标准，因此，中小学教师实际使用的课程取向还是以学术理性取向为其主导变量。

从人发展的角度来看，应该是树立一种思想比掌握一点知识重要，但是我觉得在我们平时的教学中还是对知识把握得比较重，我们上课抓的还是知识，还是以应试为主，但是应试的这个试题好像变了，比以前变得能体现学生的素质，死记硬背的东西少了一点，但是我觉得这个评价的方式不变的话，我们的教学方式很难变。（教师访谈）

英语学生的两极分化现象特别严重。能力也是在你掌握了基础的东西之后才慢慢有的。想使他们在上课时有兴趣一些，但考试又不允许，否则学生考试的时候就不会。这学期书上的讨论环节都省略了，因为你光听不行，还得练习，所以还是得做。（教师访谈）

对教师的访谈明显地传递出教师教学仍然以学科知识为主要内容的现状，教师实际使用的课程理论还是学术理性取向。

#### 四 社会重建取向——调适

社会重建取向强调培养学生批判性地分析社会问题的能力以及发展相关社会改革的策略并将之付诸行动的能力，课程内容的选择与组织都应当以现实的社会问题为依据，为学生提供调查、分析并评估真实社会问题的条件，对学生的评价以其公民意识、问题解决能力和决策能力为评价标准。社会重建取向强调学生的学习应当与社会现实问题密切联系，并且应当引导学生调查、分析并理解社会问题，在此基础上培养学生一定的实践能力。社会重建取向中有两点比较重要：一是让学生在批判性地分析社会问题的基础上理解社会问题；二是通过分析，发展出社会改革的相关策略，并将其付诸实践的能力。这两点与新课程提出的"课程内容强调与学生生活以及现代社会和科技发展相联系，培养学生分析和解决问题的能力以及交流与合作的能力"①的理念有一致的地方，也存在差异。

新课程强调改变学生死记硬背、机械训练的学习方式，应让学生通过实际动手、参加调研、积极探究等参与实践的学习方式，获得分析问题并解决问题的能力，这与社会重建取向强调让学生参与调查社会现实问题，培养学生分析问题、解决问题能力的理念相一致，但是社会重建取向更关注学生改革社会并采取行动的能力，这一点与新课程理念存在差异，也与中小学教师的观念不一致。

西北地区中小学教师在认知过程、人文主义、科技发展、学术理性和社会重建取向上的平均得分分别为 6.61、6.49、6.34、6.00 和 5.97。总的来看，教师们还是认同社会重建取向这一课程理念的，但教师在社会重建取向上的平均得分也是最低的，教师对社会重建取向的认同度最低。

在对 30 个具体题项进行描述统计的数据分析中，我们将社会重

---

① 钟启泉、崔允漷、张华：《为了中华民族的复兴，为了每位学生的发展——基础教育课程改革纲要（试行）解读》，华东师范大学出版社 2001 年版，第 4 页。

建取向的六个题项放在一起进行分析，具体数据见表6.1。为了更好地说明社会重建取向各题的得分情况，将30个题项中得分最高和最低的两个题项也放在表6.1中。

表6.1　　　　　　　　社会重建取向具体题项的描述统计

| 题项 | 平均分 | 标准差 | 得分情况 |
|---|---|---|---|
| T1 教学过程中，让学生有机会思考问题是最关键的 | 7.08 | 1.494 | 最高得分 |
| T8 对学生的评价应当强调学生的公民意识、问题解决能力和决策能力 | 6.57 | 1.429 | 中等得分 |
| T17 允许学生分析、调查并评估真实的社会问题，学生才能学得最好 | 6.26 | 1.684 | |
| T14 课程应以现存的社会问题为课程组织的中心，如环境污染和人口问题等 | 5.86 | 1.802 | 较低得分 |
| T5 课程应让学生理解社会现实问题并为促进社会改革而采取行动 | 5.77 | 1.820 | |
| T24 课程内容应集中分析社会现实问题，如环境、能源、民族团结和犯罪等 | 5.71 | 1.815 | |
| T29 学校课程最重要的目标是培养学生批判性地分析社会现实问题的能力 | 5.64 | 1.844 | |
| T10 中小学最重要的课程内容是学科知识 | 5.48 | 1.892 | |

在表6.1中，T1题和T10题分别是得分最高和最低的两题，其余是社会重建取向的六道题目。表6.1的数据显示，社会重建取向的六道题目中，T8、T17两题为中等得分，T14、T5、T24和T29四题属于得分低的题项。T8、T17两题分别为"对学生的评价应当强调学生的公民意识、问题解决能力和决策能力""允许学生分析、调查并评估真实的社会问题，学生才能学得最好"，这两个题项的共同特点是强调对学生解决问题能力和实践能力的培养，这一特点与新课程强调培养学生实际能力的理念相一致，教师的认同度相对较高；而T14、T5、T24、T29四题的内容分别为"课程应以现存的社会问题为课程组织的中心，如环境污染和人口问题等""课程应让学生理解社会现实问题并为促进社会改革而采取行动""课程内容应集中分析社会现实问题，如环境、能源、民族团结和犯罪等"和"学校课程最

重要的目标是培养学生批判性地分析社会现实问题的能力"，这四个题项的共同特点是强调学生对社会现实问题的理解与分析、批判与改革，这与我国义务教育阶段的课程与教学实际相去甚远，教师最不认同的是"改革"和"批判"。

教师在教学中也注意到学科内容与社会生活实际的联系，但教师们更多的是加强学科知识在实际生活中的应用，并非对社会现实问题本身的关注。如中学数学老师在讲解"图案设计"部分时，不但自己设计了一些图案向学生展示，还让学生在课堂上动手设计图案，教师认为

> 虽然考试都是以测试的形式，像计算啊什么的，但是好多学生说，学这些东西生活中都没有用，今天我们学习轴对称的图形，可以应用一下知识，还是有用的。比如有些女学生要做针线活，也要用到那些图案的设计。学生还是比较感兴趣的，还是能够感觉到数学的应用性的，并不仅仅是干巴巴的那些东西，什么会算啊，会写就行了。（教师访谈）

本书是针对义务教育阶段的教师课程取向展开研究的，社会重建取向中关于加强学生学习与社会生活的联系，以及培养学生分析社会问题能力的理念，教师们还是比较认同的。教师较不认同社会重建取向中比较激进的"改革"与"批判"观念，这也与义务教育阶段学生的年龄特点和心理特点有关系，期望这一年龄阶段的学生采取某种行动进行社会改革，似乎显得有些不切合实际。

社会重建取向是社会取向的一种，还有社会适应取向。相比较社会重建取向的激进理念，社会适应取向以社会稳定为目标追求，强调学生在理解社会现实问题的基础上适应现有的社会，显得较为温和。因此，针对中小学教师的社会取向，需要在社会重建与社会适应之间进行适当调适，以培养学生对社会现实问题的了解与理解为重点，在这一过程中，培养学生的实践探究能力，以适合中小学生的生理和心

理特点。

### 五 教师具有的后设课程取向

教师无论是宣称的课程理念还是实际使用的课程理念，都表现出综合的特点。教师不是仅认同某一种独立的课程取向，而反对另一种与之不同的课程取向，教师具有的课程取向的综合性体现在，教师可能同时认同几种不同的课程取向，在不同的教育教学主题与情境中，教师会交叉选择不同的课程目的、内容与教学方法。后设课程取向这一概念就反映了教师所具有的综合课程取向。

后设课程取向包括传统取向、探究/决策取向和转化取向三种类型，分别代表传递立场、互动立场和转化立场。传递立场的后设课程取向强调学生对基础知识与基本技能的掌握，强调教师传递知识、文化的角色功能，主要包括科目取向、以能力为本取向和文化传递取向；互动立场的后设课程取向强调学生与课程、环境的互动，注重学生自身能力的发展，尤其关注学生认知能力的发展、探究及决策能力的发展，注重学生的理性思维，强调教师对学生学习的引导与帮助，主要包括认知过程取向、学科取向（探究学科知识）和民主公民权取向；转化立场的后设课程取向强调学生的自我实现、自我超越以及影响社会和环境的能力，学生全身心地投入学习当中，学生的学习是意义建构的过程，主要包括人文主义取向、超越个人取向和社会变迁取向。

结合后设课程取向的理念以及西北地区中小学教师课程取向研究的数据分析结果，可以发现，总体来看，教师宣称的后设课程取向仍然具有综合性，即教师都认同三种后设课程取向，但认同的程度不同。教师对探究/决策后设取向和转化取向的认同度可能较高，探究/决策后设取向关注学生的理性思维以及问题解决的能力，转化取向则强调学生的自我发展，这与前面教师在认知过程和人文主义取向上的得分较高保持一致；教师在理念上对传递立场的传统取向的认同度可能较低，教师宣称"学科知识不应是中小学最重要的课程内容"的观念，即表明教师对传统取向的认同度较低。而教师实际使用的后设课程取向与其所宣称的理念也不一致，实际使用的后设课程取向仍然是以传递立场的传统取向为主，教师在探究/决策取向和转化取向方面尝试开展了一些活动，但影响力较小。

关于后设课程取向的研究还有待在理论和实践层面进一步展开，本书关于中小学教师在后设课程取向方面的研究还有很大的局限性。

## 【小结】

综上所述，教师实际使用的课程取向表现出以下特点：

第一，教师实际使用的课程取向还是以学术理性取向为其主导变量，教师的教育教学主要以学科知识为重点内容，教学方法仍然以教师讲授为主，对学生的评价主要考察其基础知识和基本技能的掌握情况。

第二，认知过程、人文主义以及社会重建三种课程取向，在教师实际使用的课程理论中也没有被完全排斥，在某些情境中，教师会选择有利于学生认知发展、个性发展的方法进行教学，教师比较注重学生学习与现实社会生活的联系。

第三，科技发展取向与其他四类教师课程取向不在同一个分类标准上，它不是教师课程取向的一个类别。但是科技发展取向所提倡的分步骤学习、及时进行评估与反馈以及技术的应用，对教师课程取向具有非常积极的影响。

第四，社会重建取向中比较激进的部分，如"改革""批判"，与教师实际使用的课程理论相距较远，社会重建与社会适应的调适是比较合适的教师所具有的社会课程取向。

第五，教师具有的后设课程取向，与具体的教师课程取向表现出一致的特征：综合性；宣称理论与使用理论不一致。

## 第二节　教师使用课程理论的影响因素

教师实际使用的课程理论体现在其课程实施过程中，"从文化的视角而言，课程实施的过程就是新旧学校文化碰撞、融合的过程"①，"学校文化是学校变革最深层的影响因素，也是学校变革的本质目标"②，教师的课程实施行为主要受到学校文化的影响而表现出实际的特色。学校文化可以定义为"经过长期发展、历史积淀而形成的全校师生员工的教育实践活动方式及其所创造的成果的总和"③，包含学校的物质层面（校园建设）、制度层面（各种规章制度）、精神层面和行为层面（师生的行为举止），其核心是精神层面的价值观念、办学思想、教育理念、群体的心理意识等。

这里主要从学校的教研制度、教学管理、教学评价等方面进行讨论，探讨影响教师实际使用的课程理论的因素。

## 一　城乡学校的校本教研差异大

通过对教师、校长的访谈以及实际参与学校的教研活动我们了解到，城市学校与农村学校在校本教研的制度与实施方面存在较为显著的差异，城市学校的校本教研无论是制度还是实施都比较规范，在学科、主题、时间、效果方面有详细的规定，形式也比较多样化，学校教研活动的开展具有一定的历史延续性；而农村学校的校本教研则比较简单和随意，没有较为严格的规范，学校校长的管理理念和管理风格与本校校本教研的开展关系密切。

下面是一位从农村学校调到城市学校工作的教师对城市学校教研活动的看法。

我们学校对青年教师的要求可能更高一些，压一些负担，就是督促年轻老师在业务上多钻研一些。这个学校老师比较多，在

---

① 马延伟、马云鹏：《课程改革与学校文化重建——一所学校的个案研究》，《教育研究》2004 年第 3 期。
② 易丽：《近年来关于学校文化变革的研究综述》，《现代教育科学》2008 年第 2 期。
③ 顾明远：《论学校文化建设》，《西南师范大学学报》（人文社会科学版）2006 年第 5 期。

教研活动时，感觉气氛更热烈一些，获得的信息也更多。这个学校的教研活动更正式，也更有规律一些，原来的农村小学，大家的随意性比较强，比如说今天搞教研活动，教研组长不在，那就往后再说，可能就是要求比较低。这里，只要时间定了，你就必须执行，除非有特别大的事情。教研活动包括听课、评课、专家讲座、考试分析等，大家交流一下。

教研活动有好处，也有弊端。好处就是落到实处，像我们评课、集体备课等，特别是我上完课，几个老教师给我提的意见，我觉得他们看问题看得很准，而且他们的一些方法确实能给我一些启发，对自己有一个推动和促进作用。总体来说，我觉得教研活动还是比较好的。不足就是少数时候还是有些流于形式，就是评课、发表意见的时候，大家有时候还是说得比较笼统，说得不具体，大家还是顾及了老师的颜面，就是有些问题不愿直说。在原来的农村学校，几个人坐到一起，就是大家都好。这个学校的教研氛围已经很好了。（教师访谈）

可以看出，规范的、良好的教研氛围对教师的专业发展有积极的促进作用，在教研活动中，校长以及教师之间可以很好地交流各自的教育教学理念、具体实用的教育教学方法，有助于教师形成合理的课程与教学观念并进行积极实践。如小学数学课程中有一个单元是"数学广角"。

数学广角实际上相当于以前的综合实践课，数学的综合活动课，既不同于复习课、练习课，也不同于新授课，有些内容好像把几个单元的内容综合起来了，有点像复习的感觉，但是又不像复习课脉络那么清晰，可以把知识梳理得那么清楚，它等于是综合应用知识的，是一种能力的提升。

数学教师在设计这类综合应用知识的教学方面面临着一定的困

难，如何解决呢？校本教研就是一个很好的解决途径。

> 我们这次提出的数学广角这种课，首先你要有一个着力点，
> 在这节课当中你要达到哪个目的，不要贪多贪广，比如说，这次
> 一个老师上的数学广角就是找规律，那么这节课就不同于一二年
> 级的找规律，但其着力点就是在一二年级的基础上进一步发现图
> 形和数字之间所隐含的规律，而且能够把这个规律继续排列下
> 去，那么我们就希望通过这一节课，对学生能力的训练有一个提
> 升。还是要结合具体的内容提要求，你给老师一个大框子，老师
> 不太接受，他不太喜欢纯理论的东西。（城市小学校长访谈）

教师在校本教研活动中，在探讨尝试的环境中，共同获得对某个问
题的理解，然后在各自的教学中进行实践。在课程改革提出新的理念，
要求教师改变习以为常的思维和行为时，这种方式显得尤为重要。

城市学校的教研活动具有一定的历史延续性，不同的校长在学校
教研活动的理念、时间安排以及要求方面肯定会存在差异，但总体来
看，不断提高教师的教育教学水平，培养一支高素质的教师队伍是每
任校长都非常重视的内容；而农村学校教研活动的开展情况，则与校
长本人的理念关系密切，与学校原有的教研传统关系不大。这种情况
在农村小学表现得尤为明显，可能是由于农村小学之间的竞争压力相
对较小，校长在教研管理方面的压力也较小，随意性就相对较高。

> 前后两任校长都特别注重教学质量，刘校长是一位男校长，
> 干啥都雷厉风行，特别果断；女校长就是心比较细，稍微柔一
> 点，但是他俩抓教学的风格是一样的。我觉得就是通过评课、推
> 门课等，通过抓老师教学质量，再就是通过测评，通过成绩，将
> 其跟老师的绩效、评优联系起来，反正就是通过不同的方式鞭策
> 老师把教学质量抓上去。（城市学校教师访谈）

校长在会上也强调，将教学方法改进一下，新课标翻一翻，但是一块儿交流这个课该怎么上的讨论就没有，以前学区有的时候这样的教研活动还有，每学期都有，后来就没有了。张校长在这个学校有五六年的时间，他在的时候，几乎没有，也是老师少的原因。（农村学校教师访谈）

城乡学校在校本教研活动的数量以及质量方面都存在差异，城市学校不同层次、不同类型的教研活动开展得较多，虽然教研活动的形式和质量有待进一步改进，但教师从教研活动中还是收获良多。而农村学校尤其是农村小学，由于教师人数较少，教学任务压力大，教研活动的形式和数量都比较有限，甚至有些校长不重视校本教研，几乎没有什么实质性的校本教研活动，只是在开会的时候强调一下教师之间要互相听课、学习，也没有持续的督查和交流。

我们的教研活动还是比较多的，因为有效教研实际上是提高教师个人素养最快的一种方式，你外出学习是一方面，但是毕竟经费有限，那么怎么把校本教研搞好？我觉得这是老师最受益的。我们的教研活动分单双周，单周以业务学习为主，业务学习主要分几块：第一就是个人专业方面的，比如教材分析。每学期教育局都会有一个大型的教材分析活动，然后我们片区也有，教研组也有。第二个就是老师的基本功，今年我们就要求单周的星期一早上后两节课专门是语文的教研活动时间，星期二早上三四节课就是数学的，星期三就是英语的。语文、数学老师比较多，我们就以两个年级为一个大的教研组，有专门的活动地点。第三就是练习毛笔字，第四就是练习硬笔书法，第五就是练习简笔画，第六就是普通话演讲。教研活动结束之后要求老师按时上交成果。比如说这次是书法，那你写完以后就要交给我们，然后就是科室随时抽查，领导班子成员也会分到各个教研组，只要没事，我们都会参与活动，这是单周的业务学习。

　　　　双周就是纯的教研活动，主要围绕开学初每个教研组所定的
教研主题展开，比如，我们今年的数学活动主题基本上就是数学
广角，数学广角的课因为老师们不太会上，所以这种课型怎么
上，围绕这个进行集体备课，然后我们的岗位练兵上课也是。
（城市学校校长访谈）

　　可以看出，城市学校在校本教研制度的建设方面比较完善，不仅
有定期的、形式多样的活动安排，而且有具体的督导制度，因此，教
研活动的理念、数量与质量都对教师实际的教育教学能力有很大的影
响，也会影响教师之间的沟通与交流方式，多开展一些对教师有实际
帮助的校本教研活动，能够有力地提升教师的专业发展能力，更好地
在教师课程实施层面落实新课程理念。

## 二　教学管理方式单一、量化

　　西北地区中小学教学管理的方式呈现出单一、量化的特征，学校
对教师教学的管理方式主要受到教育行政部门对学校管理方式的影
响。教育行政部门对学校的管理与考核都有非常细致的量化指标，甚
至细致到教师批改作业的符号都要一致。在这种情况下，学校领导就
要按照教育行政部门的考核来规范和管理教师平常的工作，而教师除
了上课的时间之外，大部分时间和精力都用于批改作业、写教案等工
作。笔者在学校调研中看到最多的情景就是，办公室里教师们都埋头
在一摞一摞的作业本和练习册中。城乡学校在教学管理方面的差异不
明显，都以量化的具体指标为考核依据。

　　　　像我们学校，每天的课堂作业要批，而且一学期是有次数的，
数学是每天一批，最后还要数次数，作业量要适中，不能太多也
不能太少，这都是有要求的，条条框框是相当多的，教研室、区
里、市里都要管我们。还要有家庭作业，家庭作业基本上老师们
是全批的，不批的就是口算，那个作业量太大了，一个班人太多，

老师实在批不过来，基本上就是家长能批的就批一下，老师就是抽查，如果说买试卷的这种，老师都是全批的。语文的量更大，有生字本、课后作业本、作文本，还有家庭作业本，都必须批，然后假如有天天练啊，试卷啊，你还得批，所以老师基本上把时间精力都花费在批作业上了，而且改错的量也比较大。我们还是有要求的，课堂作业要求错题必改，如果一道错题不改是要给你扣分的，所以老师还要追着学生改错。我们甚至细到这种程度，你批改的符号也要一致，你钩不能打太大，也不能打太小，而且必须是有等级的，你不能想批好就批好，想批优就批优，要一致。

　　这个主要是看教育局的要求，教育局每年来检查的时候，都要求统一符号，那我们就只能要求老师，因为今年就给我们学校扣分了，你就要在大会小会上要求老师。(城市学校校长访谈)

　　平时我们老师都忙，每门课都要有作业，我们每人都上好几门课，思想品德、科学这些课，我们又有好几样作业要阅，期末考试的时候要检查嘛，都要有作业，所以上完课还要批阅作业，这是一个大问题，还要备课。这学期新来了一个老师。我们平均每天要上三节课，上一学期我每天要上五节课，上完课还要批阅作业，没有时间。(农村学校教师访谈)

　　不论是城市学校还是农村学校，都以对教师工作的量化并且考核的方式进行日常的教学管理，学校应当有规范和可操作的教师教学管理制度，但是过于强调规范和量化，必然会造成管理的僵化。教师的工作是需要不断创新、不断改变的，而单一的、外在的、严格的、形式化的管理非常不利于教师教育教学的创新，何谈培养学生的创新精神和实践能力。

　　僵化的管理方式所造成的后果就是，中小学教师没有更多的时间和精力进行教育教学研究，疲于应付各种检查和考核。新课程提出的新理念在教师的观念上得到了认可，但教师实践行为的变化还需要专业的引领，同伴的互助以及领导的支持，宽松、民主的管理氛围，多样化的管理方式才可能为教师提供一个学习、交流、研究的环境。

### 三 教学评价以成绩为主

教师教学评价的主要依据仍然是学生的考试成绩，学生考试以笔试为主，主要考查学生对基础知识和基本技能的掌握情况，学生考试成绩的好坏与教师的经济待遇、荣誉称号等直接相关。这种考试评价方式落实到教师的实际教学中，学术理性取向必然成为教师实际使用的课程理念，就像教师们所说的："我们的评价方式决定了我们平时的讲课方式，评价方式不改，我们老师的教学方式就不可能改。"

> 我设计教学，首先从内容上先理一下，关键还是想学生能不能接受，学生怎样接受比较快，不容易出错，设计的活动比较少，因为一活动就耽搁时间，反正尽量让学生参与进来。一般新课我讲得多一些，之后第二节课发现问题了，学生讲得就多一些，没有可能学生比我讲得还多，好像还是不放心。我们现在压力也挺大的，前一段时间开会一直说，今年统考要抽哪个年级，哪个班参加期末考试的统考，由别的老师监考，别的老师批卷，这个成绩就代表学校的成绩。老师们还是要面子的。（教师访谈）

谁教的学生考试成绩高，谁就是好老师，老师也最有面子。对教师和学生的评价主要以学生的考试成绩为准，在成绩的压力下，教学只能以学生考高分为最高标准。教师对学生的人文关怀，教师引导学生进行思考和探究，在学生的考试成绩面前，似乎并不够分量。

### 【小结】

在学校文化层面探讨影响教师实际使用的课程取向的因素，主要反映出以下几个方面的问题：学校开展教研活动的理念、数量和质量对本校教师的教育教学观念和水平有直接的、重要的影响作用，农村学校的校本教研存在随意、简单、形式化的特点，不利于形成良好的教师文化，不利于在教师教育教学中落实新课程理念；西北地区中小学教学管理的方式单一、量化，造成教师疲于应付学校和教育行政部门的检查与考核，教师没有更多的时间和精力投入新课程的教学研究中；对教师教学的评价仍然以学生的考试成绩为主要依据，是造成教师以学术理性取向为其实际使用的课程取向的重要原因。

## 第三节　教师课程实施取向的特点

教师课程实施取向有辛德尔等学者提出的"忠实取向""相互调适取向"和"课程创生取向或课程缔造取向"，侯斯提出的技术的、政治的和文化的三种课程实施取向，崔允漷提出的"基于教师经验的课程实施""基于教科书的课程实施"和"基于课程标准的课程实施"三种课程实施取向。教师对课程的理解以及教师在实际教学中对待课程标准以及教科书的态度等，都体现了教师的课程实施取向。

### 一　教师理解的"课程"

在我国长期的中央集权的课程管理模式下，专家学者是课程编制和开发的主体，一线的中小学教师始终处于执行教科书的层面，"教师教书"就是教课本上的知识，因此，"课程"是一个远离教师群体的概念，教师的任务就是"教学"，课程也被教师简单地理解成为教学的内容或者学校里所开设的科目。

> 我理解的课程，像语文就是专门向他们介绍一些语言方面的知识，数学就是介绍一些生活技能方面的知识。语文方面就是让他们学会一些生字、生词，以后就是应用，写作文就是表达这一方面的。

> 课程，简单地理解，就是教学内容，就是教学的一种文本，就像语文，我就指的是语文书。
>
> 凡是学校里面开设的这些课都是课程吧，都是在学生们学习范围内的，拿我们以前的观念来看，有些是主课，有些是小三课，就这么来分。（教师访谈）

在教师看来，教学就是工作，教学的科目和内容就是课程。谢翌的研究也得出了类似的结论，教师实际践行的是"教学即课程即知识的传授"[1] 的信念。

## 二 教师眼中的教科书

教科书是课程内容和组织的文本表现形式，它反映了教材编写人员的课程观念，是教育行政部门提供给学校的正式课程。教材编写人员在教科书中体现了新课程理念，教师也被期望能以新课程的理念来使用教科书，在这个过程中，教科书是国家下发的、先在的文本，对教师的教学而言，自然具有不可动摇的权威作用。新课程改革以来，我国中小学有不同版本的教科书可供选择，这是一件好事情，但教师对教科书的选择和处理却仍然没有太大的权力。

> 教材的选择，就在行政部门，国家免费义务教育之后，经费都是国家出，八个出版社竞争，人教社的价格最便宜，所以咱们甘肃省统一选的全都是这个教材。你比如苏教版的语文，内容很美，文章选择得特别好，不像人教版的，有些内容比较晦涩、干吧，学生不喜欢学；苏教版的有些内容很美，教师教着也是一种享受，学生学着也是一种享受，但是现在不是我们能掌握的。（校长访谈）

---

① 谢翌：《教师信念：学校教育中的"幽灵"——一所普通中学的个案研究》，博士学位论文，东北师范大学，2006 年。

　　教师不仅没有为学生选择教材的权力，而且，教师对拿到手的教材，也不敢或者"不能"进行取舍，虽然不同版本的教材内容在数量和呈现方式上存在较大的差异，但教师仍然必须以他们现有的教材为确定教学内容的唯一依据。这一方面与考试评价的方式有关，考试的题目与教材中的内容密切相关，甚至有些完全依赖对书本知识的记忆；同时也与教师多年来形成的教学观念有关系，教材上出现的所有内容，教师都必须亲自在课堂上讲解一下，带学生"过"一下，否则教师"不放心"：学生是否掌握了所有的知识点？学生学得是否扎实？考试的时候会不会遇到困难？等等，教师的这种心理以及考试的压力，是造成教师完全依赖教材的主要原因。另外，这也与教师缺乏相应的环境支持有关系。

　　　　因为现在的评价方式就是考试，考试会以我们整个教材为主体来出题，所以一般老师像我们都不敢也不能脱离这个教材。
　　　　反正我们认为，凡是课本上安排的材料，连课文都不讲，这个教学任务就没有完成，这是从教学任务这一方面来考虑的。
　　　　好像没有这个胆子对课本进行调整，老感觉编者还有啥意图，说不定我自己还没挖掘出来呢，肯定还有教授们想的，我自己还没挖掘到的东西，所以就不敢放弃；也是顾虑到对学生考试的影响，所以老是不敢放手，不敢放开。总之，老师的一个目标就是，要想办法让他们学会，有时候自己把握不住的，就不敢去改动，害怕这样对学生有影响，影响学生的成绩。（教师访谈）

　　　　教材如果只是老师教学的一种辅助工具，这个对老师的要求就比较高，在他个人的修养、知识层次都比较高的前提下，实际上作为小学老师，多少年来他已经非常习惯了，习惯于完全依赖教材上的内容，包括在课程改革以后，而且大环境好像也是这样的。比如说，孩子回去后，家长发现书上这道填空题没有填，学生就会说老师没讲，唉，你们的例题怎么能不讲，这就是一种大

环境，包括教育局的考核也是一样的要求。（校长访谈）

在教师眼中，教科书就是权威，就是教学内容的全部，教师对教科书上的内容进行取舍，这是不可思议的。教师对教科书的"忠实"，可见一斑。

### 三　课程标准所扮演的角色

课程标准作为我国新课程改革以来指导中小学教学的学科标准，应当说，在中小学教师的教学和评价中起着权威的指导作用。但实际上，西北地区中小学教师对课程标准的学习和了解程度存在较大的差异，有些学校认真组织教师学习课程标准，有些学校的课程标准只是被陈列在图书室里，以示学校有课程标准，教师并没有仔细阅读其中的内容；同时课程标准对教学实际的指导作用也不太明确，有老师认为，课程标准中的内容太笼统、太大，对教学没有实际的意义，教师们希望采取具体的做法来体现一定的理念。

> 课标是一个笼统的概念，凡是出现在教材里的内容，我们就要求学生掌握。
>
> 学校都要求读课标，开学前你必须先把新课标读完，在课标的基础上备课。备完课之后，第一周就是教研组学课标，制定教学计划，每年都是如此，一直都这样。最早的时候是学大纲，现在是学课标，看课标上这一学期每一单元、每一个知识点的定位，定位是非常重要的。
>
> 新课标发下来，我们就是随便看了一下，说老实话，没有详细看。每人发了一套书，让自己看，学校也没有组织集体学习。之后又将那套书收上去了，现在资料室里有。（教师访谈）

研究资料表明，在教师课程实施中，课程标准的权威角色还较多地停留在理论层面，课程标准没有与教师的实际教学融为一体，真正发挥指导教学与评价的作用。教师对课程标准的研读与使用，与学校的制度文化密切相关。

　　整体来看，教师对课程、教科书以及课程标准的理解与使用，都比较偏于狭隘和保守，教师比较多地服从专家、管理者的要求，教师的课程实施倾向于忠实取向，但仅仅是忠实于教材编写者预先设计好的教材，而非新课程理念本身，教师倾向于忠实地传递教材中所包含的学科内容。

# 第七章

# 研究结论及建议

## 第一节　研究结论

　　总体来看，西北地区中小学教师课程取向表现出多元综合的特点。教师对学术理性、社会重建、科技发展、认知过程以及人文主义五种教师课程取向都比较认同，只是认同的程度不一样，从高到低分别为认知过程取向、人文主义取向、科技发展取向、学术理性取向和社会重建取向，教师对学术理性取向和社会重建取向的认同度较低。在教师实际使用的课程取向上，学术理性取向占有明显的优势。

　　通过对研究数据进行综合分析及讨论，得出以下结论。

### 一　教师观念层面的课程取向与新课程理念完全一致

　　西北地区中小学教师观念层面的课程取向与新课程理念完全一致。认知过程、人文主义、社会重建、科技发展四种课程取向强调学生思维和探究能力的发展、学生个性等的全面发展、学生的学习与社会生活和科技发展联系密切、培养学生的信息素养等，这些与新课程理念是一致的。其中除了社会重建取向关于"改革"和"批判"的题项，教师的得分偏低，认同度较低之外，教师对认知过程、人文主义、科技发展三种课程取向，以及社会重建取向中关于培养学生解决问题的能力、分析调查能力的观点的认同度都比较高。学术理性取向强调学生对学科知识的掌握，与新课程理念存在一定的偏差，教师对学术理性取向的认同度也较低。

## 二　教师实际使用的课程取向仍然以学术理性取向为主

虽然问卷调查数据显示，教师们并不赞同课程内容应以学科知识为主，但是课堂观察和访谈的资料却表明，西北地区中小学教师实际使用的课程取向仍然以学术理性取向为主，但没有完全排斥认知过程、人文主义以及社会重建三种课程取向，赞同教学中网络和多媒体技术的应用。

教师在课程实施中所选择的课程内容、课程组织、教学方法和课程评价都与学术理性取向的理念一致。但在某些情境中，教师也会选择有利于学生认知发展、个性发展的方法进行教学，包括网络与多媒体技术的应用，教师开始注重学生学习与现实社会生活的联系。

在学校文化层面，校本教研、教学管理以及教学评价是造成教师以学术理性取向为其实际使用的课程取向的重要原因。学校教研制度的完善程度、开展教研活动的理念、数量和质量对本校教师的教育教学水平有直接的、重要的影响作用，农村学校的校本教研存在随意、简单、形式化的特点，不利于形成良好的教师文化，不利于在教师教育教学中落实新课程理念；西北地区中小学教学管理的方式单一、量化，造成教师疲于应付学校和教育行政部门的检查与考核，教师没有更多的时间和精力投入新课程的教学研究中；对教师教学的评价仍然以学生的考试成绩为主要依据。

## 三　教师课程取向在不同维度上存在显著差异

西北地区中小学教师课程取向在城乡、学段、学科、学历、教龄、职称以及性别等方面存在不同程度的差异。

教师课程取向在城市初中、城市小学、农村初中和农村小学四种学校类型上的差异为城市初中的教师在认知过程和人文主义两种课程取向上的得分最低，农村教师在这两种课程取向上的得分最高。但教师在这两种课程取向上的使用理论恰恰与其宣称理论不一致，与城市教师相比，农村教师的使用理论较少涉及认知过程和人文主义的理念。在科技发展取向、社会重建取向以及学术理性取向上，没有表现出显著的城乡差异和学段差异。

教师课程取向在语文、数学、英语三门学科上整体而言没有表现出显著的差异。语文教师更认同人文主义和认知过程的课程取向，英语教师在认知过程和人文主义取向上的得分最低，语言教学的工具性和人文性在英语教学中表现得不明显，英语教学表现出较多的学科知识倾向。

教师课程取向在高中（中专）、大专、本科以及研究生四种学历层次上没有表现出显著的差异。具有高中（中专）学历的农村小学教师在理念上更加认同学术理性取向的课程内容，即中小学最重要的课程内容是学科知识。

教师课程取向在 2 年以下、3—5 年、6—10 年、11—15 年、16—25 年以及 26 年以上六种教龄分类上，教师在认知过程、科技发展和学术理性取向方面均存在着非常显著的教龄差异，而在人文主义和社会重建取向方面则没有表现出显著的教龄差异。教龄差异主要表现在 2 年以下和 26 年以上两个教龄的教师组之间，26 年以上教龄的教师对各类课程取向的认同度最高，2 年以下教龄教师的认同度最低，11—15 年教龄教师的认同程度居中。

教师课程取向在未评、初级、中级以及高级四种职称类别上均表现出显著的差异，差异主要表现在未评职称的教师组和高级职称教师组之间，以及中级职称教师组与高级职称教师组之间。高级职称教师组对各类课程取向的认同度最高，中级职称教师组和未评职称教师组对各类课程取向的认同度分别为居中和最低。教师课程取向在职称维度上的差异表现与在教龄维度上的差异表现类似。

教师课程取向在性别维度上存在一定的差异，教师在学术理性取向和认知过程取向上不存在显著的性别差异，而在科技发展、社会重建和人文主义三种课程取向上表现出显著的性别差异，但这种差异是基于学段差异和城乡差异基础上的，城市或者农村同一学段内部教师课程取向的性别差异并不显著。

### 四　教师的课程实施倾向于忠实取向

教师的课程实施倾向于忠实取向，但仅仅是忠实于教材编写者预先设计好的教材，而非新课程理念本身，教师倾向于忠实地传递教材中所包含的学科内容。教师对课程、教科书以及课程标准的理解与使用，都比较偏于狭隘和保守，教师比较多地服从于专家、管理者的要求。

### 五　科技发展取向不是教师课程取向的一个类别

科技发展取向与其他四类教师课程取向不在同一个分类标准上。科技发展取向倡导技术的运用以实现学生分步骤的学习目标，但这种课程取向并没有具体的学生学习目标的倾向性，不同于其他教师课程取向倾向于社会、人文、学术或者认知，因此，科技发展取向不是教师课程取向的一个类别。但是科技发展取向所提倡的分步骤学习、及时进行评估与反馈以及技术的应用，对教师课程取向具有非常积极的影响。

### 六　应对社会重建和社会适应取向进行调适

社会重建取向中比较激进的部分，如"改革""批判"等，与西北地区中小学教师的课程取向相距较远。教师虽然也关注学生学习与社会生活的联系，但主要注重学生所学知识在社会生活中的实际应用，并非培养学生批判性地分析社会现象和社会问题的能力，也并非锻造学生改革社会现实的精神。中小学教育教学更倾向于培养学生适应社会现实的能力，因此，"社会适应取向"更贴切。

# 第二节　建议

对西北地区中小学教师课程取向的研究表明，教师在观念上是认同新课程理念的，但现实的教育教学环境、管理与考试评价制度等是制约新课程顺利实施的重要因素，教师缺乏相关的课程开发意识和能力也是影响新课程实施的因素之一。对此，本书有如下建议。

## 一 高度重视教师的课程取向

教师课程取向问题是保障新课程顺利实施的重要因素，应高度重视教师的课程取向，帮助教师从课程的视角来理解教育教学和新课程改革。教师对课程的理解不应仅限于学科、教材内容方面，在课程改革的大背景下，中小学校的教育教学改革与教师的课程意识、课程开发能力密切相关。加强对教师进行有关课程意识、课程开发方面的培训，高度重视教师课程意识的培养、课程能力的建设，对深化基础教育课程改革具有积极的意义。

## 二 加强对课程取向的本土化研究

课程取向的理论和实证研究大多借鉴国外学者的相关成果，但由于文化、体制、经济等因素的影响，现有的课程取向理论与我国的教育教学实际还存在较大的差异，如社会取向的课程观，有社会重建和社会适应两种类型，在我国现有的文化背景和教育情境下，社会重建取向所强调的学生批判社会现实、变革社会现实的目标，显然并不适用。另外，西北地区中小学教师对认知过程取向的认同度最高，但在实际的教育教学中，教师对学生认知能力的理解以及培养学生认知能力的方法与国外也存在较大的差异，这些都需要在特定的情境中展开研究。因此，须加强对课程取向理论与实践的本土化研究。

## 三 加强课程开发人员与一线教师的沟通

西北地区中小学在新课程实施中，教师对国家课程的理解倾向于表面的教材内容，凡是教材上出现的内容，教师认为都应该教给学生。教育行政部门、教育教学研究部门以及教师对课程设计、开发人员的意图不清楚，对教材上出现的内容及其编排方式的理解有限，在一定程度上造成了教师机械地执行教材，完全照搬教材内容的现实。应采取多种形式，如利用网络平台请课程设计人员、教材编写人员与地方教育行政部门的相关人员和教师进行交流，或者在条件允许的情况下，请课程开发人员与一线教师面对面地进行沟通，使实际的教育管理人员、研究人员和教师能理解课程设计人员的意图，更好地了解教材内容的选择与编排方式，进而在教学实际中根据各自的情境进行适当的、合理的调适。

#### 四　切实落实课程标准中所规定的课程目标

课程标准是国家规定某一学科的课程性质、课程目标、内容目标、实施建议的教学指导性文件，在基础教育课程改革中，各科课程标准都规定了较为明确的课程目标。要切实落实课程标准中所规定的课程目标，可以从以下方面进行。

第一，教育行政部门应切实履行指导、规范和督察一线教育教学的职责。

教育行政部门是负责规划和管理一方教育发展的直接机构，应加强教育行政管理人员、研究人员对课程标准的学习和研究，可以邀请相关课程标准的制定人员对课程标准进行解读，在此基础上，教育行政部门的相关人员才能更好地了解和理解课程改革目标，也才可能结合当地的教育教学发展现状，对基础教育的发展进行规划和管理，进而切实履行指导、规范和督察一线教育教学的职责，为课程标准在中小学教育实践中的贯彻落实起到积极的引领作用。

第二，各级学校应加强对课程标准的学习和解读。

学校是落实课程标准的主阵地，校长和教师应加强对课程标准的学习和解读，在学校中营造学习和研讨课程标准的氛围，让每一位教师都能了解课程标准的内容，并结合本校的实际状况，提出各科课程与教学的设计，为切实落实基础教育课程改革目标做好相应的准备。

# 附　　录

## 一　西北地区中小学教师课程取向调查问卷

尊敬的老师：

您好！本问卷是了解您对课程的一些观点和看法。

调查资料仅供研究之用，我们会对您的个人资料严格保密，不会对您个人有任何影响，请您放心并根据自己的实际情况和想法作答。

教师基本情况部分，请您在"＿＿＿＿＿＿＿"上填写相应内容，其余所有题目请打"√"进行选择。1 代表"极不同意"，8 代表"极同意"，即数字越大代表您同意的程度越高，数字越小代表您同意的程度越低。

非常感谢您的帮助！祝您工作愉快！

教师基本情况：

学校名称：＿＿＿＿＿＿＿＿＿＿＿＿

教龄：＿＿＿＿＿＿＿＿＿＿＿＿　　　性别：＿＿＿＿＿＿＿＿＿＿＿

您任教的科目＿＿＿＿＿＿＿＿＿＿　任教班级：＿＿＿＿＿＿＿＿＿

您现在的学历＿＿＿＿＿＿＿＿＿＿　您的职称：＿＿＿＿＿＿＿＿＿

您所获得的各类荣誉称号：＿＿＿＿＿＿＿＿＿＿＿＿＿＿＿＿＿＿＿
＿＿＿＿＿＿＿＿＿＿＿＿＿＿＿＿＿＿＿＿＿＿＿＿＿＿＿＿＿＿＿

参加新课程培训的次数：＿＿＿＿＿＿＿＿＿＿＿＿＿＿＿＿＿＿＿

下列数字中，1代表"极不同意"，8代表"极同意"。

| | |
|---|---|
| 1. 教学过程中，让学生有机会思考问题是最关键的。 | 1  2  3  4  5  6  7  8 |
| 2. 学校每一科目的课程内容和教学活动，应根据学生的学习目标来选择。 | 1  2  3  4  5  6  7  8 |
| 3. 除学业成绩外，学生的个人发展，例如自信心、动机、兴趣和自我意识等也是教学评价的重点。 | 1  2  3  4  5  6  7  8 |
| 4. 课程应首先让学生掌握认知技能（如推理、分析、批判性思维等），然后教师才可教概念性知识。 | 1  2  3  4  5  6  7  8 |
| 5. 课程应让学生理解社会现实问题并为促进社会改革而采取行动。 | 1  2  3  4  5  6  7  8 |
| 6. 对课程设计而言，教学评价的主要功能是发现学生达成预期学习目标的程度。 | 1  2  3  4  5  6  7  8 |
| 7. 课程应尽力为每一位学生提供令人满意的学习经验。 | 1  2  3  4  5  6  7  8 |
| 8. 对学生的评价应当强调学生的公民意识、问题解决能力和决策能力。 | 1  2  3  4  5  6  7  8 |
| 9. 课程的基本目标应是培养学生学习各种事物的认知技能，如记忆、假设、问题解决、分析、综合等。 | 1  2  3  4  5  6  7  8 |
| 10. 中小学最重要的课程内容是学科知识。 | 1  2  3  4  5  6  7  8 |
| 11. 教学重点在于寻找有效方法，以达成一系列预期的学习目标，例如互联网的利用、对学生的学习进行评估后再制定相应的教学策略等。 | 1  2  3  4  5  6  7  8 |
| 12. 教学过程中，教师应经常注意是否能让学生整合他们的情感、认知和技能的发展。 | 1  2  3  4  5  6  7  8 |
| 13. 学科知识是设计一个高质量学校课程的基础。 | 1  2  3  4  5  6  7  8 |
| 14. 课程应以现存的社会现实问题为课程组织的中心，如环境污染和人口问题等。 | 1  2  3  4  5  6  7  8 |
| 15. 教师应当基于学生的兴趣和需要选择课程内容。 | 1  2  3  4  5  6  7  8 |
| 16. 课程应强调学生智能的提高。 | 1  2  3  4  5  6  7  8 |
| 17. 允许学生分析、调查并评估真实的社会问题，学生才能学得最好。 | 1  2  3  4  5  6  7  8 |
| 18. 课程应要求教师有系统地教授思考的方法。 | 1  2  3  4  5  6  7  8 |
| 19. 学生的兴趣和需求应当成为课程组织的中心。 | 1  2  3  4  5  6  7  8 |
| 20. 重要的是评价学生获得基础知识的程度。 | 1  2  3  4  5  6  7  8 |
| 21. 课程内容的组织应根据学习目标的先后次序来确定。 | 1  2  3  4  5  6  7  8 |

续表

| | | |
|---|---|---|
| 22. 学生在一个充满了爱和情感支持的学习环境中，才能学得最好。 | 1　2　3　4　5　6　7　8 | |
| 23. 评价学生的思维水平和方式以及他们探究知识的能力是最重要的。 | 1　2　3　4　5　6　7　8 | |
| 24. 课程内容应集中分析社会现实问题，如环境、能源、民族团结和犯罪等。 | 1　2　3　4　5　6　7　8 | |
| 25. 学生的学习必须在有系统的方式下进行。 | 1　2　3　4　5　6　7　8 | |
| 26. 课程应要求教师传授给学生最好、最重要的学科内容。 | 1　2　3　4　5　6　7　8 | |
| 27. 求知的方法是中小学课程中最重要的内容。 | 1　2　3　4　5　6　7　8 | |
| 28. 课程设计应当首先确定学生的学习目标。 | 1　2　3　4　5　6　7　8 | |
| 29. 学校课程最重要的目标是培养学生批判性地分析社会现实问题的能力。 | 1　2　3　4　5　6　7　8 | |
| 30. 学校课程的首要任务是让学生获得人类各种重要的文化遗产。 | 1　2　3　4　5　6　7　8 | |

西北地区教师课程取向调查问卷中认知过程、科技发展、社会重建、学术理性以及人文主义课程取向的题项分布见下表，表中同时根据课程意图、课程内容、课程组织、教学方法和教学评估五个方面，对各题项进行了归类。

| | 认知取向（题号） | 科技取向（题号） | 社会取向（题号） | 学术取向（题号） | 人文取向（题号） |
|---|---|---|---|---|---|
| 课程意图 | 9 | 28 | 29、5 | 16、30 | 7 |
| 课程内容 | 27 | 2 | 24 | 10 | 15 |
| 课程组织 | 4 | 21 | 14 | 13 | 19 |
| 教学方法 | 18、1 | 11、25 | 17 | 26 | 22、12 |
| 教学评估 | 23 | 6 | 8 | 20 | 3 |

# 二　访谈提纲

## （一）教师访谈提纲

教师访谈提纲说明：进行课堂观察之后，对教师进行访谈。主要围绕着教学目标的确定、教学内容的选择、组织、教学方法的选择以及对学生学习的评价等方面展开。在研究的过程中，需要针对某一单元的教学，不仅看教师某一节课的教学，还要从一个单元、一个学期的课程安排来看教师的教学。

1. 您这节课（这一单元、这门课）的教学目标是什么？您是怎么确定教学目标的？

2. 您认为教学目标达到了吗？为什么？您是怎么知道的？

3. 您认为学生学习某门学科（语文或数学或英语）的目的是什么？您如何评价学生的学习？为什么？

4. 您教学的内容和教科书一样吗？为什么？

5. 通常您会选哪些材料作为教学内容的补充？在什么情况下您会找教材以外的内容？通过哪些途径获得这些材料？

6. 您通常的教学方式是怎样的？为什么？

7. 您认为多媒体教学有必要吗？你们学校的条件怎么样？（网络、设备等）

8. 您认为学校的教研活动开展得怎么样？（数量、效果、问题等）

9. 您是如何理解课程的？

### （二）校长访谈提纲

校长访谈提纲说明：校长访谈主要从学校层面了解新课程改革之后学校教育教学发生的变化；教学教研活动开展的情况；学校的教学管理与评价制度及其效果。

1. 请您谈谈学校的教研活动是如何安排的？您作为学校领导如何了解学校教研活动开展的效果？教研活动还存在哪些问题？

2. 您认为新课程改革对教育教学产生了哪些影响？发生了哪些变化？（教师、教学、学生）请谈谈具体的事例。

3. 您是如何理解新课程理念的？

4. 您认为教师们认同新课程理念吗？新课程理念在教师教学中的体现有哪些？为什么？

5. 学校的教学管理与考核评价制度是怎样的？您认为效果怎么样？

# 三　课堂观察提纲

　　课堂观察提纲说明：进行课堂观察，主要是了解教师在课堂教学中的教学内容有哪些？与教材是否一致？教师以怎样的方式呈现教学内容？教师主要采用的教学方式有哪些？教师如何评价学生的学习？因此，在进行课堂观察时，需要较为全面地对教师的教学以及学生的学习进行记录，之后再对观察记录进行分析、概括和总结。课堂观察记录的方式采用以事件为时间间隔，对教师和学生的语言、行为及课堂氛围进行记录，同时记下研究者自己的感受。

学校名称：＿＿＿＿＿＿＿＿　　观察日期及时间：＿＿＿＿＿

教师姓名：＿＿＿＿　　教师性别：＿＿＿＿＿＿

授课科目：＿＿＿＿　　授课班级：＿＿＿＿＿＿

授课内容：＿＿＿＿＿＿　　班级学生人数：＿＿＿＿

教师教学过程的记录：＿＿＿＿＿＿＿＿＿＿

| 时间 | 教师 | 学生 | 观察者的感受 |
| --- | --- | --- | --- |
|  |  |  |  |
|  |  |  |  |
|  |  |  |  |

# 参考文献

［加］本杰明·莱文:《教育改革——从启动到成果》,项贤明译,教育科学出版社 2004 年版。

［加］迈克尔·富兰:《教育变革新意义》,赵中建、陈霞、李敏译,教育科学出版社 2005 年版。

［美］戴克·F. 沃克、乔纳斯·F. 索尔蒂斯:《课程与目标》,向蓓莉、王纾、莫蕾钰译,教育科学出版社 2009 年版。

［美］乔治·J. 波斯纳:《课程分析》,仇光鹏、韩苗苗、张现荣译,华东师范大学出版社 2007 年版。

［美］杰罗姆·S. 布鲁纳:《教育过程》,邵瑞珍译,文化教育出版社 1982 年版。

［美］克里斯·阿吉里斯、罗伯特·帕特南、戴安娜·麦克莱恩·史密斯:《行动科学》,夏林清译,台北远流出版社 2000 年版。

［美］小威廉姆·E. 多尔、［澳］诺尔·高夫:《课程愿景》,张文军、张华、余洁、王红宇译,教育科学出版社 2004 年版。

［美］威廉·维尔斯曼:《教育研究方法导论》,袁振国译,教育科学出版社 1997 年版。

［日］佐藤学:《课程与教师》,钟启泉译,教育科学出版社 2003 年版。

［英］阿尔伯特·凯利:《课程理论与实践》,吕敏霞译,中国轻工业出版社 2007 年版。

查有梁:《课程改革的辨与立》,重庆大学出版社 2009 年版。

陈侠:《课程论》,人民教育出版社 1989 年版。

陈向明:《质的研究方法与社会科学研究》,教育科学出版社 2000
　　年版。

洪俊:《贫困地区农村义务教育课程改革研究报告》,东北师范大学
　　出版社 2008 年版。

胡德海:《教育学原理》,甘肃教育出版社 1998 年版。

黄政杰:《课程设计》,台湾东华书局股份有限公司 1991 年版。

简楚瑛:《课程发展理论与实践》,教育科学出版社 2010 年版。

江山野编:《简明国际教育百科全书:课程》,教育科学出版社 1991
　　年版。

教育部师范教育司:《教师专业化的理论与实践》,人民教育出版社
　　2003 年版。

靳玉乐:《现代课程论》,西南师范大学出版社 1995 年版。

李秉德、李定仁:《教学论》,人民教育出版社 1991 年版。

李定仁、徐继存:《课程论研究二十年》,人民教育出版社 2004
　　年版。

李子建、黄显华:《课程:范式、取向和设计》,中文大学出版社
　　1996 年版。

联合国教科文组织:《教育——财富蕴藏其中》,教育科学出版社
　　1996 年版。

林智中、陈建生、张爽:《课程组织》,教育科学出版社 2006 年版。

刘旭东:《现代课程的价值取向研究》,甘肃教育出版社 2002 年版。

吕世虎、靳健、卢飞麟:《西北地区基础教育新课程实验跟踪研究》,
　　中国人事出版社 2002 年版。

全国十二所重点师范大学联合编写:《心理学基础》,教育科学出版
　　社 2002 年版。

施良方:《课程理论——课程的基础、原理与问题》,教育科学出版社
　　1996 年版。

王嘉毅、常宝宁、王慧:《西北地区农村基础教育课程改革研究》,

教育科学出版社 2009 年版。

王嘉毅主编：《课程与教学设计》，高等教育出版社 2007 年版。

王嘉毅：《教学研究方法论》，甘肃文化出版社 1997 年版。

王鉴：《课堂研究概论》，人民教育出版社 2007 年版。

夏瑞庆：《课程与教学论》，安徽大学出版社 2002 年版。

徐碧美：《追求卓越——教师专业发展案例研究》，陈静、李忠如译，
　　人民教育出版社 2003 年版。

余文森：《个体知识与公共知识——课程变革的知识基础研究》，教育
　　科学出版社 2010 年版。

于泽元：《课程变革与学校课程领导》，重庆大学出版社 2006 年版。

袁方、王汉生：《社会研究方法教程》，北京大学出版社 1997 年版。

袁振国：《当代教育学》，教育科学出版社 1999 年版。

张华：《课程与教学论》，上海教育出版社 2000 年版。

张华：《课程流派研究》，山东教育出版社 2000 年版。

赵明仁：《教学反思与教师专业发展——新课程改革中的案例研究》，
　　北京师范大学出版社 2009 年版。

钟启泉：《课程与教学概论》，华东师范大学出版社 2003 年版。

钟启泉：《现代课程论》，上海教育出版社 2003 年版。

钟启泉、崔允漷、张华：《为了中华民族的复兴，为了每位学生的发
　　展——基础教育课程改革纲要（试行）解读》，华东师范大学出版
　　社 2001 年版。

钟启泉、张华主编：《世界课程改革趋势研究》（上），北京师范大学
　　出版社 2001 年版。

朱慕菊：《走进新课程——与课程实施者对话》，北京师范大学出版社
　　2002 年版。

陈富：《新课程在西北地区适应性之调查研究》，《现代中小学教育》
　　2008 年第 12 期。

陈曙光：《论教师的课程意识及其生成》，硕士学位论文，安徽师范
　　大学，2007 年。

崔允漷：《课程实施的新取向：基于课程标准的教学》，《教育研究》2009 年第 1 期。

段冰：《教师课程观的局限与突破》，《教育发展研究》2009 年第 6 期。

顾明远：《论学校文化建设》，《西南师范大学学报》（人文社会科学版）2006 年第 5 期。

郭元祥：《教师的课程意识及其生成》，《教育研究》2003 年第 6 期。

郭元祥：《课程观的转向》，《课程·教材·教法》2001 年第 6 期。

胡春光：《课程取向：一个后现代的检视》，《武汉商业服务学院学报》2007 年第 4 期。

黄甫全：《大课程论初探——兼论课程（论）与教学（论）的关系》，《课程·教材·教法》2000 年第 5 期。

黄甫全：《美国多元课程观的认识论基础探析》，《比较教育研究》1999 年第 2 期。

黄敏：《教师个人课程观的形成—— 一位小学语文女教师的叙事研究》，硕士学位论文，河南大学，2007 年。

黄素兰、张善培：《香港美术科教师的课程取向》，《教育研究学报》2002 年第 1 期。

靳玉乐、罗生全：《中小学教师的课程取向及其特点》，《课程·教材·教法》2007 年第 4 期。

靳玉乐、张丽：《教师参与课程发展：问题与对策》，《教师教育研究》2008 年第 1 期。

李茂森：《课堂教学中教师课程意识觉醒的价值诉求》，《江苏教育研究》（理论版）2008 年第 1 期。

李志厚、李如密：《论可持续发展教育的课程观》，《课程·教材·教法》2004 年第 1 期。

李子建：《课程实施研究的障碍与契机》，《河南大学学报》（社会科学版）2005 年第 4 期。

路晨：《幼儿教师课程取向的调查》，《学前教育研究》2009 年第

5 期。

卢乃桂、王晓莉：《析教师专业发展理论之"专业"维度》，《教师教育研究》2008 年第 6 期。

吕国光：《教师信念及其影响因素研究》，博士学位论文，西北师范大学，2004 年。

马延伟、马云鹏：《课程改革与学校文化重建—— 一所学校的个案研究》，《教育研究》2004 年第 3 期。

马云鹏、张释元、杨光：《努力提高教师对新课程改革的认识与理解—— 一所农村学校的个案研究》，《教育理论与实践》2008 年第 4 期。

马云鹏：《国外关于课程取向的研究及对我们的启示》，《外国教育研究》1998 年第 3 期。

马云鹏：《小学数学课程实施的个案研究》，《课程·教材·教法》2000 年第 4 期。

宋晓平：《西北地区新数学课程实验跟踪调查研究》，《数学教育学报》2003 年第 3 期。

孙宽宁：《课程实施：忠实基础上的理解与选择》，《教育发展研究》2008 年第 15 期。

唐芬芬：《教师的课程实施取向及影响因素探析》，《广西师范大学学报》2002 年研究生专辑。

王根顺、张洁：《西部基础教育存在的问题分析与对策思考》，《天津师范大学学报》（基础教育版）2007 年第 4 期。

王嘉毅、李颖：《西部地区农村学校义务教育教学质量研究》，《教育研究》2008 年第 2 期。

王嘉毅、王利：《西部地区农村基础教育课程改革面临的问题与对策》，《西北师范大学学报》（社会科学版）2007 年第 2 期。

王嘉毅、赵志纯：《我国农村基础教育课程改革：问题与对策》，《教育研究》2010 年第 11 期。

王嘉毅：《农村教师与农村基础教育课程改革》，《基础教育课程》

2005 年第 5 期。

王嘉毅：《农村中小学实施素质教育的困难与对策》，《教育研究》
　　2006 年第 11 期。

王嘉毅：《认识农村素质教育的实践基础》，《中国教师》2006 年第
　　1 期。

王鉴：《从"应试教育校园文化"到"素质教育文化校园"——论当
　　前学校文化的特点与转型》，《教育理论与实践》2010 年第 3 期。

王娟、王嘉毅：《教师专业发展中校长的影响作用——以三个农村小
　　学校长为个案》，《西北师范大学学报》（社会科学版）2008 年第
　　3 期。

王利民、王嘉毅：《课程改革：西北民族地区基础教育发展的关键》，
　　《中国民族教育》2003 年第 4 期。

吴刚平：《教学改革需要强化课程意识》，《人民教育》2002 年第
　　11 期。

吴刚平：《课程意识及其向课程行为的转化》，《教育理论与实践》
　　2003 年第 9 期。

夏雪梅：《课程变革实施过程的研究——学校组织的视角》，博士学位
　　论文，华东师范大学，2008 年。

肖川：《培植教师的课程意识》，《北京教育》2003 年第 7—8 期。

谢翌、马云鹏：《关于课程实施几个问题的思考》，《全球教育展望》
　　2004 年第 4 期。

谢翌：《教师信念：学校教育中的"幽灵"——一所普通中学的个案
　　研究》，博士学位论文，东北师范大学，2006 年。

徐玉珍：《论国家课程的校本化实施》，《教育研究》2008 年第 2 期。

闫益佳、王杉杉：《新课程：当前社会的一面镜子——专访荷兰国家
　　课程研究所所长 Jan van den Akker》，《基础教育课程》2010 年第
　　8 期。

易丽：《近年来关于学校文化变革的研究综述》，《现代教育科学》
　　2008 年第 2 期。

尹弘飚、李子建：《基础教育新课程实施的影响因素分析——重庆北碚实验区的个案调查》，《南京师范大学学报》（社会科学版）2004年第2期。

尹弘飚、李子建：《再论课程实施取向》，《高等教育研究》2005年第1期。

袁志芬：《农村中学新课程实施影响因素的个案研究》，《上海教育科研》2006年第11期。

张翠平：《论实践的课程观》，硕士学位论文，华中师范大学，2007年。

张二庆、马云鹏：《教师素质是成功实施新课程的关键》，《教育探索》2005年第11期。

张华：《论课程实施的涵义与基本取向》，《外国教育资料》1999年第2期。

张善培：《课程取向的再概念化》，第六届海峡两岸和内地、香港、澳门课程理论研讨会，台湾教材研究发展学会编印，2004年。

张善培：《课程实施程度的测量》，《教育学报》1998年第1期。

张维忠：《西北贫困地区中小学数学课程改革研究》，《教育研究》2001第9期。

张新海：《新课程实施中的教师阻抗研究》，博士学位论文，西北师范大学，2008年。

赵炳辉、熊梅：《教师课程意识与专业成长》，《外国教育研究》1998年第3期。

Allan C. Ornstein. "Curriculum Contrasts: A Historical Overview." *The Phi Delta Kappan*, Vol. 63, No. 6, February 1982, pp. 404 – 408.

Catherine D. Ennis, and Linda M. Hooper. "Development of an Instrument for Assessing Educational Value orientations." *Journal of Curriculum Studies*, Vol. 20, No. 3, 1988, pp. 277 – 280.

Catherine D. Ennis, L. K. Mueller, Linda M. Hooper. "The Influence of Teacher Value Orientations on Curriculum Planning within the Parameters of a Theoretical Framework. " *Research Quarterly for Exercise and Sport*, Vol. 61, No. 4, 1990, pp. 360 – 368.

Catherine D. Ennis, and Weimo Zhu. "Value Orientations: A Description of Teachers' Goals for Students Learning. " *Research Quarterly for Exercise and Sport*, Vol. 62, No. 1, 1991, pp. 33 – 40.

Chi Kin John Lee, Robert Damian Adamson, and Ching Man Luk. "Curriculum Orientation and Perceptions of English Language Instruction in Pre-service Teachers. " paper delivered to the International Teacher Education Conference, Hong Kong, 1995.

Derek Cheung. "Measuring Teachers' Meta-orientations to Curriculum: Application of Hierarchical Confirmatory Factor Analysis. " *Journal of Experimental Education*, Vol. 68, No. 2, 2000, pp. 149 – 165.

Derek Cheung, and Hin-wah Wong. "Measuring Teacher Beliefs about Alternative Curriculum Designs. " *The Curriculum Journal*, Vol. 13, No. 2, 2002, pp. 225 – 248.

Derek Cheung, Pun-Hon Ng. "Teachers' Beliefs about Curriculum Design: Evidence of a Superordinate Curriculum Meta-orientation Construct. " *Curriculum and Teaching*, Vol. 17, No. 2, 2002, pp. 85 – 102.

Ernest R. House. "Technology Versus Craft: A Ten Year Perspective on Innovation. " *Journal of Curriculum Study*, Vol. 11, No. 1, 1979, pp. 1 – 15.

Gene E. Hall, Susan F. Loucks. "A Developmental Model for Determining Whether the Treatment Is Actually Implemented. " *American Educational Research Journal*, Vol. 14, No. 3, 1977, pp. 263 – 276.

John I. Goodlad. "The Scope of Curriculum Field. " in Goodlad, J. I. et al. , *Curriculum Inquiry: The Study of Curriculum Practice*, New York: McGraw-Hill, 1979.

John D. McNeil. *Contemporary Curriculum: In Thought and Action* (7th ed. ), New York: John Wiley & Sons, 2009.

John D. McNeil. *Curriculum*: *A Comprehensive Introduction* ( 5<sup>th</sup> ed. ) , New York: Harper Collins, 1996.

John P. Miller. *The Education Spectrum*: *Orientations to Curriculum*, New York: Longman, 1983.

Joseph J. Schwab. "The Practical 3: Translation into Curriculum. " *School Review*, No. 4, 1973, pp. 501 – 522.

Jon Snyder, Frances Bolin, and Karen Zumwalt. "Curriculum Implementation. " in Philip W. Jackson. *Handbook of Research on Curriculum*, New York: Macmillan, 1992.

Lawrence Stenhouse. *An Introduction to Curriculum Search and Development*, Heinemann Educational Books Ltd. , 1975.

Michael G. Fullan. *Change Forces with a Vengeance*, London Routledge Falmer, 2003.

Sharon Billburg Jenkins. "Measuring Teacher Beliefs about Curriculum Orientations Using the Modified-Curriculum Orientations Inventory. " *The Curriculum Journal*, Vol. 20, No. 2, June 2009, pp. 103 – 120.

Ralph W. Tyler. *Basic Principles of Curriculum and Instruction*. Chicago: University of Chicago Press, 1949.

Robert S. Zais. *Curriculum*: *Principles and Foundations*. New York: Harper Collins Publishers, 1976.